Martina Meuth
Bernd Neuner-Duttenhofer

Kochen mit Vergnügen

das Begleitbuch zur

ServiceZeit
Essen und Trinken

Redaktion:
Rainer Nohn

Fotos:
Martina Meuth

KOCHEN MIT VERGNÜGEN
Martina Meuth und
Bernd Neuner-Duttenhofer
ServiceZeit Essen und Trinken
©1998 by Walter Rau Verlag, Düsseldorf

Fotos: Martina Meuth
Dr. Brigitte Klemme, Berg/Ahrweiler (S. 191, 192)
Videograbs: Produktion ServiceZeit Essen und Trinken, Arno Imhoff, Realisation
Gesamtgestaltung: Kirsten Mehnert, Düsseldorf
Gesamtherstellung: Walter Rau Verlag, Düsseldorf

ISBN 3-7919-0691-7

Gedruckt auf umweltfreundlichem, chlorfrei gebleichtem Papier

Inhalt

Majoran, Kerbel, Estragon –
ein Lob den Küchenkräutern!

Kümmel, Macis & Muskat

**Zwiebel, Knoblauch &
Schalotten**

Zimt, Nelken & Sternanis

Vorwort

„Bist Du bereit, Martina? Können wir anfangen?" – „O.K., auf los geht's los: Achtung, absolute Ruhe, Kamera ab ..."

Seit mehr als zehn Jahren machen wir die Fernsehsendung Essen und Trinken. Man sollte meinen, daß wir inzwischen die Dreharbeiten routiniert und aus dem Handgelenk bewältigen. Aber es überfällt uns jedesmal vorher das Lampenfieber als wäre es das erste Mal. Natürlich legt sich die Nervösität, sobald die erste „Klappe" einmal gefallen ist. Beruhigend für uns, daß alles sorgfältig vorbereitet ist, der genaue Ablauf der Sendung jeweils festgelegt, die Rezepte ausprobiert, sämtliche Zutaten besorgt oder bestellt sind und auch die Requisiten, die wir während des Drehens brauchen, stehen bereit. An alles haben wir gedacht, aber dann stellt sich heraus: Die Sonnenblumen, die in der Basilikumsendung Sommerflair verbreiten soll, sind, obwohl vom Blumenhändler fest versprochen, nirgendwo aufzutreiben. Gottlob gibt es Schlimmeres – wir nehmen stattdessen mit anderen Blumen vorlieb und sind froh, daß wenigstens der Hauptdarsteller selbst, das Basilikum in üppiger Fülle vorhanden ist ...

„Grüß Gott, liebe Zuschauer. Herzlich Willkommen, bei der ServiceZeit Essen und Trinken."

„O Gott, wie geht's jetzt eigentlich weiter?"

„Wetten, daß Ihnen schmecken wird, was wir Ihnen heute zeigen?"

„Dieses Dessert gehört zu unseren Lieblingsspeisen."

„Erst mal probieren, ob der Wein wirklich in Ordnung ist!"

„Ja, ja, Naschen ist eben Deine Lieblingsbeschäftigung ..."

„So ist es recht: Der Hausherr bekommt Wein, und ich bleibe beim Joghurtdrink!"

„Heute dreht sich alles um Chilis und andere scharfe Sachen ..."

„Was meinst Du: Können wir das unseren Zuschauern anbieten?"

„Lernen Sie unsere Lieblingsgewürze kennen: Ingwer und Koriandergrün."

„Probier mal: Da fehlt noch was, oder?"

„Jetzt bin ich aber gespannt, ob die Sache auch gelingt ..."

„Sehen Sie, so einfach kann gute Küche sein!"

„Wir hoffen, es hat Ihnen Spaß gemacht ...

... und Sie schauen uns beim nächsten Mal wieder zu. Bis dann, Tschüs!"

Chili, Cayenne und spanischer Pfeffer – deftig scharfe Eintöpfe

Mit Chili, Cayenne und spanischem Pfeffer

Es ist ein Irrtum zu glauben, Chilis seien nur eines: nämlich scharf. Sie liefern vielmehr ganz unterschiedliche Geschmäcker, Düfte und Gewürze. Natürlich kann es sein, daß die ungeübte Zunge zunächst von der Schärfe betäubt wird, aber sie wird – nachdem sie sich von diesem Schock erholt und sich an das Feuer gewöhnt hat – eine Fülle der verschiedensten Aromen entdecken. Chilis peppen fades Essen auf, sie geben einem milden Gericht eine neue Dimension. Man kann Chilis überall verwenden, in Suppen, Saucen, Ragout, zum Würzen von Bratfett, in Dips, in Chutneys. Sogar zum Garnieren – darin haben zum Beispiel die Thais besonderes Geschick entwickelt. Ihr Trick: Sie schlitzen Chilis unterschiedlicher Größe und Farbe vom Stiel zur Spitze hin kreuzweise auf; wenn man diese eingeschnittenen Chilis dann eine halbe Stunde in einer Schüssel mit Eiswasser baden läßt, biegen sich die Chilispitzen auf und kringeln sich nach außen – sie wirken dann wie eine leuchtende Blüte.

Was sind Chilis eigentlich?

Sie gehören in die große Familie der Paprikagewächse, lateinisch capsicum. Man unterscheidet zwei grundverschiedene Familienzweige: die milden Gemüsepaprika und die würzigen, aromatischen bis scharfen Würzpaprika.

Ursprünglich stammen Chilis aus Südamerika, sie wurden jedoch schon früh durch die Völkerwanderungen rund um den Erdball getragen. Daher die große, weltumspannende Verbreitung der Chilis und die unendlich große Vielfalt der verschiedenen Sorten. Heute gehören Chilis weltweit zur Basis der Küchengewürze: in ganz Südamerika, über die wärmeren Staaten Amerikas wie Kalifornien, Texas, Louisiana bis nach Asien, vor allem Thailand, Indonesien, Malaysia, aber auch Korea und die Philippinen.

Chilis gehören in die karibische Küche ebenso wie in die südchinesische oder indische. Aber auch so manche europäische Küche ist ohne Chilis nicht denkbar. Ob ungarischer Gulasch, italienische Spaghettisaucen bis zu spanischen Würzdips – überall spielen Chilis eine entscheidende und prägende Rolle.

Chilis, Cayenne und spanischer Pfeffer – was ist der Unterschied?

Chilis gibt es in geradezu unzähligen Sorten, Farben, Größen und Schärfegraden. Ob sie getrocknet oder frisch verwendet werden, hängt natürlich vom Zweck, vom Rezept und, nicht zu vergessen, von den Einkaufsmöglichkeiten ab. Ihr grundlegender Unterschied:

Getrocknete Chilis behalten auch nach dem Kochen oder Braten ihre schärfende Würzkraft und teilen sie den übrigen Zutaten mit, wohingegen **die frischen Schoten** in der Pfannenhitze einen Teil ihres Feuers einbüßen.

Ansehen kann man Chilis übrigens ihre Schärfe nicht. Als Faustregel läßt sich allerdings sagen: Je größer, desto milder und aromatischer, und umgekehrt, je kleiner, desto schärfer. In jedem Fall gehören die winzigen **Vogelaugenchilis** zu den allerschärfsten.

Cayennepfeffer ist nichts anderes als gemahlene, getrocknete scharfe Chilis. Je mehr Kerne mitgemahlen wurden, desto heller und desto schärfer das Pulver.

Das gleiche gilt für **Paprikapulver**, das für die ungarische Küche so wichtig ist. Es wird in zwei Schärfegraden angeboten: süß und eher mild, der dunkelrote **Delikateßpaprika** und der schärfere sowie – dank der in größerer Menge mitgemahlenen Kerne – hellere **Rosenpaprika**. Bei der Verwendung von Chilipulver gilt übrigens generell: Sein Aroma entwickelt sich stets am besten, wenn man das Gewürz in Fett anschwitzt, aber: niemals richtig rösten oder sogar anbrennen, sonst wird das Pulver scheußlich bitter.

Spanischer Pfeffer ist, ebenso wie der Begriff **Pfefferschote,** im Prinzip die falsche Bezeichnung für eine richtige Sache. Mit Pfeffer haben Chilis absolut nichts zu tun, es ist ihnen allenfalls gemein, daß sie den Speisen Schärfe spenden. Zu dieser irrtümlichen Bezeichnung kam es, als die spanischen Eroberer von ihren Reisen nach Südamerika Chilis nach Europa brachten und die erstaunten Europäer, die bis dahin Schärfe nur in Form von Pfeffer kannten, dem neuen Gewürz einen ihnen vertrauten Namen gaben.

Chilis – mehr als nur ein Gewürz

Chilis dienen nicht nur dem Wohlgeschmack, sondern haben Ein-

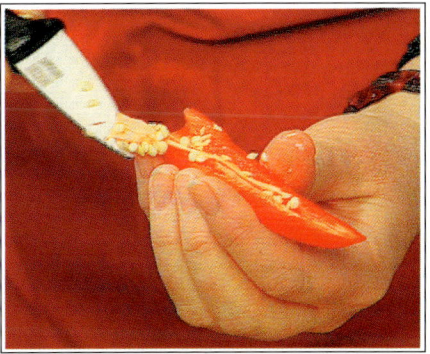

fluß auf die Gesundheit und das Wohlbefinden. Das ist längst wissenschaftlich nachgewiesen. Sie helfen bei Verdauungsstörungen, unterstützen die Arbeit der Leber und wirken aseptisch, sie sorgen für gute Durchblutung und sind daher gut gegen Hautkrankheiten, nützen bei Blähungen und bei Rheuma; es lassen sich damit Übelkeit, Kopfweh und Fieber bekämpfen, sogar bei Schlaflosigkeit und Verstopfung sollen sie guttun.

Außerdem hilft die Schärfe von Chilis auch Hitze besser zu ertragen: Sie fördert die Schweißbildung, der Stoffwechsel wird angekurbelt, das Blut zirkuliert rascher, die Verdauung wird beschleunigt und so das Wohlbefinden gestärkt.

Schärfe muß man lieben lernen

Viele an Milde gewöhnte Europäer haben bei den ersten Begegnungen ihre Schwierigkeiten mit der Eindeutigkeit und Intensität dieser Gewürze und Geschmäcker. Aber vielleicht tröstet es zu wissen, daß auch ein Thai, ein Mexikaner, ein Ungar oder ein Szechuan-Chinese es irgendwann einmal als Kind *lernen* muß, diese Kraft und Vielfalt von Chilis zu lieben. Man muß durch langsames Steigern der Dosis dahin kommen, diese Würzintensität zu

Vogelaugenchilis

ertragen. Die Liebe dazu stellt sich garantiert bald von selbst ein. Als Feuerlöscher übrigens sollte man niemals Flüssigkeit nehmen! Wer mit wundem Gaumen zu trinken beginnt, wird noch lange unter diesem Feuer leiden. Statt dessen lieber einen Löffel blanken, weißgekochten Reis oder kühlende Gurkenscheiben verzehren. Oder unseren Joghurtdrink – er wirkt wunderbar besänftigend.

Und noch eins: Es brennt raus wie rein – am nächsten Morgen, nach einem chili-intensiven Essen, wird man noch einmal daran denken …!

Vom Umgang mit Chilis

Stets die Hände sorgfältig waschen, wenn man mit Chilis hantiert hat. Die ätherischen Öle dringen in die Haut ein und können ätzend wirken, besonders, wenn die Haut bereits wunde Stellen aufweist. Diese Öle haften besonders lange und können noch nach Tagen wirksam sein. Deshalb nie mit Chili-Händen in die Augen oder an sensible Stellen fassen, Schleimhäute oder gar empfindliche Babyhaut berühren. Wer größere Portionen von Chilis verarbeitet, sollte Gummihandschuhe anziehen – die Haut brennt sonst anschließend, als habe man Brandwunden.

Wer Chilis häuten will – wie man das mit Gemüsepaprika tut (und was sich besonders bei hartschaligen Chilis empfiehlt) – röstet die Haut entweder an einer Gasflamme an, bis sie dunkel wird und Blasen wirft, oder legt sie auf einem Stück Alufolie in den auf 250 Grad vorgeheizten Backofen – nach etwa 15 Minuten hat sich die Haut gelöst und läßt sich leicht abziehen.

Chilifarben

Alle Chilis sind im unreifen Stadium grün, sie färben sich dann, je nach Sorte, mit zunehmender Reife rot in den unterschiedlichsten Abstufungen, bis zu sehr dunkelrot, fast schwarz, es gibt gelbe Chilis, orangefarbene Chilis und lichtgrüne.

In Amerika hat man für Chilis eine Schärfeskala entwickelt. Sie reicht von 1 bis 10, wobei sich pro

Stufe jeweils die Schärfe verdoppelt. Übrigens reagiert jeder Mensch unterschiedlich auf die Schärfe. Was dem einen noch mild erscheint, ist für den anderen bereits unerträglich scharf – aber, wie gesagt, man kann sich daran gewöhnen und seine Schärfeverträglichkeit steigern.

Beim Einkaufen von frischen Chilis sollte man darauf achten, daß die Schoten straff sind und glänzen; verschrumpelte Chilis sind alt, welk und haben Würzkraft eingebüßt. Man bewahrt frische Chilis am besten unter einem immer wieder angefeuchteten Tuch im Gemüsefach des Kühlschranks auf. Nicht in Plastikbeutel packen, dort schimmeln die Früchte und verderben.

Getrocknete Chilis sollten tatsächlich auch trocken aufbewahrt werden; luftdicht und dunkel in einem Vorratsglas verschlossen, halten sie sich geradezu ewig. Mit getrockneten Chilis läßt sich auch gut ein **Würzöl** herstellen: die Schoten in Olivenöl oder in einem hocherhitzbaren neutralen Öl, zum Beispiel Erdnußöl, einige Minuten rösten und schließlich über Nacht ziehen lassen.

Dann durch ein feines Tuch filtern und in einer Flasche luftdicht und lichtsicher, also dunkel, aufbewahren. Das Öl tropfenweise als Gewürz verwenden.

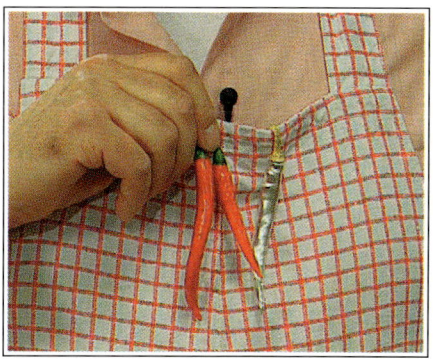

Chilifritters

Für 6 Personen:
150 g Mehl, 3-4 EL
Olivenöl, 1 Ei, Salz,
Pfeffer, ca. 1/4 l Wasser,
2-3 frische, große Chili-
schoten – rot oder grün,
Öl zum Backen

Ein kleiner Happen, der gut zum Glas Wein paßt, zum Bier oder sogar beim Sektempfang.

❶ Mehl, Öl, Ei, Salz, Pfeffer und Wasser zusammen mit den entkernten Chilis im Mixer pürieren.

❷ Jeweils ein bis zwei Eßlöffel dieses Teigs in reichlich Öl in einer Pfanne schwimmend auf beiden Seiten golden backen.

❸ Die Küchlein auf Küchenpapier abtropfen, sofort servieren.

Eintöpfe mit Hülsenfrüchten

Genau das Richtige, wenn man durchgefroren vom Winterspaziergang nach Hause zurückkehrt, sich nach dem Straßenkarneval oder Rosenmontagszug wieder aufwärmen will oder als Mitternachtssuppe, als Imbiß während einer heißen Fastnacht. Die Hülsenfrüchte geben wieder Kraft, die Schärfe heizt ein und macht munter. Es soll ja Leute geben, die die Bohnen dann aus der Dose nehmen – es mag ihnen unbenommen sein. Aber im Grunde ist es ja kaum eine Mühe, die Bohnen selbst zu kochen. Man sollte Hülsenfrüchte immer schon ein, manche sogar zwei Tage zuvor in reichlich kaltem Wasser einweichen. Das verkürzt die Kochzeit.

Chilibohnentopf mit Auberginen

Für 6 Personen:
500 g weiße Bohnen,
1 TL Salz, 4-5 Lorbeer-
blätter, 1 kg Schweine-
schulter, 2 EL Öl,
2 große Zwiebeln,
2-3 Knoblauchzehen,
2-4 frische Chilis nach
Geschmack, 1 walnuß-
großes Stück Ingwer-
wurzel, 500 g Auber-
ginen, 500 g Tomaten
(oder 1 Paket Tomaten-
fleisch), Salz, Pfeffer,
1/2 EL gemahlener
Kreuzkümmel,
ca. 1 l Brühe, Petersilie
oder Koriandergrün

Tip: Nehmen Sie kein Natron, wenn Sie die Bohnen kochen, die werden davon schleimig. Besser sind junge Bohnen aus der letzten Ernte.

❶ Die Bohnen schon am Vortag in reichlich Wasser einweichen. Anderntags mit frischem Wasser bedeckt langsam zum Kochen bringen, sofort salzen, Lorbeerblätter zufügen.

❷ Wenn der Schaum sich gelegt hat, runterschalten, Deckel darauf legen und unterhalb des Siedepunkts leise gar ziehen lassen – je nach Alter und Sorte bis zu zwei, drei Stunden.

❸ Inzwischen das Fleisch in Würfel von ca. drei Zentimetern Kantenlänge schneiden.

❹ In einem breiten, flachen Topf, der ihnen viel Bodenkontakt bietet, im heißen Öl scharf anbraten.

❺ Die gewürfelten Zwiebeln, gehackten Knoblauch und Ingwer sowie die entkernten, fein geschnittenen Chilis zufügen.

❻ Auberginen in zwei Zentimeter große Würfel schneiden. Zusammen mit den gehäuteten, entkernten und grob gehackten Tomaten in den Topf geben.

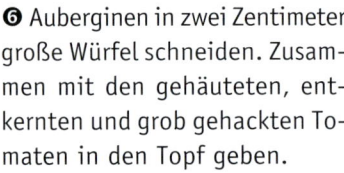

❼ Mit Salz, Pfeffer und Kreuzkümmel würzen. Mit Brühe angießen, die soll die Oberfläche erreichen, aber nicht bedecken. Zugedeckt auf sanftem Feuer etwa ein bis anderthalb Stunden gar ziehen lassen.

❽ Schließlich ein Drittel der Bohnen mit etwas Kochsud im Mixer pürieren und zusammen mit den ganzen Bohnen in den Fleischtopf füllen. Alles gut mischen, kräftig abschmecken und mit reichlich Grünzeug vermischt servieren.

Tip: Dieser Eintopf ist als Mitternachtssuppe geeignet und schmeckt vorzüglich, wenn er wieder aufgewärmt wird. Dazu gibt es ein frisches Bier.

Kichererbsentopf mit Lamm

Kichererbsen müssen lange eingeweicht werden, am besten zwei Tage. Und auch dann brauchen sie immer noch ewig, bis sie wirklich weich sind: zwischen zwei und vier Stunden. Auch sie dürfen nur auf sanftem Feuer ziehen, niemals sprudelnd kochen, sonst bleiben sie hart. Italienische Hausfrauen schwören darauf, daß ein Löffel Bicarbonat (also Backpulver) im Kochwasser die Kochzeit verkürzen hilft – schaden tut er in keinem Fall!

❶ Die Kichererbsen in reichlich Wasser einweichen.

❷ Dann mit frischem Wasser aufsetzen, salzen und Thymian zufügen. Langsam zum Kochen bringen, dann unter dem Siedepunkt langsam mindestens vier Stunden lang garen.

❸ Das Öl in einem breiten Topf erhitzen, die gehackten Rosma-

Für 6 Personen:
250 g Kichererbsen,
2 l Wasser, Salz,
1 Sträußchen Thymian,
1 kg Lammfleisch mit
Knochen (Hals, Rippen,
Schulter, Lammhals hat
besonders zartes
Fleisch), 2-3 EL Oliven-
öl, 2 Rosmarinzweige,
2 große Zwiebeln,
4-5 Knoblauchzehen,
1 schöne Fenchelknolle,
3-4 getrocknete Chili-
schoten, 1,5 l Brühe oder
Wasser, 200 g dicke,
kurze Nüdelchen
(z. B. Riebele, Ditalini,
Sternchennudeln),
frisch geriebener Parme-
san, Olivenöl

rinnadeln und die ganzen Chilischoten dazustreuen – sie sollen das Öl parfümieren.

❹ Schließlich das Fleisch darin rundum kräftig anbraten, die gewürfelten Zwiebeln, Knoblauch und Fenchel zufügen. Mit Brühe oder Wasser angießen, aber nicht bedecken und auf mildem Feuer zugedeckt etwa eineinhalb Stunden gar ziehen lassen. Das Fleisch schließlich herausnehmen, vom Knochen lösen und in mundgerechte Würfel schneiden.

Die harten Enden der Fenchelknolle abschneiden

Wenn nötig, die Fäden an der Außenhaut abziehen

Dann die Fenchelknolle halbieren und in Ringe schneiden

❺ In der Zwischenzeit die Nüdelchen im Kochsud je nach Sorte zwischen sieben und zwölf Minuten garen. Das Fleisch zusammen mit zwei Dritteln der Kichererbsen zufügen. Die restlichen Kichererbsen in etwas von ihrem Kochsud pürieren und den Eintopf damit andicken. Das Fenchelgrün darüberstreuen. Der Löffel sollte darin stehen! Dazu gibt es einen kräftigen Rotwein.

Tip: Die Gäste bestreuen sich ihre Portion mit frisch geriebenem Parmesan und würzen mit einem Schuß aromatischem Olivenöl – wer mag, sogar mit einem Tropfen Tabasco.

Kartoffelgulasch mit Debrecziner

Für 4 bis 6 Personen:
500 g Zwiebeln,
2-3 Knoblauchzehen,
1 kg Kartoffeln, 3 EL Öl,
1 gehäufter EL süßes
Paprikapulver
(Delikateßpaprika),
500 g helle Paprika,
5 Debrecziner (scharfe,
knoblauchgewürzte,
ungarische Würste) oder
Chorizo (knoblauchwür-
zige, spanische Würste),
1,5 l Brühe, 1 EL ge-
trockneter Majoran,
1 TL Kümmel, Rosen-
paprika (scharf),
200 g saure Sahne,
glatte Petersilie

Für unsere Sendung
haben wir mit dem
Gänseschmalz von
Weihnachten ange-
braten.

In Ungarn würde man zum Anbraten unbedingt Schweineschmalz verwenden, denn der Dreiklang: Zwiebel, Paprika und Schmalz ist die Basis der Küche – man kann statt dessen aber getrost auch ein gutes, eher neutrales Öl verwenden, selbst Butter wäre kein Fehler.

❶ Zwiebeln schälen und in Ringe hobeln, Knoblauch würfeln, Kartoffeln in Würfel schneiden.

❷ In einem großen breiten Topf das Öl erhitzen. Das Paprikapulver ins Fett geben, damit es sein

❸ Den Paprika entkernen und in dünne Ringe hobeln. Die Wurst in dünne Scheiben schneiden, beides unter die Kartoffeln mischen.

Aroma entwickeln kann, dabei aber sofort den Topf vom Feuer nehmen, damit der Paprika nicht verbrennt. Das Paprikapulver schmeckt stark geröstet bitter. Das Gemüse darin anbraten, dabei sorgfältig rühren, damit alles leuchtend rot wird. Man nennt das paprizieren.

❹ Die Brühe angießen, mit Salz, Pfeffer, Majoran, Kümmel, Knoblauch und Rosenpaprika würzen. Zugedeckt leise etwa eine halbe bis ganze Stunde gar ziehen lassen.

❺ Die saure Sahne in den Topf geben, gehackte Petersilie dar-

überstreuen und heiß (aber Achtung: nicht mehr aufkochen, weil sonst die Sahne ausflockt) in tiefen Tellern servieren.

❻ Dazu gibt es einen Rotwein.

Tip: Die Knoblauchwurst darf auf keinen Fall bereits getrocknet sein, sollte frisch und noch weich sein – getrocknete Wurst wird beim Kochen nämlich hart.

Wir verwendeten ungarische Paprikachilischoten, das sind nicht die Gemüsepaprikaschoten

Rosenpaprika ist scharf

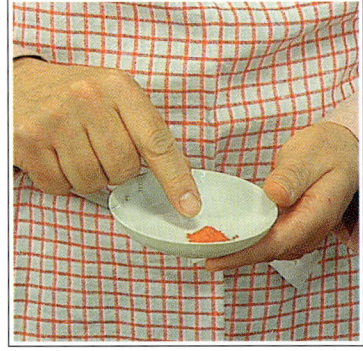

Delikateßpaprika ist mild und süß

Feuerlöscher (Joghurtdrink)

Pro Person:
1 Becher Joghurt,
1 Prise Salz, 1/2 TL
gemahlener Kreuz-
kümmel, 4-5 Eiswürfel,
1 Schuß eiskaltes Wasser

❶ Alles miteinander glattquirlen eventuell sogar im Mixer aufschäumen.

❷ Mit soviel Wasser verdünnen, wie man mag – der Drink sollte nicht zu dick sein.

ZUSATZREZEPTE

Garnelen in Chilisauce

Für 4 bis 6 Personen:
Würzpaste:
20 getrocknete rote
Chilischoten, 2 mittel-
große Zwiebeln,
2-3 Knoblauchzehen,
1 TL Garnelenpaste

Außerdem:
4 EL neutrales Öl, Salz,
1 TL Zucker, Saft einer
Zitrone, 500 g geschälte,
rohe Garnelenschwänze,
Koriandergrün

❶ Die Chilis in warmem Wasser einweichen (wer die Schärfe etwas mildern will, entkernt sie zuvor).

❷ Schließlich mit den grob zerkleinerten Zwiebeln, Knoblauchzehen, Garnelenpaste und einer halben Tasse Einweichwasser im Mixer zu einer Paste zermusen.

❸ Im Wok oder in einer tiefen Pfanne das Öl erhitzen, erst dann die Würzpaste zufügen und unter Rühren anrösten. Salz und Zucker zufügen. So lange köcheln, bis eine dicke Sauce entstanden ist.

❹ Zitronensaft in die Sauce rühren und mit etwas Wasser verdünnen. Nach einer Minute leisen Köchelns die geputzten Garnelen zufügen.

❺ Zwei bis drei Minuten in der Sauce leise ziehen lassen, dabei immer wieder rühren und wenden, damit nichts ansetzt. Mit zerzupften Korianderblättern bestreuen und servieren.

Gelber Linsentopf mit Tomaten und Spinat

Die gelben Linsen liebt man in der indischen Küche, es handelt sich einfach um geschälte grüne oder braune Linsen. Weil ihnen die Schale fehlt, sind sie auch ohne Einweichen viel schneller gar – je nach Alter und Sorte sind sie schon nach zehn bis dreißig Minuten weich.

❶ Die Linsen mit reichlich gesalzenem Wasser bedeckt weich kochen – wie immer unterhalb des Siedepunkts, nicht sprudelnd!

❷ Zwiebel, Knoblauch und entkernte Chilis im heißen Öl anrösten, die Nüsse zufügen.

❸ Schließlich alles im Mixer pürieren – falls das Püree zu trocken wirkt, einen Schuß Linsenkochwasser zufügen.

❹ Spinat verlesen, dicke Stiele abknipsen, sobald die Linsen weich sind, zufügen und zusammenfallen lassen.

❺ Tomaten überbrühen, häuten, entkernen, grob würfeln und ebenfalls in den Topf geben. Schließlich das Chilizwiebelpüree unterrühren, den Eintopf damit würzen und binden.

Tip: Wer es noch eiliger hat, kann statt des frischen, arbeitsintensiven Spinats tiefgekühlten Blattspinat verwenden und statt des frischen Tomatenfleisches solches aus der Packung – aber bitte immer daran denken, daß es frisch einfach besser schmeckt!

Chilispaghetti mit bunten Paprikastreifen

❶ Die Paprikaschoten auf einem Stück Alufolie in den 220 Grad heißen Ofen legen, etwa 20 Minuten rösten, bis die Haut Blasen wirft.
Sie abziehen, dabei alle Kerne im Innern herausstreifen. Über einer Schüssel arbeiten, damit der Paprikasaft aus dem Innern nicht verlorengeht!

❷ Feingehackte Schalotte und Knoblauch in der heißen Butter in einem Topf andünsten, den in schmale Streifen geschnittenen Schinken sowie die ebenso in Streifen geschnittenen Paprika mit ihrem Saft zufügen.

❸ Mit Wein ablöschen und Sahne auffüllen. Einige Minuten sanft

köcheln, bis sich alles cremig verbunden hat. Die Sauce mit Salz und Pfeffer abschmecken.

❹ Für die Spaghetti reichlich Wasser zum Kochen bringen, mit Salz und zerkrümelten Chilischoten würzen. Die Spaghetti darin bißfest kochen, abgießen und mitsamt den Chilikrümeln mit dem Pfanneninhalt mischen.

Huhn in gelber Sauce

❶ Die Chilis mit kochendem Wasser überbrühen und eine halbe Stunde einweichen. Mit Gelbwurz, Nüssen und Zwiebel im Mixer pürieren, dabei soviel Einweichflüssigkeit zufügen, wie nötig, damit eine Paste entsteht.

❷ Das Huhn in zehn mundgerechte Stücke schneiden: dafür zunächst halbieren, die Schenkel abtrennen und in Ober- und Unterschenkel teilen, die Flügel abschneiden und das Bruststück quer einmal durchtrennen.

❸ Das Öl im Wok oder in einer tiefen Pfanne erhitzen. Die Würzpaste darin anrösten. Die Hüh-

nerstücke zufügen und langsam anbraten, dabei immer wieder drehen, bis sie rundum von Würzpaste überzogen sind.

❹ Zitronengras sehr fein schneiden und in die Sauce geben. Mit Salz und Pfeffer würzen und mit Kokossahne auffüllen.

❺ Etwa 20 bis 25 Minuten leise im offenen Topf köcheln, dabei immer wieder umrühren, damit nichts ansetzt und die Kokossahne nicht ausflockt.

❻ Zum Schluß die Sauce schön säuerlich mit Limettensaft abschmecken.

Für 4 bis 6 Personen:
Würzpaste: 12 getrocknete, rote Chilischoten,
1 Stück frischer Ingwer von 2 cm Länge,
4 Macadamia- oder 6 Cashewnüsse, 1 große Zwiebel, 2 Knoblauchzehen, 1 schöne Poularde (ca. 1,5 kg), 4 EL Öl,
1 Stengel Zitronengras, Salz, Pfeffer, 1 Dose Kokossahne, Saft einer Limette

Lamm in Zitronensauce

Für 4 bis 6 Personen:

Würzpaste:

12 getrocknete Chilis,

2 Knoblauchzehen,

1 walnußgroßes Stück

Ingwerwurzel

Außerdem:

500 g Lammschulter

(ohne Knochen),

1 TL Zucker, Salz,

3 festfleischige Tomaten,

2 Zitronen, 4-5 EL Öl,

1 große Zwiebel

❶ Die Chilis nach Belieben entkernen und in heißem Wasser einweichen. Schließlich mit Knoblauch und Ingwer sowie drei bis vier Eßlöffeln Einweichflüssigkeit im Mixer fein pürieren.

❷ Das Lammfleisch in halbzentimeterstarke Scheiben schneiden, diese auf Streichholzschachtelgröße zuschneiden. In einer Schüssel mit der Würzpaste gründlich vermengen. Dabei mit Zucker und Salz würzen.

❸ Die Tomaten häuten, entkernen und in Stücke schneiden. Zusammen mit dem ausgepreßten Zitronensaft unter das Fleisch mischen.

❹ Das Öl im Wok oder in einer Pfanne erhitzen. Den gesamten Schüsselinhalt zufügen. Langsam ohne Deckel etwa 15 bis 20 Minuten schmoren, bis fast alle Flüssigkeit verdampft ist und sich an der Oberfläche ein Ölfilm absetzt.

❺ Inzwischen die Zwiebel in Ringe hobeln, über den Curry streuen und in diesem Ölfilm einige Minuten mitrösten. Zum Schluß alles sorgsam mischen.

Bandnudeln mit Chilis, Spinat und Tomaten

❶ Den Spinat verlesen, Stiele entfernen, mehrmals gründlich waschen, in kochendem Salzwasser eine Minute blanchieren und eiskalt abschrecken.

❷ Gut abtropfen. Zwiebel fein würfeln, Knoblauch hacken und im heißen Öl andünsten.
Die entkernten und gewürfelten Chilis mitschwitzen lassen. Schließlich die passierten Tomaten zufügen.

❸ Etwa zehn Minuten leise köcheln. Frische Tomaten inzwischen häuten, entkernen und in Streifen schneiden. Mozzarella würfeln. Beides zusammen mit dem Spinat zur Tomatensauce geben und behutsam untermischen. Salzen und mit Pfeffer würzen.

❹ Die Bandnudeln gar kochen und schließlich mit dieser Sauce vermischen.

Für 4 Personen Hauptgericht, für 6 bis 8 Personen eine Vorspeise:

250 g fester Blattspinat,

Salz, 1 weiße Zwiebel,

3 Knoblauchzehen, 3 EL

Olivenöl, 4-5 frische

Chilischoten, 1/2 Paket

passierte Tomaten

(250 g oder 1/4 l), 4 To-

maten, 200 g Mozza-

rella, Pfeffer, 400 g

Bandnudeln

Penne mit Chilipeperonata

❶ Die Paprikaschoten und die Chilis auf einem Stück Alufolie in den auf 250 Grad vorgeheizten Ofen legen, so lange rösten, bis ihre Haut rundum Blasen wirft und auch überall schwarze Stellen zeigt. Unter einem feuchten Tuch ein wenig auskühlen lassen, bis man die Schoten anfassen kann. Die Haut abziehen, dabei die Kerne aus dem Inneren herausstreifen. Den Saft aus dem Inneren auffangen.

❷ Das Paprikafleisch in große, das Chilifleisch in kleinere Würfel schneiden. Die Tomaten mit kochendem Wasser überbrühen, in Eiswasser abkühlen, die Früchte häuten, entkernen und in Streifen oder große Würfel schneiden. Den Knoblauch in Scheiben schneiden, im heißen Öl andünsten, sofort die Tomaten zufügen und kurz schmelzen. Paprikastreifen mitschwenken sowie grob gehackte Petersilie. Mit Salz, Pfeffer und Balsamicoessig abschmecken.

❸ Penne in Salzwasser gar kochen und zwei bis fünf Minuten zusammen mit den Paprika und Tomaten schmoren. Gut mischen, dazu frisch geriebenen Parmesan servieren.

Für 4 Personen ein Hauptgericht, für 6 bis 8 Personen eine Vorspeise: je 1 rote und gelbe Paprikaschote, 4-5 frische, rote Chilischoten, 500 g Tomaten, 3-6 Knoblauchzehen, 3 EL Olivenöl, 3-4 Petersilienstengel, Salz, Pfeffer, 2 EL Balsamicoessig, 500 g Penne (kurze, dicke, gerippte Röhrennudeln)

HAUSGEMACHTE CHILIPASTEN UND WÜRZSAUCEN:

Tomaten-Curry-Paste

Für ein 400-g-Glas:
500 g Tomaten,
150 g rote, frische Chilis
(entkernt gewogen),
1 TL getrocknete,
gesalzene Shrimps oder
Sardellenpaste,
2 EL Kokospulver,
3 dicke Knoblauchzehen,
2 Zwiebeln, 1 Zitronen-
grasstengel, 1 daumen-
dickes Stück Ingwer
(50 g), 1 EL brauner
Zucker, 2 EL Sojasauce,
Salz, Pfeffer

❶ Tomaten häuten, entkernen, mit den Chilis in einen Topf füllen und aufkochen.

❷ Getrocknete Shrimps oder Sardellenpaste und Kokospulver zufügen. Knoblauch und Zwiebeln grob würfeln, Zitronengras in feine Ringe schneiden, Ingwer fein würfeln.

❸ Alles in den Topf füllen. Zucker und Sojasauce zufügen, salzen und pfeffern. Zugedeckt eine halbe bis ganze Stunde leise köcheln lassen. In einem Sieb gut abtropfen lassen – den Sud für eine Suppe oder Sauce verwenden.

❹ Die festen Bestandteile im Mixer fein pürieren und nur so viel Flüssigkeit zufügen, bis die gewünschte Konsistenz erreicht ist. Es soll eine feste, aber streichfähige Paste entstehen.

❺ Die Paste abschmecken, in ein Glas füllen, abkühlen lassen. Als Dip verwenden, löffelweise als Würze in gebundenen Suppen und Saucen oder als Paste auf gerösteten Weißbrotscheiben.

Indonesische Chilipaste

❶ Zwiebel und Knoblauch schälen, würfeln und im heißen Öl kräftig anbraten. Die Zwiebeln dürfen dabei ruhig appetitlich bräunen und Duft entwickeln.

❷ Ingwer schälen, würfeln und zufügen. Mit Wasser ablöschen, Zucker zufügen, ebenso die grob gehackten Chilis. Zugedeckt eine halbe bis ganze Stunde weich kochen. In einem Sieb abtropfen – den Sud anderweitig verwenden.

❸ Zwiebeln und Chilis im Mixer pürieren. Falls die Paste jetzt zu fest sein sollte, so viel vom Sud zufügen und mitmixen, bis die Paste die richtige Konsistenz erreicht hat.

❹ Heiß in ein Glas abfüllen und gut verschlossen kalt stellen.

Für ein 400-g-Glas:
1 große Zwiebel, 4-6
Knoblauchzehen, 2 EL
Öl, 1 daumengroßes
Stück Ingwer, 1/8 l
Wasser, 2 EL brauner
Zucker, 300 g entkernte
frische, rote Chilis

Mildwürziges Sambal (Indonesische Würzsauce)

❶ Chilis, Zwiebeln und Knoblauch entweder von Hand fein hacken oder im Zerhacker nicht zu fein zerkleinern, dabei die Shrimps mitmixen.

❷ Das Öl im Topf erhitzen, das zerkleinerte Gemüse zufügen und leise anbraten. Nach etwa einer halben Stunde mit Zucker bestreuen, sobald dieser karamelisiert, mit Kokosmilch ablöschen.

❸ Etwa eine Viertelstunde köcheln, bis die Paste schön dick geworden ist. Heiß in ein oder mehrere Gläser abfüllen und abkühlen lassen.

Tip: Die Würzsauce hält sich im ungeöffneten Glas mehr als ein Jahr. Sobald das Glas geöffnet wurde, im Kühlschrank aufbewahren und innerhalb einiger Monate verbrauchen. Die Würzsauce schmeckt als Dip zu Gemüse oder zum kurzgebratenen Fleisch, zu Steaks und zum Fleischfondue.

Für ein Schraubglas von 400 Gramm Inhalt:
300 g entkernte, rote Chilischoten, 3 große, rote Zwiebeln, 5 Knoblauchzehen, 1-2 EL getrocknete Shrimps oder Shrimpspaste, 4 EL Öl, 1 EL brauner Zucker, 1 Tasse Kokosmilch

Das chinesische Pfannenrühren

Ganz einfach: Chinesisch kochen

Was man dazu braucht, kann man bei uns im Grunde überall kaufen. In den Supermärkten, Lebensmittelabteilungen der Kaufhäuser gibt es oft sogar speziell auf Asiatisches spezialisierte Stellagen. Chinaläden florieren nicht nur in wenigen Großstädten. Und wer nun wirklich auf dem flachen Lande wohnt, kann sich von Versandhäusern die wenigen Zutaten schicken lassen, die es nicht in normalen Geschäften zu kaufen gibt.

Zum Chinesisch-Kochen braucht man wirklich keine besonderen exotischen Ingredienzen. Einzig unerläßlich sind: Knoblauch (gibt's überall), Frühlingszwiebeln (ersetzbar durch jungen Lauch oder ausgetriebenes Zwiebelgrün) und frischer Ingwer. Der ist zugegebenermaßen keine gängige Ware, aber doch in guten Gemüseläden zu finden, und dann kann man gleich einen größeren Vorrat erstehen und eingraben oder einfrieren (siehe auch Stichwort „Ingwer" bei den Zutaten, S. 42). Alles übrige ist bei uns problemlos zu bekommen. Und wenn nicht, so doch ersetzbar.

Wichtiger als alle Zutaten ist etwas ganz anderes: Man muß seine Kochweise, seine Vorratshaltung ein wenig umstellen. Denn in chinesischen Rezepten wird portionsweise gekocht, daher werden meist nur so kleine Mengen verlangt, wie man sie nie kaufen kann: 50 Gramm Chinakohl, 75 Gramm Bambussprossen, eine Handvoll Zuckererbsenschoten usw. Da hilft nur eins: öfter chinesisch kochen. Denn aus ein und denselben Zutaten kann man heute dieses und morgen ein ganz anderes Gericht zubereiten. Man muß also keineswegs immer dasselbe essen, nur weil man zuviel Chinakohl im Kühlschrank hat. Reste sind da kein Problem:

Aus einer Stange Lauch, einer kleinen Möhre, ein paar übriggebliebenen Champignons und einem winzigen Stück Fleisch zaubern Sie in kürzester Zeit ein Gericht, dem man gewiß nicht ansieht, daß es aus der Not geboren wurde, und das jedem schmeckt.

Wie man ein Menü zusammenstellt

Chinesisches Essen ist ein geselliges Essen. Je mehr Gäste am Tisch sitzen, desto vielfältiger wird die Mahlzeit. Man rechnet pro Person einen Gang. Für sechs Personen also sechs verschiedene Gerichte. Und zwar vorzugsweise nach verschiedenen Garmethoden zubereitet.

Denn auch bei der Zusammenstellung eines Menüs gilt die goldene Regel: Kontraste schaffen! Man wird also vielleicht zwei pfannengerührte Gerichte servieren, davon eines sanft, mild, mit viel Gemüse, das andere hingegen scharf, in wenig, dick eingekochter Sauce. Dann ein geschmortes Gericht, etwas Fritiertes mit Dip, auf jeden Fall ein Gericht aus dem Dampf, eventuell auch gegrilltes Fleisch oder Geflügel. Die Suppe, also in Brühe Gegartes, wird zum Schluß aufgetragen. Süßigkeiten können, müssen aber nicht sein.

Chinesische Küche – eine Einführung

Für einen Chinesen ist das Essen weitaus mehr als Nahrungsaufnahme. Sogar mehr als lediglich

Genuß: Essen bedeutet für ihn die Wurzel allen Lebens, die Grundlage für seine Gesundheit, das Symbol für Glück und Wohlstand. Mit jeder einzelnen Mahlzeit, die er zu sich nimmt, stärkt er nicht nur den Leib, sondern vielmehr seine Seele und seinen Geist; sie gibt ihm Kraft und göttlichen Funken zugleich. Das klingt in den Ohren von uns Europäern geradezu blasphemisch.

Vor allem für uns Deutsche steht meist das Geistige über dem Leiblichen. Aber bei den Chinesen gehört Essen so unabdingbar zum Geistigen, daß selbst ein Philosoph wie Konfuzius (geboren 552 v. Chr.) – und nicht nur er! – sich nicht zu schade war, sein intellektuelles Bemühen, sein Streben nach der Wurzel und dem Sinn des Lebens auch auf das Gebiet der Küche zu lenken.

Essen schließlich ist hier nicht nur den Lebenden vorbehalten; damit erfreut man auch den Geist Verstorbener, indem man ihnen an der Bahre fürstliche Mähler aufbaut; man macht sich sogar die göttlichen Geister gewogen, wenn man ihnen besonders erlesene Leckerbissen vor den Altar stellt. Essen als Quelle des Lebens, des Seins, des Geistes – kein Wunder, daß unter solchen Vorzeichen eine große, unvergleichliche Küchenkultur entsteht!

Kochen und Essen aus Tradition

Die chinesische Küche ist Tausende von Jahren alt. Ihre Tradition reicht in Zeiten zurück, wo man bei uns in Europa gerade eben froh war, das Feuer erfunden zu haben, über dem man die erlegten Tiere so lange rösten konnte, bis ihr Fleisch genießbar wurde. Vor viertausend Jahren bereits hat dagegen ein chinesischer Philosoph (kein Koch!) mit Namen I Ya eine so profunde Betrachtung über das Essen und die Zubereitung dessen geschrieben, daß sie noch heute als Grundlage der chinesischen Küche angesehen wird. Auch die Liste der Dichter, Schriftsteller und Denker späterer Zeiten in China, die sich mit dem Kochen beschäftigten, Kochanweisungen verfaßten und Rezepte entwickelten, ist lang.

Chinesische Küche – Küche der Zukunft

In der Tat ist die chinesische Küche bereits seit Jahrtausenden eine Küche der Zukunft. Denn schon seit jeher ist es eine Küche der Bescheidenheit. Das Land, etwa so groß wie ganz Europa, ist zwar riesig, die nutzbare Anbaufläche jedoch beträgt höchstens 20 Prozent, in Europa sind es 80 Prozent. Ein gigantisches Land, dicht besiedelt, muß sich sozusagen vom Ertrag eines Gänschens ernähren. Das war immer so, so ist's heute. Aus dieser Not eine Tugend zu machen – das ist chinesische Küche. Und deshalb ist es die Küche der Zukunft, eine Küche, die es trotz allem fertig bringt, mit wenig Mitteln eine übersehbar große Zahl an Menschen zu ernähren: reich an Nährkraft, dabei arm an Kalorien und trotzdem so ausgewogen, daß von allem, was der Mensch braucht, genügend vorhanden ist.

Mit wenig Mitteln viele hungrige Mäuler zu stopfen – diese Kunst beherrschen die Chinesen seit alters. Es gab eben nicht für jeden ein stattliches Stück Fleisch. Ein kleines Schnitzel mußte für viele reichen. Das ist der Hauptgrund, warum man es nicht am Stück briet, sondern in winzige Fitzelchen zerschnitt und dann mit ausreichend – wohlfeilerem – Gemüse mischte und so nicht nur optisch Fülle bot.

Ein weiterer Grund mag die sagenhafte Abneigung des Kochphilosophen Konfuzius gewesen sein, Schlachtwerkzeuge, wie beispielsweise ein Messer, bei Tisch zu sehen. Schon deshalb war es einfach nötig, alles bereits in der Küche in mundgerechte Schnipsel zu zerkleinern. Und der dritte, sicherlich noch wichtigere Grund dafür: Große Fleischstücke brauchen viel Brennenergie, bis sie endlich durchgebraten und genießbar geworden sind. Und Brennmaterial war rar, eine Kostbarkeit im alten China. In schmale Streifen geschnitten, ließ sich Fleisch aber in Sekundenschnelle garen.

Ein weiterer Vorteil: So klein zerteilt, konnte man Fleisch und Gemüse mit den unterschiedlichsten Garzeiten gemeinsam verarbeiten und bald eine Fülle der vielfältigsten Gerichte entwikkeln, ganz ungeahnte Kombinationen und ungewöhnliche Zusammenstellungen.

Küche der Zukunft? Die Chinesen sind heute trotz strengster Geburtenkontrollen bereits ein Milliardenvolk: Zukunftsforscher sagen auch dem Rest der Welt voraus, daß irgendwann die Ressourcen erschöpft sein werden, daß irgendwann nicht mehr genügend zu essen da sein wird. Wie man aber mit wenig auskommt, kann man tatsächlich von den Chinesen lernen. Ihre Küche ist leicht und trotzdem sättigend. Sie kommt mit einem Minimum an – teurem – Fleisch aus, indem mit Gemüse, Fisch und Körnern aufgefüllt wird. Eine Ente zum Beispiel, von der man hierzulande sagt, sie sei für drei zuwenig, für zwei zuviel, macht auf chinesisch zubereitet mühelos sechs bis acht Personen satt. Weil man auch aus dem kleinsten Teil noch eine wei-

tere Mahlzeit zuzubereiten imstande ist. Sogar die Entenknochenreste ergeben noch eine kräftige, sehr billige Suppe – vielleicht nur mit etwas Reis angedickt, aber auf jeden Fall mit Gewürzen, Ingwer und Knoblauch schmackhaft gemacht.

Die chinesische Küche kennt keine Milchprodukte. Es gibt keine Milch, keine Sahne, keinen Käse. Eine Kuh ist Arbeitstier, kann nicht auf kostbarem Weidegrund lediglich zur Milchproduktion gehalten werden. Der Eiweißlieferant der Chinesen wächst auf dem Feld: die *Sojabohne*. Proteine, die bedeutend preiswerter zu erzeugen sind, als sie je Tieren abzuringen wären. Aus Sojabohnen stellen die Chinesen Milch her, Quark und Käse, lassen daraus Gemüse keimen, sie zu nahrhafter Sojasauce fermentieren, rösten sie, trocknen sie, essen sie süß und salzig, pressen daraus Öl, kurz – benutzen sie als Allround-Eiweißspender. In der Tat eine Küche der Zukunft!

Chinesische Küche – eine Gesundheitsküche

Das Essen hat eine unmittelbare Wirkung auf unser Wohlbefinden. In der chinesischen Küchenphilosophie geht dieser Weg vom Gaumen über den Magen zur Seele und damit zum Zentrum des Körpers noch direkter. Wer ausgewo-

gen ißt, ist auch ausgeglichen. Und ausgewogen, zum Beispiel, ist ein Essen, in dem die fünf chinesischen Farben vorkommen. Jede dieser Farben steht in engem Bezug zum Körper: Grün = Leber, Rot = Herz, Gelb = Milz, Weiß = Lunge und Schwarz = Niere. Einem Arzt geben diese Farben Aufschluß über die körperliche Verfassung eines Patienten. Wer auffällig rot im Gesicht ist, sollte auf sein Herz achten und viel rote Gemüse, dunkles Fleisch und Innereien zu sich nehmen. Wer blaß aussieht, leidet unter Lungenbeschwerden, sollte weißes Gemüse (Rettich!), helles Fleisch und Fisch bevorzugen. Schwarze Ringe unter den Augen (Niere) lassen schwarze Pilze, reichlich schwarzen Pfeffer angezeigt erscheinen.

Das klingt vielleicht alles ein wenig phantastisch, auch allzu einfach. Tatsache ist allerdings, daß unsere Zivilisationskrankheiten im traditionellen China unbekannt sind. Kaum ein Chinese ist dick. Denn die Mahlzeiten sind nie einseitig, sondern stets ausbalanciert zusammengesetzt, aus tierischen und pflanzlichen Proteinen, aus frischen und konservierten Zutaten, aus kalten und heißen Speisen – kurz, nach dem Prinzip des Yin und Yang, der allumfassenden chinesischen Lebensphilosophie. Yin steht dort für das passive, absteigende, abkühlende, auch weibliche Prinzip. Yang ist die aktive, aufsteigende, wärmende, männliche Kraft. Diese Ausgewogenheit der Gegensätze, das ist es, was die chinesische Küche so spannend, so aufregend, so interessant für uns macht: Kalt wird gegen Heiß gesetzt, Süßes gegen Salziges, Mild gegen Scharf, Weich gegen Knakkig und Schmelz gegen Zähigkeit. Eine Küche der Kontraste.

Ein Stilmittel übrigens, das die Köche der westlichen Welt seit einigen Jahren als sogenannte Neue Küche und eigene Erfindung ausgeben. Dabei ist die Idee Jahrtausende alt.

Kochen im heutigen China

Jeder weiß nun, daß im China von heute alles ganz anders aussieht. Das Land hat in seiner jüngeren Geschichte eine tiefgreifende Veränderung erlebt. Mehr als 30 Jahre Kulturrevolution haben eine jahrtausendealte Küchenkultur tatsächlich beeinflussen und brechen können. Mao bediente sich der Bauern zur Verbreitung seiner kommunistischen Idee, ließ sie dann aber mit niedrigsten Einkommen zu den Stiefkindern seines neugeordneten Staates werden. Jedoch ohne starke, selbstbewußte Agrarwirtschaft kann nirgendwo gute Küche blühen oder auch nur existieren.

So paradox das scheint: Erstklassige chinesische Küche erlebt man heutzutage nicht in China, sondern eher in Hongkong, Singapur, San Francisco oder New York, in London, Paris, Berlin.

Wie man Sojakeime selber zieht

Wichtige Zutat für viele chinesische Gerichte sind frische Sojabohnenkeime oder Bohnensprossen. Man kann sie zwar öfter ab-

gepackt in der Gemüseabteilung großer Supermärkte finden. Wenn sie aber mal nicht vorrätig sind, ist das nicht weiter schlimm: Innerhalb weniger Tage lassen sie sich zu Hause selber ziehen. Die dazu nötigen stecknadelkopfkleinen grünen oder etwas größeren gelben Sojabohnen gibt es in der Asienabteilung großer Kaufhäuser und natürlich in Chinaläden. Nach eben diesem Prinzip können Sie auch Kresse keimen lassen oder Senfsamen

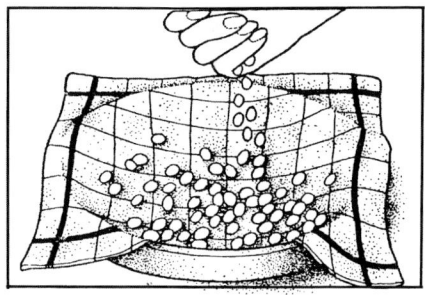

Die Sojabohnen waschen und verlesen. Nur intakte Bohnen verwenden. Sie in lauwarmem Wasser über Nacht einweichen. Dann in einer mit einem feuchten Tuch belegten Schale ausbreiten.

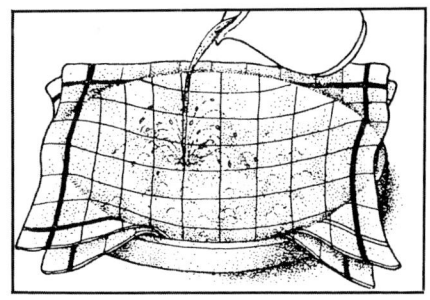

Mit einem zweiten feuchten Tuch abdecken. Die Schale an einen dunklen Ort stellen. Die Bohnen bei Zimmertemperatur keimen lassen. Das Tuch regelmäßig anfeuchten.

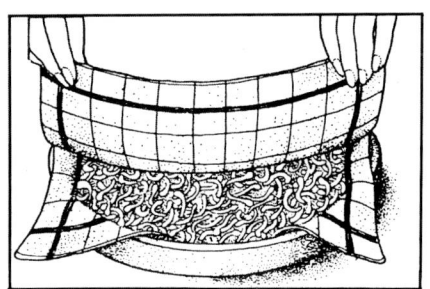

Nach drei bis sechs Tagen (je nach Sorte) sind etwa 5 cm lange weiße Keime gewachsen. Diese gründlich waschen.

(Sie kaufen sie übrigens billiger im Samengeschäft oder in einer Gartenhandlung als im Gewürzladen). Beides paßt vorzüglich in chinesische Gerichte: Einfach vor dem Servieren kurz in der Pfanne mitschwenken.

Das chinesische Pfannenrühren

Man versteht darunter ein rasches Braten unter stetem Schwenken der Lebensmittel in einer sehr, geradezu glühendheißen Pfanne. Eine Garmethode, die die Chinesen entwickelt haben und die so viele Vorzüge aufweist, daß es sich lohnt, sie einmal genauer unter die Lupe zu nehmen. Denn es ist auch die richtige Garmethode, wenn man ganz westliche Gerichte, wie zum Beispiel Geschnetzeltes, zubereiten will, das – versprochen! – in Zukunft nie mehr zäh und trocken geraten wird.

Das Pfannenrühren ist eine sparsame Art zu kochen, denn man benötigt nur wenig Energie – zwar große Hitze, die aber nur ganz kurz: eben ein loderndes Feuer aus Dung, Bambus und trockenen Ästen. Außerdem kommt man mit wenigen Zutaten aus: Mit geringen Mitteln viele hungrige Mäuler zu stopfen, diese Kunst beherrschten die Chinesen von alters her. Damit, wie gesagt, ein Schnitzel für viele

reicht, wird es eben nicht am Stück gebraten, sondern in viele kleine Schnipsel geschnitten. Auch spart es beim Kochen enorme Zeit: So zerkleinert, sind die Zutaten in Sekundenschnelle gar. Und es spart Kalorien: Man kommt mit einem Minimum an Fett zum Braten aus, für die Saucen sind keine Sahne, Butter, schon gar kein Mehl zum Binden nötig, man kommt mit dem eige-

nen klaren Saft, einem Schuß Wein oder Brühe vollkommen aus. Und zu guter Letzt ist diese Art des Kochens überaus gesund: Die Zutaten werden so kurz wie möglich gegart, wodurch Vitamine, Mineralien und alle Inhaltsstoffe, Textur, Struktur und Farbe erhalten bleiben.

In China nimmt man fürs Pfannenrühren den sogenannten

Mit Stäbchen essen

In der chinesischen Küche ist das Zerlegen, Zerteilen und Schneiden ausschließlich dem Koch vorbehalten, sowohl der rohen wie der garen Lebensmittel. Ein Messer hat auf dem Eßtisch nichts zu suchen. Gegessen wird mit Hilfe zweier Stäbchen aus Holz, Bambus, Elfenbein, heute meist aus Plastik. Chinesische Kinder beherrschen das bereits mit zwei, drei Jahren. Warum sollte es uns Erwachsenen also zu große Schwierigkeiten machen? Denn – Chinesisches schmeckt erst richtig chinesisch, wenn man es auf chinesische Weise verzehrt. Das geschnipselte Fleisch und Gemüse auf eine Gabel gespießt – das ist ein Stilbruch, den man schmeckt.

Üben Sie zunächst den richtigen Griff. Sie werden merken, es geht kinderleicht. Hauptsache, man hält die Hand locker, verkrampft sich nicht.

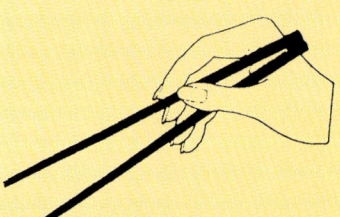

Das untere Stäbchen in die Daumenbeuge legen und auf der Ringfingerspitze abstützen

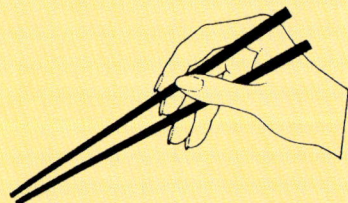

Das obere Stäbchen wie einen Bleistift zwischen Daumenspitze und Zeige- und Mittelfinger beweglich halten

Wok, eine große Pfanne mit einem halbkugelförmigen oder ein wenig abgeplatteten Boden aus stabilem Eisen. Der Wok sitzt in einem genau dafür ausgesparten Loch direkt auf der Feuerstelle, die Zutaten werden darin mit einem Schäufelchen herumgewirbelt, so daß immer nur ein Teil von ihnen auf der vergleichsweise kleinen Bodenfläche im starken Feuer brät, während der Rest an den „kühleren" Seitenwänden schonender garen kann. Dank der extrem hohen Temperaturen dauert alles nur Sekunden. Und die starke Hitze, auf der alles geschieht, läßt den Zucker in den Zutaten karamelisieren; er wird so Bestandteil des Gerichts, verleiht ihm den typischen „chinesischen" Geschmack, wird selbst zum Gewürz. Aber: Genau dies ist in unseren Küchen nicht ganz einfach zu erzielen. Unsere Herde sind auf einen solchen zwar kurzfristigen, aber extrem hohen Kraftausstoß normalerweise nicht ausgerichtet. Die wenigsten Gasherde liefern genügend Energie, die Automatikplatten der Elektroherde schalten sich einfach ab, sobald sie eine bestimmte, fürs Pfannenrühren nicht ausreichende Temperatur erreicht haben.

● Man koche also stets auf der stärksten Normalplatte des Herdes, auf stärkster Stufe – und heize gut vor! Oft sind starke Einzelkochstellen besser, die mehr Power haben als die im Herd eingebauten – das gilt für die klassischen Masseplatten wie für Cerankochfelder.

Gut geeignet ist ein spezieller Wokbrenner für Gasherde, der auf der Mine des Pfannenbodens mehr Leistung konzentriert als die üblichen Brenner, deren äußerer Flammenkranz die Hitze die Pfannenwand hinaufsteigen läßt. Für die einfachen, dünnen Eisenwoks aus China gibt es einen speziellen Ring mit Löchern, der einerseits die Erhitzung der Wände stark vermindert, andererseits für einen guten Stand sorgt. Diese Woks, die nur wenig Geld kosten, sind allerdings für Elektroherde nicht zu gebrauchen – hierfür eignen sich nur Woks aus Gußeisen mit plangeschliffenem Boden, schwere emaillierte Eisenwoks mit paßgenauem Boden (auch für Ceranfelder geeignet) oder Edelstahlwoks mit schwerem Sandwichboden, in dem eine Kupferplatte für optimale Hitzeleitung sorgt.

Ungeeignet zum Kochen im Wok sind die Stövchen verschiedenster Bauart, die heute immer häufiger zusammen mit dem Wok angeboten werden – sie eignen sich höchstens zum Warmhalten, nicht aber zum wirklichen Kochen: Man kann am Tisch nicht im Wok kochen, denn es würde sich mehr Dampf entwickeln und mehr Fett verspritzen, als man seinem Eßzimmer zumuten will – ein Dunstabzug leistet gerade beim Pfannenrühren wichtige Dienste. Auch elektrisch beheizbare Tischwoks sind nicht mehr als eine Spielerei.

Die besten Erfahrungen haben wir mit dem neuen Induktionskochfeld gemacht, bei dem die Wärmeübertragung von Kochstelle zur Pfanne über ein elektromagnetisches Feld funktioniert. Das heißt, es wird nicht zuerst eine Herdplatte erhitzt, die dann ihrerseits den Topf erwärmt, die Wärme entsteht vielmehr in der eisernen Pfanne selbst, indem ein ständig wechselndes elektromagnetisches Feld die darauf reagierenden Eisenmoleküle in Schwingung versetzt und dabei erhitzt. Dadurch kann die Energie unmittelbar wirken, die Pfanne wird rascher und stärker erhitzt als auf einer üblichen Herdplatte.

Allerdings: Das klappt natürlich nur mit Töpfen und Pfannen, die aus magnetischem Material bestehen, also geformtem, geschmiedetem oder gezogenem Eisen, blank oder emailliert, oder aus Gußeisen. Sie können das mit einem Magneten (etwa von der Pinwand) leicht überprüfen. Edelstahl, Kupfer oder Aluminium sind dafür nicht geeignet.

● Zunächst läßt man die leere Pfanne so heiß wie möglich werden. Wer keinen Wok besitzt, nehme eine schwere, große Eisenstahlpfanne, deren dicker Boden die Hitze gut leiten sollte und deren Rand möglichst weit hochgezogen ist. Das ist wichtig, damit die Zutaten beim Herumwirbeln nicht über den Pfannenrand hinausfliegen.

● Ob die Pfanne heiß genug ist, spürt man, wenn man die flache Hand darüber hält; erst dann das Öl hineingießen, rasch in der Pfanne bis zum Rand hinauf verteilen, damit alles von einem Ölfilm überzogen ist. Dieser verhindert, daß die Zutaten irgendwo klebenbleiben und verbrennen. Das Öl muß nun so heiß werden, daß es deutlich sichtbare Schlieren zieht und zu rauchen anfängt.

● Man beginnt mit dem Braten des Fleisches, das unter raschem Rühren im rauchendheißen Öl nur so lange gebraten wird, bis es seine Farbe verändert hat, zugleich wird gewürzt: mit Salz, Pfeffer, mit etwas gehacktem Ingwer und Knoblauch, nach Belieben auch mit einer zerkrümelten Chilischote. Das Fleisch wird dann mit der zum Wok gehörigen Schaufel (die sich der Rundung genau anpaßt – ersatzweise eine Schaumkelle) herausgefischt und beiseite gestellt; sollte man fürs Anbraten sicherheitshalber mehr Öl genommen haben (damit garantiert nichts ansetzt), als man essen will, kippt man das überschüssige Fett nunmehr ab und läßt nur noch einen dünnen Film in der Pfanne, in die jetzt in rascher Folge, nach der Dauer ihrer notwendigen Garzeit, die vorbereiteten Gemüse wandern. Es wird unermüdlich gerührt, gewendet, herumgewirbelt, dabei werden würzende Zutaten zugefügt, wie Ingwer, Knoblauch, Frühlingszwiebeln, Salz, Pfeffer und Zucker, und erst zum Schluß, wenn alles von einem Ölfilm überzogen ist und angebraten wirkt, wird mit den flüssigen Zutaten abgelöscht. Einmal aufkochen, alles dabei mischen – und fertig.

Das dauert eine bis höchstens drei Minuten, je nach Menge und Art der Zutaten. So behalten Gemüse ihre leuchtende Farbe, Vitamine, Struktur und Biß. Wichtig und unerläßlich ist allerdings, daß sie tatsächlich auf starker Hitze braten und auf keinen Fall Saft ziehen und dünsten.

Gehacktes Hähnchenfleisch im Salatblatt

Für 4 Personen:
ca. 300 g ausgelöste Hähnchenbrust, 1 Handvoll geschälter Mandeln, 3 Frühlingszwiebeln, 1-3 rote Chilischoten, 1 fester Kopf Salat (Kopfsalat oder Eissalat)
Marinade: 1 TL Speisestärke, 1 TL Eiweiß, 1 TL Sesamöl, 1 EL Sojasauce, 1 EL Reiswein oder Sherry, 1/2 TL Zucker, Salz, Pfeffer, je 1 EL feingehackter, Ingwer und Knoblauch
Außerdem: 2 EL neutrales Öl, 1 TL Sesamöl, 1 EL Sojasauce, 2 EL Reiswein oder Sherry, 3 EL Hühnerbrühe
Saucendip: 3 EL milder Essig (z. B. Reis- oder Apfelessig), 1 EL Sojasauce, je 1 TL feingehackter Ingwer, Knoblauch und Chili

Vorbereiten:

❶ Das Hähnchenfleisch sollte bereits von Haut und Sehnen befreit sein. Das schiere Fleisch mit einem großen, scharfen Messer in winzig kleine Würfel schneiden. Mit den Zutaten der Marinade in einer Schüssel gründlich mischen. Etwa eine, besser zwei Stunden lang kalt stellen und marinieren lassen.

❷ Inzwischen die Mandeln vierteln.

❸ Die Frühlingszwiebeln putzen, das Weiße in feine Ringe schneiden, das Grüne in gut zentimeterbreite Stücke schneiden.

❹ Die Chilis halbieren, entkernen und in feine Streifen schneiden.

❺ Den Salat in Blätter zerlegen, waschen und gut abtropfen lassen.

❻ Die Zutaten für den Dip verrühren und in vier Schälchen verteilen.

Zubereiten:

❶ Im Wok oder in einer großen, tiefen Pfanne das neutrale Öl mit dem Sesamöl stark erhitzen, die Mandeln darin rasch unter Rühren anrösten, herausheben und beiseite stellen. Im verbliebenen Fett das marinierte Hähnchenfleisch unter Rühren so lange anbraten, bis es überall seine rohe Farbe verloren hat. Dabei unermüdlich rühren und wenden. Nach etwa einer Minute die Frühlingszwiebeln, Chilis und Mandeln zufügen. Sobald alles gut durchgemischt ist, mit Reiswein oder Sherry, Sojasauce und einem Schuß Hühnerbrühe ablöschen. Noch einmal unter Rühren aufkochen. Auf einer Platte, die mit Salatblättern ausgelegt ist, anrichten.

❷ Die restlichen Salatblätter getrennt dazu reichen. Jeder Gast erhält ein Schälchen mit Saucendip.

❸ Die Gäste nehmen sich vom Hähnchenfleisch, packen sich davon jeweils Eßlöffelhappen in ein Salatblatt, beträufeln es mit etwas Sauce, rollen das Blatt zusammen, stippen das Paket in den Saucendip und verspeisen es mit den Fingern.

Schweinefleisch mit Lauch und Sojakeimen

Vorbereiten:

❶ Das Fleisch sorgfältig von Haut und Sehnen befreien, quer zur Faser schließlich in dünne Scheiben schneiden. Mit den Zutaten der Marinade in einer Schüssel gründlich mischen; zugedeckt eine Stunde marinieren.

❷ Die getrockneten Pilze mit kochendem Wasser überbrühen und eine halbe Stunde einweichen. Dann zerfaserte, knorpelige Teile abschneiden und die Pilze in Streifen schneiden.

❸ Die Zwiebel in Halbringe schneiden. Die Lauchstange putzen, schräg in schmale Ringe schneiden. Die Möhre in Scheiben oder Streifen hobeln. Die Sojakeime waschen und verlesen. Die Frühlingszwiebeln putzen, schräg in zentimeterbreite Stücke schneiden.

Zubereiten:

❶ Das neutrale Öl mit dem Sesamöl im Wok oder in einer großen, tiefen Pfanne erhitzen, das Fleisch darin, wenn nötig portionsweise, rasch pfannenrühren, dabei jeweils mit Zucker, Salz, Pfeffer sowie etwas Knoblauch und Ingwer würzen. Herausheben und beiseite stellen.

❷ Im verbliebenen Fett die abgetropften Morcheln, Zwiebeln, Lauch, Möhren, Sojakeime und Frühlingszwiebeln pfannenrühren. Auch das Gemüse mit Zucker, Salz, Pfeffer, Knoblauch und Ingwer würzen.

❸ Schließlich das Fleisch wieder zufügen, Sojasauce, Reiswein oder Sherry und Brühe angießen. Alles gründlich auf stärkstem Feuer mischen und sofort servieren.

Getränke: Die Chinesen trinken zum Essen immer grünen, unfermentierten Tee – er paßt perfekt zu allem. Auf jeden Fall paßt auch Bier, natürlich auch Wasser. Beim Wein streiten sich die Geister: Wir finden, daß ein trockener, möglichst aromatischer Wein bestens harmoniert (etwa ein Muskateller aus Württemberg, eine Scheurebe aus der Pfalz oder ein Traminer aus dem Elsaß), auch ein voller Riesling oder Grauburgunder. In Frankreich liebt man auch frischen Rosé, Champagner oder einen jungen Rotwein.

Für 4 Personen (sofern noch ein weiteres Gericht serviert wird):
200 g Schweinefilet,
2 EL getrocknete chinesische Morcheln,
1 Zwiebel, 1 dünne Lauchstange, 1 Möhre,
200 g Sojabohnenkeime
Marinade:
1 TL Speisestärke, 1 TL Sesamöl, 1 EL Sojasauce, 1 Prise Zucker
Außerdem:
2 EL neutrales Öl, 1 TL Sesamöl, je 1 EL feingehackter Knoblauch und Ingwer, 2 EL Sojasauce, 2 EL Reiswein oder Sherry, 2 EL Hühnerbrühe, Zucker, Salz, Pfeffer

Reis auf chinesische Art

Wer Reis nur so körnig kennt, wie man ihn bei uns im allgemeinen schätzt, ist sicher enttäuscht, wenn er zum ersten Mal Reis auf chinesische Art serviert bekommt: Duftig-locker muß chinesischer Reis sein, wenn er perfekt gekocht ist, schneeweiß, die einzelnen Körnchen hauchzart aneinanderhaftend. Auf keinen Fall Korn für Korn locker auseinanderrieselnd, denn solcher Reis ließe sich mit den Stäbchen kaum aufnehmen. Man nimmt dafür polierten Langkornreis, der nicht vorbehandelt (parboiled) ist. Besonders aromatisch schmeckt Duftreis aus Thailand, den man im Asien-Shop oder in Feinkostgeschäften kaufen kann; oder der ebenfalls würzig duftende Basmatireis aus Pakistan oder Bangladesch. In jedem Fall rechnet man pro Person eine halbe Tasse Reis, das sind ungefähr 75 Gramm, der, nach folgendem Rezept zubereitet, garantiert perfekt gelingt:

❶ Den Reis gründlich in feinem Sieb unter fließendem Wasser waschen, bis die herauslaufende Flüssigkeit klar bleibt. Mit dem Salz in einen flachen Topf geben, das Wasser angießen und rasch zum Kochen bringen. Ohne Deckel einige Minuten sprudelnd kochen lassen. Erst dann die Hitze auf kleinste Einstellung herunterschalten. Den Reis nunmehr gut zugedeckt etwa 25 bis 30 Minuten langsam ausquellen lassen.

❷ Den Reis schließlich mit einer Gabel auflockern und bis zum Servieren gut warm halten.

❸ Übriggebliebenen Reis kann man über heißem Dampf oder (gut zugedeckt) in der Mikrowelle wieder erhitzen. Oder als Ausgangsbasis für die verschiedensten Gerichte verwenden. Zum Beispiel für Gebratenen Reis, wie ihn die Chinesen auf vielfältige Weise zubereiten.

Hier zwei Rezepte:

Wenn sich am Topfboden eine Reisschicht festgesetzt haben sollte, diese in Stücke brechen und schwimmend in sehr heißem Öl ausbacken. Köstlich als Einlage für Brühen!

Gebratener Reis

Bei einem besonders festlichen chinesischen Essen wird der Reis erst nach einer Reihe von Hauptgerichten serviert, und dann nicht als Beilage, wie bei uns üblich, sondern als eigenständiger Gang: mit anderen Zutaten zusammen in der Pfanne gebraten. Zum Beispiel als

Krabbenreis
mit Schinken und Gemüse

200 g rohe Garnelen, eventuell auch Tiefseekrabben, 1/2 TL Salz, 1 TL Reiswein oder Sherry, 1 gehäufter TL Speisestärke, 4 EL Öl, 2 Eier, 50 g gekochter Schinken in knapp zentimetergroßen Würfeln, 100 g aufgetaute Tiefkühlerbsen, 2 gehackte Frühlingszwiebeln, 1 EL gehackte Ingwerwurzel, 4 Tassen gekochter, kalter Reis, Salz, Pfeffer aus der Mühle

❶ Die Garnelen waschen, abtrocknen, rundum mit Salz und der mit Reiswein angerührten Speisestärke einreiben. 10 Minuten ruhen lassen.

❷ Das Öl in einer großen Pfanne erhitzen, die Garnelen darin schnell braten, bis sie ihre blasse Farbe verloren haben.

❸ Die verquirlten Eier zufügen, bei mittlerer Hitze unter stetem Rühren wie zu einem Rührei stocken lassen. Gerade wenn die Eiermasse eben fest zu werden beginnt, Schinken, Erbsen, Zwiebeln und Ingwer sorgfältig untermischen.

❹ Zum Schluß dann den aufgelockerten Reis in die Pfanne geben, salzen und pfeffern.

❺ Das Ganze noch zwei, drei Minuten auf mittlerer Hitze unter Rühren braten, bis die Zutaten dampfend heiß geworden sind.

Gebratener Reis mit
Hähnchenfleisch und Pilzen

4 Tongu-Pilze, 1 EL Wolkenohrpilze, 150 g ausgelöstes Hühnerfleisch, 1 TL Stärke, 1 Zwiebel, 1 Ingwerwurzel (ca. 1 cm), 3 EL Öl, 200 g frische Champignons, 1 Gärtnergurke, 2 Eier, 2 EL Sojasauce, 2 EL Sherry, Salz, Pfeffer, 4 Tassen gekochter Reis, 2 Frühlingszwiebeln

❶ Die Pilze überbrühen und 30 Minuten einweichen. Unterdessen alles Hühnerfleisch in schmale Streifen schneiden, mit der Stärke einmassieren und ruhen lassen.

❷ Zwiebeln und Ingwer schälen, beides fein hacken. Im heißen Öl bei starker Hitze anrösten, dann die in Streifen geschnittenen Pilze, zwei Minuten später die feinblättrig geschnittenen Champignons und die entkernte, in Scheibchen geschnittene Gurke zufügen.

❸ Alles bei starker Hitze eine Minuten braten, dann das Fleisch zufügen und solange mitbraten, bis es sich weiß gefärbt hat.

❹ Die Pfanne vom Herd nehmen, die Hitze jetzt jedoch herunterschalten. Die mit Sherry und Sojasauce verquirlten Eier salzen, pfeffern und in die beiseite genommene Pfanne gießen.

❺ Dann bei milder Hitze unter stetem Rühren stocken, aber auf keinen Fall zu fest werden lassen.

❻ Zum Schluß den Reis auflockern, ihn zufügen und alles miteinander erhitzen, vor dem Servieren die gehackten Zwiebeln unterrühren.

Wichtig: Erst das Ei stocken lassen, ehe der Reis in die Pfanne kommt, sonst wird das Ganze zu matschig.

Tip: Gebratener Reis ist natürlich von den so sparsamen Chinesen zur Resteverwertung erfunden worden. Was immer an Gemüse, gebratenem Fleisch, gekochtem Fisch vom Vortag übriggeblieben ist, kann man auf diese Weise schmackhaft weiterverwenden. Empfindliche, bereits gegarte Reste wie Fisch stets erst nach dem Reis in die Pfanne geben.

Gebratene Bananen mit rosa Perlen

❶ Den Granatapfel rundum ein wenig einschneiden, dann die Schalen auseinanderdrücken, so daß er geöffnet wird, ohne daß dabei das Fruchtfleisch um die Samenkörnchen verletzt wird. Nach außen aufbiegen, so daß die rosa Fruchtperlen herauspurzeln, die verbleibenden einzeln herauslösen.

Für 4 Personen:
1 Granatapfel,
4 Bananen, 2 EL Butter,
1 gehäufter EL Sesamsaat, 1 guter EL Honig,
1 EL Zitronensaft,
Puderzucker zum
Bestäuben

❷ Die geschälten Bananen schräg in drei etwa gleich große Stücke schneiden. In der heißen Butter vorsichtig rundum anbraten. Dabei mit dem Sesamsamen bestreuen. Den Honig zufügen, mit Zitronensaft beträufeln. Sobald der Honig aufgelöst ist, die Bananenstücke darin behutsam drehen und wenden, bis sie rundum von Honig und Sesamkörnern überzogen sind.

❸ Sofort auf Tellern anrichten, mit den Granatapfelperlen bestreuen und noch warm, mit Puderzucker bestäubt, servieren.

Übrigens: Wenn Sie in Ihrem Gemüsegeschäft keine Granatäpfel finden – im türkischen Laden gibt es sie gewiß, vom Herbst bis weit in den Winter hinein.

Die Zutaten und Gewürze

Für unsere chinesischen Gerichte sind keine exotischen Zutaten nötig, wir haben nur verwendet, was man in einem größeren Supermarkt auch auf dem Lande bekommen kann. Hier ein paar Tips und Hinweise dazu:

Frühlingszwiebel: Gehört eigentlich an alle chinesischen Gerichte. Zusammen mit frischem Ingwer und Knoblauch geben Frühlingszwiebeln den typisch chinesischen Geschmack. Immer auch das Grün verwenden, nicht bloß das Weiße!

Ingwer: Verwenden Sie immer frische Ingwerwurzeln. Getrockneter Ingwer und Ingwerpulver sind nur ein schwacher Ersatz ... Kandierter Ingwer schmeckt zwar gut in einigen Desserts oder pur zerkaut, ist aber zum Kochen nicht geeignet. Ebensowenig Ingwer, der in Zuckersirup eingelegt ist. Kaufen Sie Ingwerwurzeln nur dann, wenn die Wurzelknollen frisch, glänzend und prall aussehen. Verschrumpeltes, Vertrocknetes lassen Sie liegen. Und nehmen Sie dann ruhig eine größere Menge. Legen Sie die Knollen auf ein Bett von Sand (notfalls Blumenerde) in einen Blumentopf – wichtig ist ein Abflußloch, damit sich die Nässe nicht staut –, und decken Sie sie gut mit Sand zu. Nichts darf herausschauen. Feuchten Sie Sand und Erde regelmäßig mit wenig Wasser an – wenn Sie zuviel des Guten tun, beginnt die Wurzelknolle zu keimen und eine schöne, dicke Schilfpflanze hervorzutreiben, dann aber ist die Knolle nicht mehr genießbar.
Ebenfalls eine Lösung, wenn man zuviel Ingwer hat: Schälen, fein hacken (in diesem Fall im Mixer) und, auf ein Tablett gestrichen, einfrieren. Sobald das Ingwermus steinhart gefroren ist, mit dem Nudelholz darüber walken. Die Krümel in Joghurtbechern einfrieren. So hat man sie portionsweise parat.

Knoblauch: Kaum ein chinesisches Gericht ohne Knoblauch, genauso wie stets etwas Ingwer und Frühlingszwiebeln hinein gehören. Keine Angst, der Knoblauch schmeckt nicht so vor, wie man das von italienischen, spanischen und provenzalischen Gerichten kennt. Er parfümiert nur zart und gehört einfach dazu. Allerdings: Bitte immer nur frischen Knoblauch verwenden, keine Flüssigwürze, kein Pulver.

Mandeln: Beliebte Zutat in vielen pfannengerührten Gerichten, vor allem mit Hühnerfleisch. Die Mandeln stets in der braunen Haut kaufen, vor dem Verarbeiten dann mit kochendem Wasser überbrühen, kurz darin ziehen lassen, eiskalt abschrecken, und die Haut zwischen den Fingerspitzen wegschnipsen. So vorbehandelte Mandeln sind zarter und nach dem Pfannenrühren innen cremiger als andere.

Reiswein: Ein aus gemaischtem Reis hergestelltes alkoholisches Getränk, das eher dem Sherry als einem bei uns üblichen Wein entspricht (Alkoholgehalt von ca. 18 Prozent). Reiswein wird viel zum Kochen verwendet. Man trinkt ihn jedoch auch gern vor und zum Essen, vor allem im Winter. Denn Reiswein wird stets angewärmt serviert (ca. 38 Grad), weil er so sein Aroma besser entfalten kann.

Sake: Japanischer Reiswein. Ist bei uns verbreiteter als der chinesische.

Sesamöl: Würzöl aus gerösteten Sesamsamen. Gibt chinesischen Speisen erst das richtige, typisch chinesische Aroma. Nimmt man nur tropfenweise zum Abschmekken. Auf keinen Fall zum Braten. Kann man in allen guten Chinaabteilungen der Supermärkte kaufen. Wenn Sie es nicht finden sollten, kann man es auch gut selber machen:
4 Eßlöffel Sesamsamen in 1/4 Liter geschmacksneutralem Öl solange rösten (auf milder Hitze), bis die Samen dunkelbraun, aber auf keinen Fall verbrannt sind. Das Öl durch ein mit Filterpapier ausgelegtes Sieb gießen und immer dunkel aufbewahren. Hält sich viele Monate.
Übrigens – chinesisches Sesamöl nicht mit dem Sesamöl verwechseln, das aus Sesamsamen kalt gepreßt wird und das man öfter in Feinkostläden oder im Reformhaus finden kann.

Sherry: Alkoholreicher Wein aus dem Südwesten von Spanien, der durch ein spezielles Ausbauverfahren lange hält, selbst in der angebrochenen Flasche. Ein hervorragender Ersatz für Reiswein in allen chinesischen Rezepten. Man muß nicht den trockenen Fino nehmen, sondern kann ruhig den meist etwas billigeren Amontillado verwenden, der hierzulande fast immer halbsüß angeboten wird; dann sollte man die im Rezept angegebene Zukkermenge aber etwas reduzieren.

Sojasauce ist die allerwichtigste Würze in der chinesischen Küche. In China kennt man davon ganz verschiedene Varianten in recht unterschiedlichen Konzentrationen und Geschmacksrichtungen. Auch bei uns werden verschiedenerlei Sojasaucen angeboten. Aber: Ein bißchen sollten Sie stets darauf aufpassen, was auf der Flasche vermerkt ist. Es gibt chinesische Sojasauce, in Hongkong oder Singapur hergestellt – dabei handelt es sich meist um eine sogenannte dunkle Sojasauce, die nicht nur im Geschmack sehr konzentriert und salzig ist, sondern auch die Speisen kräftig dunkel färbt. Man sollte sie eher für Rind- oder Schweinefleischgerichte verwenden, die starkes Aroma vertragen. Sodann gibt es indonesische Sojasauce, die einen ganz eigenen Geschmack hat. Sie wird gesüßt und salzig angeboten, ist dickflüssig und färbt ebenfalls kräftig dunkel. Sie ist als Ersatz für chinesische Sojasauce am wenigsten geeignet.

Japanische Sojasauce ist herber als die chinesische, sie wird nicht nur aus Sojabohnen, sondern auch aus Weizen hergestellt, das macht sie leichter im Geschmack. Am besten, vor allem für Gerichte aus hellem Fleisch, die durch kräftiges Sojaaroma erdrückt würden, ist eine helle pikante Sojasauce, die man bei uns in jedem Supermarkt kaufen kann.

Wichtig für alle diese Würzen: Niemals Großkanister davon kaufen, wenn man kein Großverbraucher ist. Sie halten sich zwar einige Monate lang frisch, verlieren dann aber stark an Finesse im Aroma. Deshalb angebrochene Flaschen lichtgeschützt aufbewahren, gut verschlossen und kühl. Der beste Platz dafür: In der Flaschenleiste der Kühlschranktür.

Übrigens: Sojasauce paßt als Gewürz durchaus auch in unsere deutsche Küche, zum Beispiel statt Fleischwürze in Suppen und Saucen – sie braucht in Ihrem Haushalt also nicht alt zu werden, auch wenn Sie nicht täglich chinesisch kochen!

Wolkenohrpilze: Auch Baumpilze oder Mu-Err-Pilze. Hierzulande auch chinesische Morcheln genannt. Werden getrocknet verkauft und müssen vor dem Verarbeiten eingeweicht werden. Bei Chinas Köchen sind sie wegen ihrer knackig-festen Konsistenz geschätzt – und weil sie mit ihrer schwarzen Farbe immer einen hübschen Farbkontrast zu den restlichen Zutaten bilden.

Ingwer und Koriandergrün – Würziges aus Thailand und China

Kochen mit dem Wok

Aus einem einzigen Schnitzel oder Steak ein Essen für eine ganze Familie zu zaubern, ist für eine chinesische Hausfrau kein Problem. Sie schneidet es kurzerhand in winzig kleine Streifen und sorgt mit einer Menge (wohlfeilem) Gemüse nicht nur optisch für Fülle. Außerdem spart sie dabei auch noch kostbares Brennmaterial, weil alles so viel schneller gar ist als ein großes Bratenstück mit seinen Beilagen.

Die wichtigste Garmethode dafür ist das sogenannte Pfannenrühren: Dabei werden die Zutaten mit einer Schaufel ständig in einer glühendheißen Pfanne herumgewirbelt und bewegt. Damit dabei nicht alles über den Rand hinausfliegt, muß die Pfanne einen möglichst hochgezogenen Rand haben.

Die Chinesen haben dafür den sogenannten **Wok**, ein unglaublich praktisches und vielseitiges Kochgerät, in dem man braten, kochen, fritieren und auch dämpfen kann. Die halbkugelförmige, ausladende Pfanne sitzt in einem ausgesparten Loch über der Feuerstelle. Die Hitze wirkt daher auf die Zutaten an der vergleichsweise kleinen Bodenfläche am stärksten ein, während sie an den hochgezogenen „kühleren" Seitenwänden schonender garen.

Unsere europäischen Küchen sind dafür leider nicht eingerichtet: Gasherde sind so gedrosselt, daß sie nicht ausreichend Hitze produzieren, der zarte Flammenkranz um den Brennkopf ist nicht ausreichend gebündelt; außerdem kann das Feuer die Wände hochstreichen, es entsteht also überall Hitze, und es fehlt die kühle Zone am Pfannenrand. Nötig wären eine Art großer Bunsenbrenner, aus dem eine einzige starke Flamme faucht, und ein Ring zum Einsetzen des Woks, der

sonst ja keinen Halt fände. Den am Boden gewölbten Originalwok aus Eisenblech mit Stellring gibt's in Chinaläden zu kaufen. Einfach und erfreulich billig. Er ist allerdings rostanfällig und muß daher nach jedem Gebrauch gut eingeölt werden.

Für Elektroherde ist der beste Wok aus emailliertem Stahl, hat einen planen Boden, der auf der Platte sicher steht. Automatikplatten, die sich beim Erreichen einer bestimmten Temperatur abschalten, sind übrigens geeignet, einen chinesischen Koch zum Wahnsinn zu treiben. Also lieber die Normalplatte wählen, die schon mal ins Glühen geraten kann. Oder mit einem Induktionsfeld arbeiten. Dank der hohen Temperaturen sind nicht nur die Zutaten in Sekundenschnelle gar, die starke Hitze verleiht ihnen einen ganz eigenen, sehr typischen, eben chinesischen Geschmack.

Ein **Bratschäufelchen**, das mit seiner Rundung genau in die Wölbung des Woks paßt, ist wichtig, weil man alle Zutaten auch wirklich erwischt und ordentlich umherwirbeln kann.

Das **chinesische Küchenbeil** wirkt zunächst vielleicht etwas unhandlich mit seiner breiten Schnei-

de. Wer sich aber einmal daran gewöhnt hat, wird es nicht mehr aus der Hand legen. Man kann damit besonders präzise schneiden, zum Beispiel Gemüse in streichholzfeine Streifen, und anschließend dient es noch dazu, die zerkleinerten Zutaten vom Schneidebrett zur Pfanne zu transportieren.

Tips zum Ingwer

Ingwer ist sozusagen das Leitmotiv aller Küchen Asiens, ob chinesisch, thai, vietnamesisch, sogar japanisch. Wenn von Ingwer die Rede ist, meint man natürlich die frische Wurzel, kein Pulver, nicht in Sirup eingelegt und nicht kandiert. Am besten würzt und schmeckt der aus Thailand oder Südostasien importierte Ingwer. Der aus Brasilien ist faseriger, weniger fruchtig und feurig.

In jedem Fall wichtig: Nur strotzend kräftige Wurzeln kaufen, die sich fest anfühlen und seidig

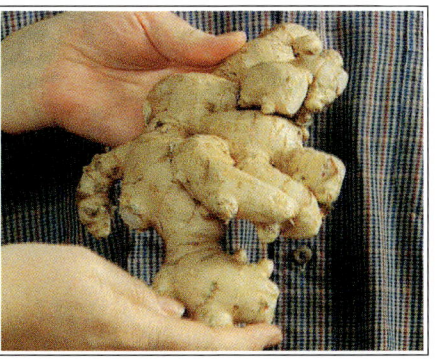

Der halbrunde Wok sitzt sicher auf einem Metallring über der Gasflamme

Das Bratschäufelchen

Das chinesische Küchenbeil

Eingeweichter Ingwer, wie ihn die Japaner zum Sushi essen

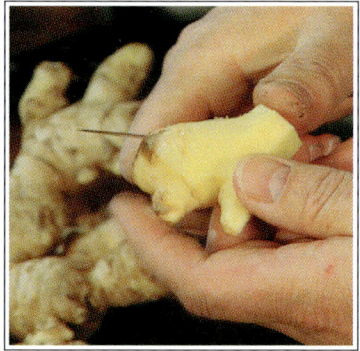

Ingwer schälen

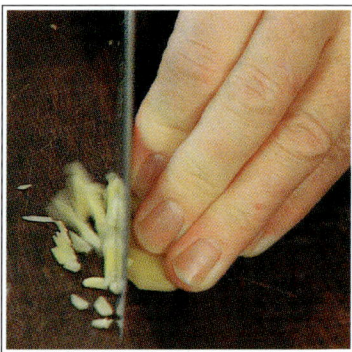

Geschälten Ingwer in Stifte schneiden

Eingelegter Ingwer in Streifen, so liebt man ihn in Japan zum rohen Fisch

Ingwer in Zuckersirup, so wie ihn die Chinesen mögen

schimmern; alles, was müde und lasch, gar schrumpelig ist, liegenlassen oder besser dem Geschäftsführer mit dem Tip überreichen, für Nachschub zu sorgen.

Junger Ingwer hat eine sehr zarte, dünne Haut, unter der das saftige Fleisch gelblich hervorschimmert – dieser Ingwer ist besonders mild, besonders fruchtig, man kann – wenn man schon das Glück hat, ihn zu kriegen – ihn verschwenderisch verwenden, fast schon wie ein Gemüse, nicht sparsam wie ein Gewürz.

Man bewahrt Ingwer im Gemüsefach des Kühlschranks auf. So bleibt er ein paar Wochen ganz gut frisch. Im Laufe der Zeit trocknet er natürlich aus und bildet Fasern.

Größere Vorräte kann man übrigens einfrieren: den Ingwer dafür fein hacken (das kann auch im Zerhacker oder Mixer geschehen, in diesem Fall jedoch etwas Öl beimixen, damit der Ingwer vor zuviel Luft geschützt wird) und auf einem Blatt Klarsichtfolie auf einem kleinen Tablett flachstreichen. Gut zugedeckt einfrieren und fest werden lassen. Bei Bedarf kann man sich von diesem Ingwerbrett das benötigte Stück abbrechen.

Koriandergrün

Es ist das Kraut, dessen Früchte später die bei uns vor allem als Brotgewürz geschätzten Samen sind. Der Duft hat absolut nichts mit dem Parfum des frischen Krauts zu tun. Den charakteristischen Duft vom grünen Koriander mag nicht jeder; nicht umsonst haben unsere Großeltern, die Koriander für die Körner noch selbstverständlich in ihrem Kräuterbeet gezogen haben, „Wanzenkraut" dazu gesagt. Tatsächlich stammt das Wort Koriander von *koris* ab, das ist griechisch und heißt „Wanze". Es bedeutet übrigens auch noch „fehlerhaft" – wohl ein Hinweis darauf, daß die Griechen diesen Duft für nicht perfekt hielten.

In Asien jedoch, in Arabien, in Spanien, in Südamerika und in der Karibik liebt man Koriandergrün sehr, man nennt es dort „Cilantro", aber auch „chinesische Petersilie", was darauf hinweist, daß es dort ebenso vielfältig Verwendung findet wie bei uns das Universalkraut Petersilie.

Man kann Koriandergrün aus dem Samen, also dem Brotgewürz, selber ziehen. Es gedeiht sogar auf der Fensterbank, im Blumentopf. Es ist ein sogenannter Lichtkeimer, das bedeutet, daß man den Samen nur lose mit Erde bestreuen und nicht in die Erde versenken darf. Er braucht Licht, um zu keimen, zum üppigen Wachstum benötigt er dann noch Feuchtigkeit, Wärme und ab und zu natürlich Sonne.

In Asienläden werden die speziellen Kräuter, darunter auch Koriandergrün, allwöchentlich frisch aus Thailand eingeflogen. Im Winter wachsen sie dort so üppig, daß die ganze Pflanze mit einer stabilen Wurzel geerntet und verschickt wird. Diese Wurzel ist aromatisch und würzig; man hackt sie fein und gibt sie ebenfalls ans Essen. Koriandergrün auf keinen Fall mitkochen, sonst verliert sich das Aroma. Die Blätter nur abzupfen, hacken und über das Gericht streuen. Man kann Koriander auch für Salate verwenden. Zudem kann man von der Korianderpflanze alles verwenden: Blätter, Wurzel und Stiele. Wenn man es fein hackt, kann man es z. B. für Thai-Currys verwenden.

Weil man Koriander nicht trocknen und einlegen kann, haben wir alles fein gehackt und daraus eine Korianderpaste zubereitet. Zusammen mit frischem Ingwer, Knoblauch und einem Schuß Öl.

Diese Paste hält sich im Kühlschrank monatelang. Lagern Sie sie im Kühlschrank immer mit einer luftverschließenden Ölschicht. Sie schmeckt köstlich zu Fisch, Fleisch und Salatsaucen.

Koriandergrün mit Wurzel

Die Wurzel wird gern mit verwendet: fein gehackt

Europa-Koriander: Wenn man ihn einpflanzt, treibt er Wurzeln, und man kann ihn ernten

Korianderpaste hält sich mit Öl beträufelt im Kühlschrank frisch

Chinesisches Sesamöl schmeckt nussig und gibt charakteristischen Duft

Typische Asiengewürze

Sojasauce: Eine dunkle Würzsauce aus mit Weizen oder Gerste und Hefe fermentierten Sojabohnen. Die chinesische Küche kennt verschiedene Varianten: z. B. eine sehr dunkle, würzigere für dunkles Fleisch und kräftige Aromen. Eine hellere Sojasauce, auch milder im Geschmack, ist eher bei Fisch und Geflügel angesagt.

Sesamöl: Würzöl aus gerösteten Sesamsamen. Ein paar Tropfen geben chinesischen Speisen ihr charakteristisches chinesisches Aroma. Es wird also nur löffelweise als Gewürz, nicht als Bratfett verwendet. (Nicht verwechseln mit Sesamöl aus dem Reform- oder Feinkostladen, das aus Sesamsaat kalt gepreßt wurde und relativ neutral schmeckt).

Thailändische Fischsauce: Was für die Chinesen die Sojasauce, ist für die Thai-Küche die Fischsauce.

Eine Würzflüssigkeit, die aus fermentiertem Fisch und Meeresfrüchten hergestellt wird und den Thai-Currys den charakteristischen Geschmack gibt. Man kauft es im Asienregal des Supermarkts oder im Asien-Shop.

Sherry dient als Würzmittel in chinesischen Rezepten. Natürlich müßte es eigentlich **Reiswein** sein, der mit einem Alkoholgehalt von ca. 17 % dem Sherry ähnlicher ist als normaler Wein. Es sollte ein Amontillado Sherry sein, der ruhig auch von der süßeren Sorte sein darf.

Thai-Currypaste: Würzpaste, die man am besten fertig kauft. Sie wird aus Chilis, Ingwer, Schalotten, Knoblauch und Gewürzen gemixt, hält sich im Schraubglas im Kühlschrank monatelang frisch und wird löffelweise als Basis für Thai-Currys verwendet. Vorsicht: zunächst die Schärfe prüfen – lieber später nachschärfen!

DIE REZEPTE

Schweinefleisch mit Frühlings-
zwiebeln und Bleichsellerie

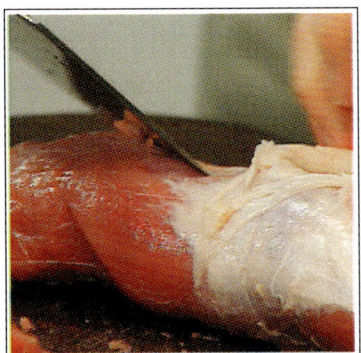

❶ Das Fleisch in feine, drei Millimeter breite Streifen schneiden, mit Speisestärke, Sojasauce und Sesamöl vermischen und so lange marinieren, bis alle Vorbereitungen erledigt sind.

❷ Die Zwiebel in Halbringe von etwa 3 mm Stärke schneiden. Frühlingszwiebeln putzen, gründ-

Für 2 bis 4 Personen:
300 g Schweineschnitzel,
je 1 TL Speisestärke,
Sojasauce, chinesisches
Sesamöl, 1 große
Zwiebel, 3 Frühlings-
zwiebeln, 4 Stengel
Bleichsellerie, 3 EL
neutrales Öl,
je 1 TL in feinste Strei-
fen geschnittener
Knoblauch und Ingwer,
Salz, Pfeffer, Zucker,
1-2 getrocknete Chili-
schoten, 2 EL Sherry
oder Reiswein,
1 EL Sojasauce,
2-3 EL Hühnerbrühe,
Koriandergrün

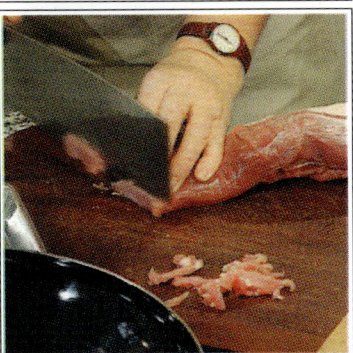

51

lich auswaschen und schräg in zentimeterdünne Ringe schneiden. Vom Sellerie, wenn nötig, die Fäden abziehen, dann in schmale Scheiben schneiden.

❸ Das Öl im Wok erhitzen, zuerst die Fleischstreifen darin auf hoher Hitze pfannenrühren, dabei die Hälfte vom Knoblauch und Ingwer darüberstreuen sowie mit Salz, Pfeffer und Zucker würzen.

❹ Rasch nacheinander Zwiebeln, das Weiße der Frühlingszwiebeln und Selleriestreifen zugeben, restlichen Knoblauch und Ingwer zufügen und die zerkrümelten Chilischoten.

❺ Sojasauce, Sherry und Hühnerbrühe immer vom kühlen Rand aus angießen.
Alles noch eine halbe Minute auf starkem Feuer pfannenrühren und auf einer Platte anrichten, mit Koriander bestreuen und servieren.

❻ Das ist eine Art Universalrezept, so können Sie mit allen Fleisch- und Fischsorten, mit Scampis, mit allen Gemüsen verfahren. Denken Sie daran, daß Sie das Gemüse sofort salzen, weil das Salz die Farbe stabilisiert, und gießen Sie Flüssigkeiten immer nach und nach in den Topf.

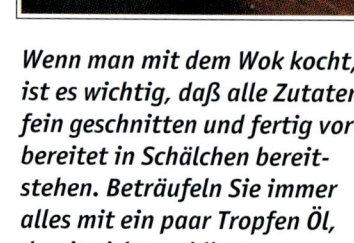

Wenn man mit dem Wok kocht, ist es wichtig, daß alle Zutaten fein geschnitten und fertig vorbereitet in Schälchen bereitstehen. Beträufeln Sie immer alles mit ein paar Tropfen Öl, damit nichts oxidiert

Achtung: Immer in der Mitte des Topfbodens arbeiten. Da ist der Topf heiß. Entlang der Topfwände ist es kühler, und da kann nichts anbrennen

Rindfleisch
mit bunten Paprikastreifen

Für 2 bis 4 Personen:
300 g Rinderlende,
je 1 TL Speisestärke,
1 Prise Backpulver,
Sesamöl, Sojasauce zum
Marinieren
Außerdem:
je 1/2 rote, gelbe und
grüne Paprikaschote,
2 Frühlingszwiebeln,
3 EL neutrales Öl,
je 1 EL in haarfeine
Streifen geschnittener
Ingwer und Knoblauch,
1 EL Sojasauce,
1 EL Reis- oder Apfel-
essig, 2 EL Sherry oder
Reiswein, 1 EL Honig,
1 EL Sesamöl

Bei drei verschiedenen Farben bleibt natürlich jeweils gut die Hälfte der Paprikaschoten übrig (je nach Größe). Das macht aber nichts – solche „Reste" sind ja beim Chinesisch-Kochen geradezu erwünscht – sie ergeben für die nächste Mahlzeit ein völlig anderes Gericht.

❶ Das Fleisch in feine Streifen schneiden, mit Stärke, Backpulver, Sojasauce und Sesamöl gründlich mischen und marinieren lassen. Wir verwenden hier etwas Backpulver, weil es dunkles Fleisch zart und mürbe macht. Das Sesamöl ist zum Würzen gedacht und nicht zum Braten.

❷ Die Paprikaschoten entkernen und in feine Streifen, die Frühlingszwiebeln in feine Ringe schneiden.

❸ Im Wok das Öl erhitzen, die Fleischstreifen darin pfannenrühren, bis sie nicht mehr roh wirken, dabei die Hälfte vom Ingwer und vom Knoblauch zufügen.

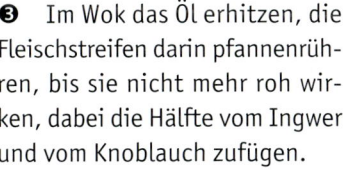

53

❹ Nacheinander Paprika und Zwiebeln herumwirbeln, dabei den restlichen Ingwer und Knoblauch zufügen.

❺ Sojasauce, Essig, Sherry, Honig und Sesamöl in den Wok geben, aufkochen – alle Zutaten mischen und heiß servieren.

Für 4 Personen:
je 1 gehäufter TL
feingehackter Ingwer
und Knoblauch, 1 Scha-
lotte, 1 EL Öl, 10 kleine
Maiskölbchen, 3 Früh-
lingszwiebeln, Salz,
Pfeffer, 1 EL rote Curry-
paste, 2 EL Fischsauce,
1 TL Zucker, 1/8 l Was-
ser oder Hühnerbrühe,
300 g ausgelöste rohe
Garnelen, Zitronensaft,
asiatisches Basilikum,
Koriandergrün

Rotes Thai-Curry mit Garnelen

❶ Ingwer, Knoblauch und ebenfalls feingehackte Schalotte im heißen Öl anbraten.

Die halbierten Garnelen entdärmen

❷ Die Maiskölbchen schräg in der Mitte teilen und zufügen sowie das in zentimeterbreite Ringe geschnittene Weiß der Frühlingszwiebeln zufügen.

❸ Zwei Minuten unter Rühren braten, dabei salzen und pfeffern. Currypaste, Fischsauce, Zucker, Austernsauce und Wasser verquirlen und angießen.

Die entdärmten Garnelen mit Stärke, Sojasauce und Sesamöl vermischen

❹ Nach etwa fünf Minuten, wenn sich alles zu einer roten Sauce verbunden hat, die entdärmten Garnelen zufügen. Sanft fünf Minuten ziehen lassen.

❺ Mit Zitronensaft abschmecken und großzügig ganze Basilikumblätter unterrühren.

Grundrezept für Reis

❶ Für vier Personen 2 Tassen Reis (wir lieben thailändischen Duftreis) in einem Sieb unter laufendes Wasser halten und so lange durchspülen, bis das Wasser klar herausläuft.

❷ In einem dickwandigen Topf (zum Beispiel aus Gußeisen, der die Hitze gut hält) mit gut 3 Tassen Wasser auffüllen; der Topf sollte so bemessen sein, daß das Wasser jetzt zweifingerhoch über dem Reis steht.

❸ Salzen, ohne Deckel so lange kochen, bis nur noch eine dünne, 1 cm hohe Wasserschicht über der Reisoberfläche sichtbar ist. Auf kleinster Hitze (auf Gas eine Dämmplatte dazwischen legen) nunmehr zugedeckt etwa 20 Minuten ausquellen lassen.

❹ Erst kurz vor dem Servieren mit einer Gabel auflockern.

ZUSATZREZEPTE

Thai-Hähnchen mit Cashewnüssen

Für 4 Personen:

300 g Hühnerbrustfleisch, 1 TL Speisestärke, 1 walnußgroßes Stück Ingwer, 2 Knoblauchzehen, 1 Schalotte, 2 Frühlingszwiebeln, 1 rote Paprikaschote, 3 EL Öl, 1 EL Sesamöl, 50 g Cashewnüsse, Salz, Pfeffer, 1 TL Zucker, nach Belieben 1 getrocknete Chilischote, 1 EL Fischsauce, 1 EL Austernsauce, 1 EL Zitronensaft, 1 Tasse Wasser oder Hühnerbrühe, Koriandergrün

❶ Das Fleisch in zentimeterkleine Würfel schneiden, mit Stärke überpudern und gut einreiben.

❷ Ingwer, Knoblauch und Schalotte fein würfeln, das Weiße der Frühlingszwiebeln in feine Ringe schneiden, das Grüne in zentimeterbreite Stücke. Paprika entkernen und knapp zentimeterklein würfeln.

❸ Öl im Wok erhitzen, die Nüsse zunächst darin anrösten, herausheben und beiseite stellen.

❹ Das Fleisch danach anbraten, nacheinander die würzenden und Gemüsezutaten zufügen, dabei unermüdlich rühren. Sofort salzen, wenn das Gemüse in den Wok kommt, weil es so seine leuchtende Farbe behält.

❺ Auch mit Pfeffer und Zucker würzen, die zerkrümelte Chilischote zufügen. Fischsauce und Austernsauce angießen. Mit Zitronensaft würzen, die Brühe angießen.

❻ Mit Koriandergrün bestreut servieren.

Hähnchenbrust mit Morcheln und buntem Gemüse

Für 2 bis 4 Personen
10 g getrocknete chine-
sische Morcheln,
300 g Hähnchenbrust-
fleisch, je 1 TL Speise-
stärke, Sojasauce und
Sesamöl zum Marinie-
ren, 1/2 kleine Gärtner-
gurke oder Zucchino,
1 Tasse Brokkolirös-
chen, 3 Champignons,
1 rote Chilischote (wer
die Schärfe fürchtet,
nimmt der Optik zuliebe
1/2 rote Paprikaschote),
1 Zwiebel, 1 walnuß-
großes Stück Ingwer,
2 Knoblauchzehen,
3 EL neutrales Öl,
Salz, Pfeffer, Zucker,
1 EL Sojasauce,
2 EL Sherry oder Reis-
wein, 2 EL Hühner-
brühe, Koriandergrün

❶ Die Morcheln mit kochendem Wasser überbrühen und eine halbe Stunde einweichen. Dann harte Wurzelstrünke herausschneiden, die Pilze selbst, wenn sie sehr groß sind, etwas zerkleinern.

❷ Das Fleisch quer zur Faser in dünne Scheiben schneiden, mit Stärke, Sojasauce und Sesamöl einreiben und marinieren.

❸ Die Gurke schälen, längs halbieren und sorgfältig entkernen. Die Gurkenhälften quer in dünne Scheibchen schneiden.

❹ Brokkoli putzen, die Röschen auf gleiche Größe zuschneiden. Champignons in Scheibchen hobeln.

❺ Die Chili- oder Paprikaschote entkernen, in winzig feine Würfel schneiden. Die Zwiebel in Halbringe schneiden, Ingwer und Knoblauch in dünne Scheiben.

❻ Das Öl im Wok erhitzen, zuerst das Fleisch darin pfannenrühren, dabei mit Salz, Pfeffer und Zucker würzen. Dann die übrigen Zutaten zufügen und unter Rühren mitbraten. Sojasauce, Sherry oder Reiswein, Hühnerbrühe zufügen. Alles eine Minute auf starkem Feuer mischen.
Schließlich mit Koriandergrün bestreut servieren.

Schweinefilet mit Ingwer und Frühlingszwiebeln

Hier wird der Ingwer so üppig verwendet, daß er mehr schon Gemüse als Gewürz ist. Wichtig ist, daß man dafür frischen Ingwer nimmt, der noch ganz saftig und überhaupt nicht faserig ist.

Manchmal findet man im Asien-Shop ganz jungen, sogenannten Baby-Ingwer, dessen Haut noch transparent und zart ist. Deshalb ist die Wurzel nicht braun, sondern ganz hell und zeigt rosa Spitzen. Das ist genau der richtige Ingwer für dieses Gericht.

❶ Das Fleisch quer zur Faser in dünne Scheibchen schneiden, mit Stärke, Sojasauce und Sesamöl einreiben und marinieren lassen.

❷ Inzwischen den Ingwer dünn schälen und längs in feine Scheiben schneiden. Ebenso den Knoblauch und den Stangensellerie in hauchdünne Scheiben schneiden.

❸ Das Öl im Wok erhitzen, zuerst das Fleisch darin pfannenrühren, dabei mit Salz, Pfeffer und Zucker würzen. Ingwer, Knoblauch, Frühlingszwiebeln und Stangensellerie nacheinander zufügen und mitbraten.

❹ Schließlich Sojasauce, Austernsauce, Sherry oder Reiswein, Essig und Brühe angießen, einmal aufkochen und alles mischen. Auf einer Platte anrichten und heiß servieren.

Für 2 bis 4 Personen: 300 g Schweinefilet, je 1 TL Speisestärke, Sojasauce und Sesamöl, 4 Frühlingszwiebeln, 1 fingerlanges Stück Ingwerwurzel, 2 Knoblauchzehen, 2 Stengel Bleichsellerie, 3 EL neutrales Öl, Salz, Pfeffer, 1 TL Zucker, 1 EL Sojasauce, 1 EL Austernsauce, 2 EL Sherry oder Reiswein, 1 EL Reis- oder Apfelessig, 2 EL Hühnerbrühe

Für 4 Personen: 4 gleich große Fischfilets, je 1 EL feingehackter Knoblauch, Ingwer, Frühlingszwiebeln und Chilis, 2-3 EL Sojasauce, etwas Sherry, Zucker, Koriandergrün

Fischfilets mit Ingwer und Chili

Auch dies ist ein Grundrezept, das man mit allen möglichen Fischfilets oder auch mit längs halbierten Garnelen zubereiten kann.

❶ Die Filets auf eine Platte betten und mit den Gewürzen bestreuen, die Flüssigkeiten darüberträufeln und die Kräuter darüber verteilen.

❷ Im heißen Dampf je nach Stärke der Filets eine bis vier Minuten dämpfen.

Gedämpfte Forellen mit schwarzen Bohnen

So wie hier die Forellen lassen sich alle Fische dämpfen – Portionsfische oder auch ein großes Exemplar. Hauptsache, der Fisch paßt in den Wok. Das Grundprinzip ist ganz einfach: Die Fische werden an ihrer dicksten Stelle mit einem scharfen Messer eingeschnitten, damit die Gewürze und die Hitze besser eindringen können. Man bettet dann die Fische auf eine Platte, die man mit Sesamöl einpinselt – nicht nur wegen seines Dufts, es verhindert auch, daß der Fisch daran festklebt. Schließlich verteilt man die Gewürze und Würzflüssigkeiten auf dem Fisch und läßt ihn nun über heißem Dampf garen. Dabei wird der Wok mit einem Deckel verschlossen, damit der Dampf zirkulieren kann.
Je nach Größe der Platte stellt man sie entweder direkt in den Wok – dabei muß gewährleistet sein, daß sie nicht kippt und daß rundum genügend Platz bleibt, damit Dampf aufsteigen kann.
Oft wird es gut sein, die Platte oder den Teller auf einen Rost zu setzen, der für Stabilität sorgt und genügend Raum für das Wasser zur Dampferzeugung bleibt.

Für 4 bis 6 Personen:
2 mittelgroße Forellen
à 400 g, 1 EL Sesamöl,
1 walnußgroßes Stück
Ingwer, 2 Knoblauch-
zehen, 1 frische rote
Chilischote, 2-3 Früh-
lingszwiebeln, 1 EL
fermentierte schwarze
Bohnen, 1 EL Sojasau-
ce, 2 EL Sherry, 1/2 TL
Zucker, Salz, Pfeffer,
1 EL neutrales Öl,
Koriandergrün

❶ Die Forellen innen und außen gründlich waschen. Mit einem Messer entlang der dicksten Stelle jeweils mehrmals schräg knapp einen halben Zentimeter tief einschneiden, dabei die Schnitte parallel nebeneinandersetzen.

❷ Die Fische auf eine feuerfeste Platte oder einen Teller setzen, so daß die Köpfe jeweils neben dem Schwanz des anderen Fisches zu liegen kommen. Die Platte zuvor mit Sesamöl einpinseln.

❸ Den Ingwer schälen, die Schalenstücke in die Fischbäuche legen. Die Hälfte des Ingwerstücks in feinste Streifen schneiden und

auf den Fischen verteilen; die andere Hälfte hacken und ebenfalls in die Fischbäuche streuen. Auch den Knoblauch in feine Streifchen schneiden, ebenso die Chilischote – diese zuvor entkernen.
Die Ingwer-, Knoblauch- und Chilistreifen möglichst dekorativ auf dem Fisch anordnen. Die Frühlingszwiebeln in feine Ringe schneiden und ebenfalls über die Fische verteilen.

❹ Die schwarzen Bohnen in einem Eßlöffel heißem Wasser einweichen, grob zerdrücken und mit Sojasauce, Sherry, Zucker, neutralem Öl und restlichem Sesamöl verrühren. Über die Fische

verteilen. Alles zum Schluß noch salzen und pfeffern.

❺ Die Platte in den zweifingerhoch mit Wasser gefüllten Wok setzen, so daß das Wasser auf jeden Fall die Platte nicht erreicht. Den Deckel aufsetzen, im nun aufsteigenden und dann zirkulierenden Dampf etwa fünf bis sechs Minuten garen. Die Fische sind gar, wenn sie auf Fingerdruck ganz zart nachgeben, etwa wie zimmerwarme Butter. Die Platte aus dem Wok nehmen. Die Fische großzügig mit zerzupften Korianderblättchen bestreuen und sofort servieren.

Das Grundprinzip der Thai-Currys

Die Basis für diese Gerichte ist jeweils eine überaus würzige Currypaste. Man kann sie in den verschiedensten Geschmacksrichtungen überall in Asien-Shops fix und fertig kaufen, und zwar in besserer Qualität, als man das hierzulande selber hinkriegt. Denn die Zutaten dafür sind hier erheblich teurer und zum Teil auch nicht so einfach in den nötigen Mengen verfügbar. Gerade Korianderwurzel, z. B., gibt es bei uns nur selten. Und sie ist für den Geschmack und die Konsistenz der Paste wichtig. Trotzdem hier zur Information die Rezepte, wie man Currypaste selber herstellen kann.

Rote Currypaste

❶ Die entkernten Chilis zehn Minuten in warmem Wasser einweichen. Die Gewürze in einer trockenen Pfanne rösten, bis sie duften.

❷ Dann mit den übrigen Zutaten im Mixer fein pürieren. Dabei auch die Chilis mitmixen – falls die Paste zu fest wirkt, mit etwas Chili-Einweichwasser verdünnen.

Grüne Currypaste

wird genauso hergestellt, statt der roten Chilis nimmt man grüne – die immer frisch angeboten werden.

> *10 große, getrocknete oder 12 mittelgroße, frische rote Chilischoten, 1 EL Koriandersamen, 1 TL Kreuzkümmel, 10 schwarze Pfefferkörner, 1 Stück Zimtstange, 1/2 Muskatblüte (Macis), 2 Schalotten, 6 Knoblauchzehen, 2 Stengel Zitronengras, 1 Stück Ingwer (ca. 3-4 cm lang), 1 TL Garnelenpaste (Asien-Laden) oder Sardellenpaste, 1/2 TL Salz*

Grünes Thai-Curry mit Huhn

Dies ist ein Grundrezept, das man nach Lust, Laune und Vorrat immer wieder abwandeln kann. Statt Hühnerfleisch ist auch jedes andere zarte, kurz zu bratende Fleisch möglich, natürlich auch Fisch oder Meeresfrüchte, und als Gemüse paßt alles, was Garten oder Markt gerade bieten. Das Grundprinzip ist in jedem Fall so:

❶ Das Fleisch in zwei Zentimeter große Würfel schneiden, mit Stärke und Eiweiß einreiben und marinieren.

❷ Zwiebel und Knoblauch fein hacken, im heißen Öl andünsten. Die Zucchini ungeschält in halbzentimeterdicke Scheiben hobeln – dicke Zuchini zuvor längs halbieren oder sogar vierteln, damit die Stücke in ihrer Größe zu den Hühnerfleischwürfeln passen.

❸ Zu den Zwiebeln geben und fünf Minuten mitdünsten.

❹ Die Currypaste einrühren und mitrösten. Mit der Kokossahne angießen, aufkochen, erst jetzt die Fleischwürfel zufügen.

❺ Mit Fisch- und Sojasauce, Salz, Pfeffer und Zucker würzen, die Basilikumblätter zufügen. Alles im offenen Topf etwa zehn Minuten sanft köcheln.

❻ Inzwischen die Zitronenblätter in feine Streifen schneiden, zusammen mit Zitronensaft in das Curry rühren.

❼ Noch einmal abschmecken und erst kurz vor dem Servieren zerzupfte Korianderblätter einrühren.
Dazu duftigen Reis servieren.

Für 4 Personen:
400 g Hühnerbrust-
fleisch, 1 TL Speise-
stärke, 1 EL Eiweiß,
1 EL neutrales Öl,
Zwiebel, 2-3 Knoblauch-
zehen, 250 g Zucchini,
1-2 TL grüne Thai-
Currypaste, ca. 1/4 l
Kokossahne, 2 EL
Fischsauce, 1 EL
Sojasauce, Salz, Pfeffer,
1 TL Zucker, einige
Stengel Thai-Basilikum,
3-4 Zitronenblätter,
Zitronensaft, Koriander-
grün

Schweinefleisch mit Auberginen

❶ Die Pilze mit Wasser überbrühen und einweichen. Das Hackfleisch mit Stärke, Sesamöl und Sojasauce gründlich mischen und marinieren.

❷ Das Weiße der Frühlingszwiebeln in schmale Ringe schneiden, das Grün in drei Zentimeter lange Stücke. Auberginen ungeschält längs in fingerdicke Streifen schneiden, diese auf etwa 5 Zentimeter kürzen.

❸ Im heißen Öl zwei Minuten lang fritieren. Mit einer Schaumkelle herausheben, beiseite stellen, salzen und pfeffern.

❹ Nur einen Löffel Öl in der Pfanne lassen, darin das Hackfleisch anbraten, dabei in rascher Folge Knoblauch, Ingwer, Schalotte, das Weiße der Frühlingszwiebeln, eingeweichte Pilze, entkernte Chilis und schwarze Bohnen zufügen.

❺ Sojasauce, Sherry oder Reiswein und Hühnerbrühe angießen. Die Auberginen zufügen, alles noch einmal auf starkem Feuer mischen.

❻ Zum Schluß großzügig Korianderblätter darüberstreuen.

Für 4 Personen:
2 EL Wolkenohrpilze, 250 g Schweinehackfleisch, 1 TL
Speisestärke, 1 TL Sesamöl, 1 EL Sojasauce, 2 Früh-
lingszwiebeln, 2 mittelgroße Auberginen, Öl zum Fritie-
ren, Salz, Pfeffer, je 1 EL gehackter Knoblauch, Ingwer
und Schalotte, 2 getrocknete Chilischoten, 1 EL schwarze
Bohnen, 2 EL Sojasauce, 2 EL Sherry oder Reiswein,
1/8 l Hühnerbrühe, Koriandergrün

Tip: Das Gericht kann man übrigens auch wunderbar kalt servieren!

Thai-Salate

In Thailand liebt man frische Salate als Vorspeise, als Erfrischung zwischendurch, als Imbiß. Immer gehören reichlich Kräuter hinein, vor allem natürlich Korianderblätter. Die Salate bestehen aus Fleisch, Fisch oder Meeresfrüchten und werden stets mit etwa derselben Menge Blätter, Kräuter, Zwiebeln oder Nudeln vermischt und angenehm säuerlich angemacht. Dadurch sind sie leicht, erfrischend und überaus bekömmlich.

Salat aus gehackter Entenbrust

Für 4 Personen:
2 ausgelöste Entenbrüste, Salz, Pfeffer, 2 EL Fischsauce, 2 cm Ingwerwurzel, 2 Knoblauchzehen, 2 Chilischoten (grün und rot), 1 Stück Zitronengras, 1 weiße Zwiebel, 4 Frühlingszwiebeln, Saft einer Limone (oder Zitrone), 1 EL Sojasauce, 2 EL Fischsauce, 2 EL Sonnenblumen- oder Erdnußöl, 2 EL Reisgrieß, Koriandergrün, einige Kopfsalatblätter

❶ Die Haut der Entenbrüste ablösen, schräg in Rauten schneiden und in einer beschichteten Pfanne ohne weiteres Fett langsam aus-, dann braun und knusprig braten. Schließlich auf Küchenpapier sorgfältig abtrocknen und beiseite stellen.

❷ Das Fett durch einen Kaffeefilter gießen und zum Braten und Würzen verwenden. Die Entenbrüste in zwei Löffeln davon auf beiden Seiten etwa fünf Minuten braten, salzen, pfeffern, mit Fischsauce beträufeln. Schließlich zugedeckt zum Nachziehen und Abkühlen ebenfalls beiseite stellen.

❸ Ingwer, Knoblauch und Chilis fein hacken. Das Zitronengras in hauchdünne Scheibchen, Zwiebel in feine Halbringe, das Weiße der Frühlingszwiebeln ebenfalls in dünne, das Grün in breitere Scheiben schneiden.

❹ Die Entenbrust, die jetzt noch lauwarm sein sollte, mit einem großen Messer auf einem großen Arbeitsbrett zunächst in kleine Würfel schneiden, dann richtig hacken, dabei Limonen- oder Zitronensaft, Soja- und Fischsauce, den ausgetretenen Fleischsaft sowie das Öl, das gesamte vorbereitete Grünzeug und schließlich den Reisgrieß und die Korianderblätter einarbeiten.

❺ Abschmecken, auf eine mit Salatblättern belegte Platte häufen. Die Entenhautwürfel darüberstreuen.

Tip: Statt Entenbrust kann man auch Hühnerfleisch oder Putenbrust verwenden. Außerdem darf man natürlich mit Thai-Kräutern verschwenderisch umgehen.

Glasnudelsalat

❶ Die Glasnudeln mit kochendem Wasser überbrühen und eine halbe Stunde einweichen. Mit einer Schere in Stücke schneiden.

❷ Zwiebel, Ingwer und Knoblauch fein hacken. Im heißen Öl andünsten, das Hackfleisch zufügen und krümelig braten.

❸ Die entkernten Chilischoten würfeln und zufügen. Das Weiße der Frühlingszwiebeln fein schneiden und sofort untermischen. Das Grün zentimeterbreit schneiden und erst zum Schluß unterrühren.

❹ Die abgetropften Glasnudeln unters Hackfleisch mischen. Mit Fischsauce, Zitronensaft, Salz, Pfeffer und Zucker würzen.

❺ Zerzupfte Koriander- und Basilikumblätter sowie Frühlingszwiebelgrün ganz zum Schluß untermischen.

❻ Den Salat auf einem Bett von Blättern anrichten.

Für 4 Personen:

50 g Glasnudeln,
1 Zwiebel, 1 cm Ingwer,
2 Knoblauchzehen,
3 EL Öl, 150 g Hackfleisch, 2-3 Chilischoten (rot und grün), 3 Frühlingszwiebeln, 2 EL Fischsauce, Saft von 1 Zitrone, Salz, Pfeffer, Zucker, Koriandergrün, Basilikum, Kopfsalatblätter

Tip: Diese Blätter sind übrigens keineswegs nur als Dekoration, sondern zum Essen gedacht, sie sind Bestandteil des Salats! Häufig reicht man sogar eine ganze Platte mit unterschiedlichsten Salatblättern und Kräutern dazu.

Jeder Gast wickelt sich den Salat bissenweise in einzelne Blätter, fügt nach Gusto Kräuter hinzu und packt sich kleine Päckchen, die man genießerisch in den Mund schiebt.

INGWER UND KORIANDERGRÜN

63

Safran – das kostbarste Gewürz der Welt – vom Risotto bis zum Hühnerfrikassee

Reiner Safran ist dunkel ohne helle Staubgefäße

Safran – das teuerste Gewürz der Welt

Gern erschreckt man die Menschen mit einer abenteuerlichen Summe: 25 000 Mark soll ein Kilogramm kosten.

Aber im Prinzip ist das Sensationsmacherei – denn ein Kilogramm Safran ist zum Beispiel die gesamte Erntemenge des kleinen Anbaugebiets für Safran in der Schweiz, bei Mundt im Wallis. Safran wiegt nämlich fast nichts – und mit einem Kilo könnte man eine ganze Stadt auslöschen – denn auch bei Safran macht die Dosis, ob es gut oder Gift ist. Wie sein lateinischer Name *crocus sativus* bereits sagt, ist Safran eine Krokuspflanze, botanisch aus der Familie der Rohrkolben – beziehungsweise Schwertliliengewächse; die Zwiebelpflanze soll ursprünglich aus Persien über Arabien und Spanien nach Mitteleuropa gekommen sein. Safran wurde einst in Niederösterreich, auch in Kärnten, angebaut, deshalb gehört er dort heute noch in die traditionelle Hochzeitssuppe. Den Safran, den wir heute kaufen, bekommen wir jedoch hauptsächlich aus Spanien.

80 bis 90 Prozent der Weltproduktion kommt von dort. Die Hauptanbaugebiete befinden sich im Herzen des Landes. Die beste Qualität wird in der Region La Mancha erzeugt. Der Anbau ist mühsam, weil die Pflanzen alle drei Jahre einen neuen Boden benötigen, dann ist die vorherige Fläche erschöpft.

Die blaßlila Blüte ähnelt der Herbstzeitlosen, tatsächlich blüht sie auch nicht wie andere Krokusse im Frühjahr, sondern im Herbst. Der beste Safran wird aus den samtenen, roten Staubfäden der weiblichen Blüte gewonnen. Sind unter die roten Fäden ebenso feine gelbe Fäden gemischt, wurden auch die Stempel mit verarbeitet, die jedoch kaum Duft liefern. Um an die kostbaren Staubfäden heranzukommen, müssen die Blüten morgens, wenn sie sich eben öffnen, abgeschnitten werden. Die drei Narbenfäden jeder Blüte werden dann behutsam von Hand abgenommen und getrocknet.

Pro Kilo Safran braucht man mehr als hunderttausend Blüten – klar, daß Safran teuer ist. Zum weitaus größten Teil wird Safran als Faden angeboten, nur ein kleiner Teil (ca. 12 Prozent) bereits zu Pulver vermahlen. Hauptgrund: Das Aroma bleibt im Faden besser erhalten.

Fälschung oder Original?

Weil Safran so teuer ist, hat man ihn immer schon gern verfälscht; auch heute noch wird auf exotischen Märkten dem ahnungslosen Touristen oftmals ein gelbes Kurkumapulver (Gelbwurz) als Safran angeboten. Der aber ist selber schuld, wenn er sich täuschen läßt: Das Pulver ist niemals gelb, sondern dunkelrot. Ebenso sind die Fäden viel zarter, feiner, sie sind dunkelrot und niemals so grob und so hell wie die orangefarbenen getrockneten Blätter der Ringelblume oder von der Saflorpflanze (Färberdistel).

Man kann diesem Betrug ganz leicht entgehen: Wenn Safran billig angeboten wird, ist es garantiert keiner. – Das soll aber die Fälscher hoffentlich nicht auf die Idee bringen, ihre Fälschung nun erst recht teuer anzubieten!

Safran als Heilmittel

Allerlei Ideen, wie man Safran als Heilmittel verwenden kann, finden sich in alten Kräuterfibeln. Er ist gut gegen Nasenbluten, bei Krämpfen, gegen geschwollene Füße und gegen Rotlauf (Infekti-

onskrankheit durch Stäbchenbakterien). Wahrscheinlich hat man Safran Wunderdinge angedichtet, weil er so teuer war, jedenfalls soll er – mit Wein getrunken – vor einem Rausch schützen. Das ist doch was. Und dann liest man immer mal wieder, daß nur seine Farbe, weniger seine Würzkraft ausgeprägt sei. Das aber ist ausgemachter Blödsinn – denn welches Gewürz ist betörender, intensiver, großartiger?

Tip: Den besten Safran gibt es in der Apotheke.

Safran zum Färben

In der Antike nutzte man allerdings eher die Farbkraft des Safran. Im alten Griechenland sollen die Götter und Helden safrangefärbte Togen getragen haben.

Im dekadenten Rom brauchte man Unmengen von Safran, um Macht und Ansehen zu demonstrieren:

Hier wurden sogar die Kleider der edelsten Bürger mit Safran gelb gefärbt. Nero soll die Straßen Roms mit Safranfäden bestreut haben lassen, um einem Triumphzug besonderes Gepränge zu geben.

Die orangefarbenen getrockneten Blätter der Ringelblume

Gelbwurz – Kurkuma – in Pulverform

Gelbwurz – Kurkuma – kommt aus Indien

Heute ist Safran zu teuer, um damit tatsächlich zu färben – moderne Farben tun das erheblich billiger.

Safran in der Küche

Safran spielt in allen orientalischen Küchen eine Rolle: in Persien, in Indien bis in den Fernen Osten, nach Indonesien, Malaysia usw.

Rund ums Mittelmeer liebt und braucht man ihn. Die drei klassischen Safran-Gerichte Europas sind die Paella aus Südspanien, die Bouillabaisse aus Südfrankreich und die aus Mailand. Safran paßt zu hellem Gemüse.

DIE REZEPTE

Safran-Risotto

Für 4 Personen:
1 Zwiebel, 70 g Butter,
250 g Reis (Carnaroli),
1 Glas Weißwein,
ca. 1,5 l Gemüsebrühe,
Salz, Pfeffer, Knoblauch,
1 Döschen pulverisierter
Safran, Zitronensaft,
50 g frisch geriebener
Parmesan

❶ Die Zwiebel sehr fein würfeln und in 2 EL Butter andünsten,

den feingewürfelten Knoblauch zufügen und dann den Reis zufügen und mitdünsten. Wenn alle Körnchen von Fett überzogen glänzen, den Wein angießen. Rasch einkochen, bis keine Flüssigkeit mehr im Topf ist.

❷ Dann den Saft einer halben Zitrone beigeben.

❸ Dann schöpfkellenweise nach und nach die kochende Brühe angießen, dabei immer wieder rühren, damit sich die Reiskörner nicht am Topfboden festsetzen. Es ist wichtig, daß die Brühe heiß

angegossen wird, weil sonst die Reiskörner abgeschreckt werden und ihre Stärke sich nicht gut löst – der Risotto wird nicht so cremig wie gewünscht.

❹ Gleich zu Beginn salzen, pfeffern, aber erst, wenn der Reis fast gar ist, den Safran zufügen: das Pulver einfach in den Topf rühren, Fäden jedoch zuvor in etwas heißer Brühe auflösen.

❺ Schließlich die restliche Butter und den Parmesan unterrühren und noch so viel Flüssigkeit, daß der Risotto sanft und cremig ist.

Tip: Den Risotto in tiefen Tellern servieren – er wird mit dem Löffel gegessen.

Zwei, die zusammenpassen: Safran und Gold

Safran ist kostbar wie Gold. In Italien haben wir kürzlich einen Safranrisotto serviert bekommen, der mit Gold gewürzt wurde. Warum dies nicht mal zu einer besonderen Gelegenheit auch den eigenen Gästen auftischen?

In Indien zum Beispiel ist es ganz normal, bei einem großen Festmahl den Reis mit Blattgold oder mit Blattsilber zu dekorieren. So kann der Gastgeber beweisen, wie wertvoll ihm seine Gäste sind. Das mag dekadent klingen – aber es sieht so umwerfend und aufregend aus, daß man das zu einem tollen Festessen doch einmal probieren sollte. Blattgold gibt es übrigens beim Juwelier, beim Bilderrahmenvergolder (im Rahmengeschäft) oder im Bastelgeschäft. Man muß damit sehr behutsam umgehen, weil die hauchfeinen Blätter eher leicht, bereits von einem Wind- oder Atemhauch, aufgewirbelt und zerstört werden können. Die Goldblätter sind zwischen zwei Seidenpapierschichten gebettet. Mit Hilfe eines solchen Papieres legt man das Blatt unmittelbar vor dem Servieren in die Mitte des dampfend heißen Risottos – das Gold

bläht sich durch die Hitze auf und wabert: wie ein Zauber aus einer Märchenwelt.

Aber Achtung, wenn Sie Blattgold im Bastelgeschäft kaufen: Es wird dort auch sogenanntes **Schlagmetall** angeboten, das jedoch ist nicht genießbar! Es muß wirklich Blattgold sein, das garantiert unschädlich ist.

Forellenfilet in Safransauce

Dies ist ein Grundrezept, das sich wunderbar variieren läßt. Statt von der zarten Forelle kann man natürlich auch die Filets von jeglichem anderen Fisch verwenden.

❶ Die Schalotten schälen, sehr fein würfeln. Knoblauch ebenfalls winzig würfeln. Die Schalottenwürfel in der heißen Butter an-

dünsten, aber auf keinen Fall bräunen.

❷ Den Knoblauch erst zufügen, wenn sie fast weich geworden

sind – weil er sonst so leicht verbrennt.

❸ Fischfond, Wein und Sahne beziehungsweise Crème fraîche, zufügen. Etwa eine Viertelstunde einkochen, bis die Sauce cremig geworden ist.

❹ Die Fischfilets in der Zwischenzeit in mundgerechte Würfel oder Streifen schneiden, mit Zitronensaft, Salz, Pfeffer und einer Spur Cayenne würzen.

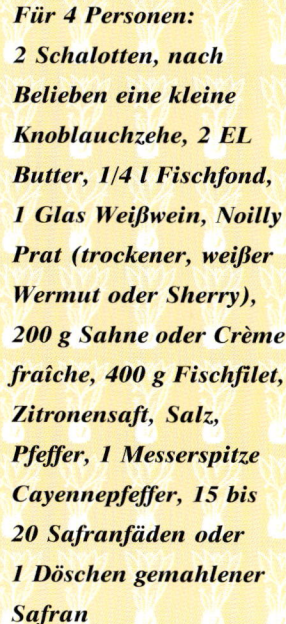

Für 4 Personen:
2 Schalotten, nach
Belieben eine kleine
Knoblauchzehe, 2 EL
Butter, 1/4 l Fischfond,
1 Glas Weißwein, Noilly
Prat (trockener, weißer
Wermut oder Sherry),
200 g Sahne oder Crème
fraîche, 400 g Fischfilet,
Zitronensaft, Salz,
Pfeffer, 1 Messerspitze
Cayennepfeffer, 15 bis
20 Safranfäden oder
1 Döschen gemahlener
Safran

❺ Die Sauce mit dem Safran einfärben und behutsam abschmekken.

❻ Erst jetzt die gewürzten Fischwürfel einlegen und zwei bis drei Minuten sanft ziehen lassen. Auf keinen Fall jedoch richtig kochen, weil sonst der Fisch trocken wird, womöglich sogar auseinanderfällt und faserig wird.

❼ Die Sauce noch einmal abschmecken und den Fisch sofort servieren. Dazu passen schmale Bandnüdelchen – besonders hübsch: grüne Nudeln, die mit Spinat eingefärbt sind.

Für 4 Personen:

500 g ausgelöste Hühnerbrust, 1 TL Speisestärke, Pfeffer, 1 Zwiebel, 2 EL Butter,

1 kleiner Blumenkohl,

Salz, 1 Döschen Safran,

1 Glas Weißwein,

200 g Crème fraîche,

Macis, 1 Spur Cayennepfeffer, 1 Spritzer Worcestersauce,

200 g Erbsen (tiefgekühlt), Kerbel oder Petersilie

Hühnerfrikassee mit Blumenkohl und Erbsen

Der blasse Blumenkohl bekommt durch das starke Safrangewürz Farbe und Duft, das Fleisch einen kräftigen Geschmack. Überhaupt sieht dieses Gericht wunderschön aus – es läßt sich gut vorbereiten und ist deshalb besonders gut für Gäste geeignet.

❶ Das Brustfleisch in drei Zentimeter große Würfel schneiden, die Sehnen heraustrennen, auch das Brustfilet herausnehmen und

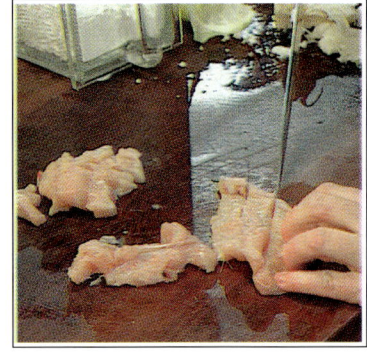

auch hier die Sehnen heraustrennen. Mit Stärke und Pfeffer überpudern, gut einmassieren und marinieren lassen, bis alles weitere erledigt ist.

❷ Den Blumenkohl in Röschen teilen, die Strunkstücke kleinschneiden. Die schönen Röschen in wenig Salzwasser kochen, bis

sie bißfest sind. Geben Sie etwas Zitrone ins Kochwasser, damit der Blumenkohl weiß bleibt. Herausheben, die schönen Röschen abtrennen. Den Rest kleinschneiden.

❸ Die Zwiebel würfeln, in heißer Butter andünsten. Die kleinge-

hackten Blumenkohlreste zufügen. Etwa eine Tasse Blumenkohlkochwasser angießen, zugedeckt kochen, bis sie weich sind.

❹ Schließlich den Topfinhalt mit dem Pürierstab oder im Mixer fein pürieren, zurück im Topf mit Wein und Sahne auffüllen und aufkochen. Mit Salz, Pfeffer, Macis, Cayenne und Worcestersauce würzen. Worcestersauce paßt zu hellen Saucen und hellem Fleisch. Erst jetzt den Safran zufügen – wie immer das Pulver direkt einrühren, Fäden zuvor in etwas Sauce auflösen.

❺ Das Fleisch in dieser Sauce behutsam etwa fünf Minuten ziehen lassen. Die Fleischstücke müssen auf Fingerdruck etwas Widerstand leisten. Den Blumenkohl und die Erbsen zufügen und alles miteinander zwei Minuten ziehen, aber nicht mehr kochen lassen!

Tip: Dazu passen kleine Pell- oder Röstkartöffelchen und ein kraftvoller, säurefrischer Weißwein – etwa ein Riesling aus Franken.

*Wenn Sie den Kuchen wie
wir verzieren möchten, dann
lassen Sie den Guß gut
trocknen und nehmen für
das Muster Pistazien*

Safrankuchen
mit Mandeln und Kokos

❶ Die Butter mit Eigelb und Puderzucker zu einer dicken, weißen Creme schlagen.

❷ Im Rum den Safran auflösen,
nur die Hälfte davon zusammen

*Der Eischnee soll Zapfen ziehen
und wie eine glänzende Salbe
aussehen*

mit der Zitronenschale, die nicht
zu fein gerieben ist, unter die
Creme rühren, die sich jetzt
leuchtend gelb färbt. Noch einige
Minuten rühren, bis die Creme
glänzt und steif ist.

❸ Die geriebenen Mandeln und
die Kokosflocken unterrühren.
Zum Schluß den mit Zucker steif-
geschlagenen Eischnee unterzie-
hen.

*Ein Drittel des Eischnees zum
Auflockern untermischen, dann
den Rest unterrühren*

❹ Unter diesen Teig die eingeweichten Rosinen und Mandelstifte heben, in eine sorgfältig ausgefettete Form füllen. Im auf 170 Grad vorgeheizten (Ober- und Unterhitze) Ofen eineinhalb Stunden auf mittlerer Schiene backen.

❺ Den Kuchen aus der Form lösen, auf ein Kuchengitter gestürzt auskühlen lassen.

❻ Für den Guß den Puderzucker mit dem Kokoslikör glatt rühren, der mit dem restlichen Safran vermischt wurde.

❼ Den Kuchen damit einstreichen, am besten einen Tag durchziehen lassen, bis man ihn anschneidet.

Den aufgelösten Safran unter die Creme rühren

Den streichfähigen Guß in der Mitte über den Kuchen gießen

Tip: Wenn Sie mit Safran in der Küche arbeiten, dann denken Sie daran, daß Safran ein Färbemittel ist. Aus weißen Sachen und aus Marmor geht er sehr schlecht raus.

Die Menge reicht innerhalb eines großen Menüs für 6 Personen, sonst für 4:
ca. 1 kg Kürbis (sollte etwa 750 g schieres Fleisch ergeben),
1 Zwiebel, 1 Knoblauch- zehe, 1 Scheibe Ingwer (ca. 2 cm dick),
20 Safranfäden,
2 EL Butter, 1 l gute Fleischbrühe, 2 TL Sojasauce, 1 Stück Sternanis, 2-3 getrock- nete rote Chilis, Salz, Pfeffer, 75 g Butter, 1 frische rote Chili- schote

Gelbe Kürbiscremesuppe mit Safranduft und Chili

Dafür nimmt man ein Stück vom großen Riesenkürbis, wie er manchmal im Herbst auf Bauern- märkten angeboten wird. Das oft zentnerschwere Trumm wird stets segment- oder stückchenweise verkauft. Die Kerne sollten Sie sich mitgeben lassen.

Wenn man die Fasern, die sie in der Kürbismitte halten, abspült, die Kerne trocknet und von der sie umschließenden, dünnen Schale befreit, kann man sie in der trockenen Pfanne rösten und erhält eine wohlschmeckende Knabberei. Je nach Kürbissorte sind diese Kerne hell oder dunkel- grün. Von letzteren wird übrigens das aromatische, dunkle, fast schwarzgrüne Kürbiskernöl ge- preßt. Geröstete Kürbiskerne schmecken pur, auf Salate ge- streut oder in einer Kürbiscreme- suppe.

❶ Das Kürbisfleisch grob würfeln, Zwiebel und Knoblauch hacken, den Ingwer ebenfalls fein schnei- den.

❷ Die Safranfäden im Mörser zer- stoßen. Kürbis, Zwiebel, Knob- lauch und Ingwer in einem gro- ßen Topf in der heißen Butter andünsten. Mit der Brühe auffül- len.

❸ Safran, Sojasauce, Sternanis und getrocknete Chilis zufügen. Salzen, pfeffern und schließlich zugedeckt etwa eine halbe Stun- de lang absolut weich kochen.

❹ Die festen Gewürze herausfi- schen und wegwerfen. Alles übri- ge mit dem Mixstab pürieren.

❺ Bis zu diesem Zustand kann man die Suppe schon am Morgen vorbereiten. Vor dem Einfüllen in Teller oder Suppentassen braucht man sie nur noch in der Mikrowelle oder auf dem Herd behutsam zu erhitzen, nochmal abzuschmekken und mit dem Mixstab aufzuschäumen.

Tip: Man kann die Suppe einfach so servieren, nachdem man ein Stück Butter untergerührt hat. Feiner und eleganter wird sie allerdings, wenn man sie durch ein feines Sieb streicht, bevor die Butter eingearbeitet wird. Sie bekommt dadurch eine zartere, glattere Konsistenz.

Wichtig ist auch, daß die Butter mit dem Mixstab eingearbeitet wird. Nur so kann sie mit der Suppenflüssigkeit emulgieren, eine so enge Verbindung eingehen, daß die Suppe sanft und cremig wird.

Für 4 Personen ein ganzes Essen, für 8 Personen eine hübsche Vorspeise:
Käseklößchen:
1 Schalotte, 2 EL Butter, 150 g altbackenes Brot, 1 Ei, 75 g Mehl, 3 EL Sahne, 1 Döschen Safran, 75 g frisch geriebener Käse, Muskat, Delikateßpaprika, Pfeffer, Schnittlauch

Linsensalat:
100 g kleine grüne Linsen (vorzugsweise französische aus Le Puy), Salz, je 2 EL winzig fein gewürfelte Möhre, Sellerie und Lauch, Pfeffer, 3 EL Sherryessig, 3 EL Olivenöl, einige Tropfen Sojasauce, Schnittlauch

Safranklößchen auf Linsensalat

❶ Die feingeschnittene Schalotte in Butter andünsten. Das in Würfel geschnittene Brot darin golden rösten.

❷ Inzwischen Ei, Mehl und Sahne glatt rühren, mit Safran würzen. Die noch heißen Brotwürfel untermischen, mit Käse, Muskat, Paprika und Pfeffer kräftig abschmecken.

❸ Zum Schluß die Schnittlauchröllchen einarbeiten. Aus dieser Masse knapp tischtennisballgroße Bällchen formen. In leise siedendem Salzwasser etwa 10 Minuten ziehen lassen.

❹ Die Linsen mit Salzwasser bedeckt in etwa einer halben Stunde weich kochen. Die Gemüsewürfel erst für die letzten zwei Minuten zufügen. In ein Sieb schütten und abtropfen.

❺ Aus Essig, Salz, Pfeffer, Öl und etwas Sojasauce eine Marinade rühren, Linsen und Schnittlauchröllchen unterrühren und damit anmachen.

❻ Zum Servieren jeweils ein Bett von Linsensalat auf Tellern anrichten, die Safranklößchen daraufsetzen und mit Marinade beträufeln.

Kärntner Kirchtagssuppe

Für 6 bis 8 Personen:
1 Lammhaxe,
2 Hähnchenschenkel, je
300 g durchwachsenes
Kalbs- und Rindfleisch,
einige Suppenknochen,
1 Möhre, 1 Lauchstange,
1 Stück Sellerie,
2-3 Lorbeerblätter,
je 1 TL Piment- und
Pfefferkörner, Salz,
1 Kräuterstrauß aus
Salbei, Petersilie,
Thymian, Liebstöckel
und Rosmarin, Zitro-
nenschale, einige
Safranfäden, 100 g
Suppennudeln, 2 Eigelb,
2-3 EL Zitronensaft,
frische Kräuter:
Schnittlauch, Petersilie
oder Kerbel

❶ Die Fleischstücke zusammen mit Knochen, geputztem Gemüse und den Gewürzen, einschließlich Salz, in einen großen Topf füllen. Mit Wasser gut bedecken und langsam zum Kochen bringen. Die Kräuter zufügen, ebenso die Zitronenschale am Stück – damit man sie nachher wieder gut herausfischen kann.

❷ Die Suppe nach dem Aufwallen auf kleinstes Feuer setzen, den Deckel auflegen und jetzt zwei Stunden leise sieden, bis die Fleischstücke zart sind.

❸ Die Hühnerkeulen jedoch bereits nach einer knappen Stunde herausfischen, das Fleisch ablösen, mundgerecht würfeln und zugedeckt beiseite stellen. Die Knochen zurück in den Topf geben und weiter auskochen.

❹ Schließlich die Suppe durch ein Sieb filtern, zurück in den Topf geben. Die Safranfäden zermörsern, mit ein paar Löffeln Brühe auflösen und schließlich in den Suppentopf rühren. In diesem Sud die Suppennudeln gar ziehen lassen. Inzwischen alles Fleisch kleinwürfeln.

❺ Die Eigelb mit etwas Brühe und dem Zitronensaft verquirlen, in die eben aufwallende Suppe rühren und diese unter Rühren damit andicken. Auf keinen Fall ins Kochen geraten lassen, weil sonst das Eigelb ausflockt und seine Bindungsfähigkeit verliert.

❻ Schließlich das Fleisch in die Suppe geben, nochmal abschmecken und mit reichlich Schnittlauch, Petersilie oder Kerbel bestreut heiß servieren.

Sauce Rouille

Ohne Rouille ist eine Bouillabaisse nur das halbe Vergnügen. Sie gehört ebenso unabdingbar dazu wie gutes Baguette und ein kräftiger, natürlich staubtrockener provenzalischer Rosé. Es handelt sich dabei um jene Knoblauchmayonnaise, die so mutig mit Cayennepfeffer geschärft sein darf, daß sie nicht mehr gelb wie eine **Aioli** aussehen, sondern rosarot gefärbt sein sollte. Provenzalische Hausfrauen stellen sie mit viel Geduld und Muskelkraft im Mörser her. Einfacher und vor allem sicherer rührt man dafür ein Eigelb mit dem Handrührer oder mit dem Schneebesen dick und cremig, fügt sogleich einen Teelöffel scharfen Senf (Dijon) hinzu und dann langsam, nach und nach, insgesamt etwa ein Achtelliter allerbestes Olivenöl. Man verwendet vorzugsweise das milde, kräftige, eher fette Öl aus der Provence – toskanisches Olivenöl wäre hierfür zu bitter.

Die leuchtendgelbe Salbe mit Zitronensaft, Salz, Pfeffer abschmecken und mit so viel Cayennepfeffer würzen, daß die Schärfe zwar ausgeprägt, aber nicht erschlagend wirkt. Ganz

moderne Köchinnen und Köche füllen die Zutaten in den Mixer und lassen ihn auf stärkster Geschwindigkeit die Arbeit in kürzester Zeit und mit absoluter Perfektion erledigen.

Bouillabaisse

Auch eines jener Rezepte, das im Laufe der Zeit bis zur Unkenntlichkeit verändert, verbessert und verschlimmert wurde. Ursprünglich war es die Suppe, die sich die Fischer zur Stärkung zubereiteten, wenn sie morgens von der nächtlichen Ausfahrt an Land zurückkehrten. Eine einfache Sache, die nicht viel Küchentechnik erforderte.

„Aber was kriegt man da nicht alles angeboten", empört sich Nanou, die Fischersfrau aus Morgiou. Diese angeblich feine Version, wo alle Fische bereits entgrätet in der Suppe schwimmen. „Zuerst kochen sie eine Suppe aus den Gräten – sie nennen das Fond...", entsetzt sich Nanou kopfschüttelnd, „und dann kommen die Filets hinein, die natürlich nie so schmecken, wie sie sollen." Denn von den Gräten gelöst können die Fische nicht mehr die richtige Konsistenz behalten. Das Schwierigste bei der Zubereitung einer Bouillabaisse, sagt Nanou, ist die Beschaffung der Fische; das Zeitraubendste das

Putzen und Ausnehmen. Gekocht ist die Suppe dann in exakt 20 Minuten. Und zwar so:

❶ Das Olivenöl in einen ausreichend großen Topf gießen.

❷ Feingehackte Zwiebeln, Knoblauchzehen, gehäutete Tomatenwürfel, in Ringe geschnittenen Lauch, die geschälten und längs geviertelten Kartoffeln einschichten.

❸ Den Safran im Mörser zerreiben, darüberstreuen, salzen und

Für 4 bis 6 Personen: 3-4 EL Olivenöl, 2 Zwiebeln, 4 Knoblauchzehen, 2 Tomaten, das Weiße einer dicken Lauchstange, 4 mittelgroße Kartoffeln, 2 Döschen Safran, Salz, Pfeffer, 1 kg gemischte Mittelmeer- und Felsenfische, 3 l Wasser

pfeffern. Auf dieses Bett die Fische setzen. Mit Wasser auffüllen. Erst jetzt den Topf aufs starke Feuer stellen (wer kein Gas hat, muß die Elektroplatte vorheizen, da sonst das Aufkochen zu lange dauert!), weil von da an die Kochzeit läuft:

❹ Nach genau 20 Minuten ist die Suppe fertig!

79

Variation: Fischsuppe auf provenzalische Art

Für 4 bis 6 Personen:
2 Zwiebeln, 2-4 Knob-
lauchzehen, 1 dicke
Lauchstange, 4 EL
Olivenöl, 1 kg kleine
Felsenfische, 3 große
Tomaten, 2-3 l Wasser,
2 Döschen Safran,
1 Kräuterstrauß (Thy-
mian, Lorbeer, Fen-
chel), Salz, Pfeffer

Es ist sozusagen die kleine oder arme Schwester der Bouillabaisse. Im Gegensatz zu ihr ist sie kein sättigendes Hauptgericht, vielmehr Imbiß oder auch nur eine Vorsuppe.
Im Prinzip braucht man dafür die gleiche Mischung von Fischen –

mit dem Unterschied, daß sie kleiner und noch grätenreicher sein dürfen und man auch einfach Fischabschnitte oder -köpfe verwenden kann. Selbst die Tomaten brauchen nicht gehäutet zu werden – zum Schluß wird nämlich die ganze Suppe durch ein Sieb passiert.

❶ Feingehackte Zwiebel, Knoblauch und das Weiße der Lauchstange im heißen Öl in einem großen Suppentopf andünsten.

❷ Die sorgfältig geputzten, geschuppten, ausgenommenen und kleingeschnittenen Fische und die zerkleinerten Tomaten zufügen.

❸ Etwa zehn Minuten unter gelegentlichem Rühren im eigenen Saft schmoren. Wasser, Safran,

Kräuterstrauß, Salz und Pfeffer zufügen.

❹ Die Suppe ohne Deckel etwa 30 bis 40 Minuten kräftig kochen, wobei etwas Flüssigkeit verdampfen soll. Die Suppe durch eine Gemüsemühle (Flotte Lotte) passieren.

Tip: Die Suppe in einer Terrine zu Tisch bringen. Dazu sehr dünne Scheiben von altbackenem oder auf einem Blech im Backofen geröstetem Baguette sowie die Rouille reichen. Jeder Gast bestreicht sich damit so viele Brotscheiben, wie er mag, legt sie in seinen Suppenteller und gießt mit dampfendheißer Fischsuppe auf.

Paella Valenciana

❶ Das Huhn in 12 Stücke teilen und in einer großen Pfanne, am besten einer eisernen spanischen Paella-Pfanne, im Olivenöl rasch anbraten, bis sie rundherum schön braun sind. Dann herausnehmen.

❷ Auch die Gambas braten – tiefgekühlte zuvor auftauen lassen; nach zwei bis drei Minuten, wenn sich der Panzer schön rot gefärbt hat, ebenfalls herausnehmen. Während des Anbratens den Speck in winzige Würfelchen

schneiden. Chorizos quer vierteln oder halbieren, längere Würste in Scheiben schneiden.

❸ Zwiebeln in Ringe hobeln, Knoblauchzehen nur schälen. Paprikaschoten in Streifen, die geschälten und entkernten Tomaten in Achtel schneiden. Im verbliebenen Öl den Speck auslassen und anrösten.

❹ Dann den Safran und das Paprikapulver zugeben, einrühren und vorsichtig dünsten, aber nicht anbrennen lassen.

❺ Wenn sich alles mit dem Fett verbunden hat, die Würstchen, Zwiebeln, Knoblauchzehen, Paprikaschoten und Tomaten sowie den Reis zufügen.

❻ Den Reis und die Gemüse mit Hühnerbrühe oder Wasser in etwa 25 Minuten gar kochen, dabei immer wieder nur so viel Flüssigkeit nachgießen, daß niemals etwas schwimmt.

❼ Die Tomaten sollen sich dabei fast vollkommen auflösen. Schon nach ungefähr 5 Minuten die Hühnerstücke mit dem ausgetretenen Saft wieder zufügen. Sollten die Erbsen roh sein, auch diese unter den Reis mischen.

Für 6 Personen:
1 schönes, großes Hähnchen, 6 EL Olivenöl, 12 bis 18 Gambas (je nach Größe – am besten rohe Garnelenschwänze), 150 g luftgetrockneter Bauchspeck, 6 Knoblauchwürstchen (Chorizos, ersatzweise 125 g Debreeziner), 4 Zwiebeln, 12 Knoblauchzehen, 2 rote Paprikaschoten, 2 große, reife Fleischtomaten, 1 Döschen oder Tütchen gemahlener Safran, 1 gehäufter EL Paprikapulver, 400 g Rundkornreis, etwa 1 1/2 l Hühnerbrühe (oder auch nur Wasser), 300 g Erbsen (frisch oder tiefgekühlt, dann aber aufgetaut), Salz, eventuell Pfeffer aus der Mühle, 1 kleines Bund Petersilie

❽ Erst kurz vor Ende der Garzeit, also nach ca. 20 Minuten, die Gambas zugeben. Mit ihnen zusammen die Erbsen, wenn sie tiefgekühlt waren, die ja schon fast gar sind und eigentlich nur noch warm werden müssen. Abschmecken, mit etwas Petersilie bestreut servieren.

Getränk: ein kühl oder sogar kalt servierter Rotwein oder ein trockener Weißwein.

Zucchini-Krapfen

Für 4 Personen:
4 mittelgroße Zucchini
Ausbackteig:
100 g Mehl, 2 Eier,
Salz, 4 EL Olivenöl,
ca. 1/8 l Weißwein,
Safran, Pfeffer
Außerdem:
Fett zum Fritieren

❶ Die Zucchini in Scheiben schneiden. Mehl, Eier, Salz, Öl und Weißwein verquirlen. Safran zermörsern und in den Teig rühren. Nach Geschmack pfeffern. Eine halbe Stunde quellen lassen.

❷ Das Öl erhitzen, bis zarter Rauch emporsteigt.

❸ Die Zucchinischeiben nacheinander durch den Teig ziehen, gut abstreifen und schwimmend im heißen Öl goldbraun ausbacken.

❹ Auf Küchenpapier abtropfen und heiß, zusammen mit einer der unten angegebenen Saucen zum Stippen servieren.

Knusprige Safrankrapfen

Für 4 Personen:
150 g Mehl, 1/8 l lau-
warmes Wasser,
1 mittelgroße Zwiebel,
1 Schalotte, 1 Knob-
lauchzehe, 1 Chilischote,
1 Bund Petersilie,
20 Safranfäden, 1/2 TL
Zucker, 1/2 TL Salz,
Pfeffer aus der Mühle,
1/2 TL Backpulver
Außerdem:
Fett zum Fritieren

Das sind golden ausgebackene kleine Krapfen, wie man sie auf den karibischen Inseln liebt. Am besten genießt man sie heiß, frisch aus dem Fetttopf und mit der Hand!

❶ Alle Zutaten im Mixer zu einem glatten, dickflüssigen Teig mixen. Eine halbe Stunde ausquellen lassen.

❷ Das Öl erhitzen, bis zarter Rauch emporsteigt. Vom Teig mit einem Teelöffel Klößchen abstechen, in das heiße Fett gleiten lassen und schwimmend golden ausbacken.

❸ Zu den Krapfen eine der unten beschriebenen Saucen servieren.

Hähnchenkroketten mit Kartoffelmantel

Für 4 Personen:
300 g Hähnchenbrust,
1/2 Eiweiß, 2 Schalotten,
Salz, Pfeffer, Muskat,
20 Safranfäden, abge-
riebene Zitronenschale,
einige Petersilienstengel,
2 große Kartoffeln, Fett
zum Ausbacken

❶ Das Hähnchenfleisch mit dem Eiweiß, den Schalotten, Gewürzen – Safran im Mörser zerreiben – sowie Zitronenschale und Petersilie im Mixer zu einer geschmeidigen Paste zerkleinern.

❷ Die Kartoffeln auf dem Gemüsehobel in streichholzfeine Streifen (Julienne) schneiden. Salzen und pfeffern.

❸ Jetzt rasch arbeiten, damit die Kartoffeln nicht braun werden. Vom Fleischteig mit einem Eßlöffel Nocken abstechen, zwischen den angefeuchteten Handflächen zu Kroketten formen, in den Kartoffelstreifen wälzen, so daß sie rundum davon besetzt sind.

❹ Das Fett rauchend heiß erhitzen, die Kroketten darin sanft backen, bis sie hellgolden sind. Mit einer Schaumkelle herausheben, etwas abkühlen lassen und schließlich erneut ins aufrauschende Fett geben und endgültig knusprig backen.

❺ Auch hierzu passen die folgenden Saucen.

Kräuterdip

❶ Die Kräuter von den Stielen zupfen. Mit dem nur grob zerschnittenen Schnittlauch in den Mixer füllen. Senf, Salz, Pfeffer, Kapern und Öl zufügen.

❷ So lange mixen, bis sich alles zu einer leuchtend grünen, würzigen Sauce verbunden hat.

Für 4 bis 6 Personen:
2 fest gestopft volle
Tassen Kräuter:
Petersilie, Dill, Liebstök-
kel, Estragon, Kerbel,
Basilikum, 1 Bund
Schnittlauch, 1 EL Senf,
Salz, Pfeffer, 2 gehäufte
EL Kapern, 5 EL Öl

Tomatencreme

Für 4 bis 6 Personen:
1 Zwiebel, 2 Knoblauch-
zehen, 7 EL Olivenöl,
1 Döschen Safran,
1 kleine Dose Tomaten,
1 Thymiansträußchen,
Salz, Pfeffer

❶ Zwiebel und Knoblauch fein hacken. In zwei Eßlöffeln Öl andünsten. Den Safran unterrühren.

❷ Die Tomaten mitsamt dem Saft zufügen, das Thymiansträußchen einlegen, salzen und pfeffern. Ohne Deckel leise etwa 30 Minuten köcheln.

❸ Die Sauce im Mixer pürieren und anschließend durch ein Sieb streichen. Erneut in den Mixer füllen, jetzt langsam das restliche Öl hinzufließen lassen, während der Mixer auf voller Stärke läuft und Sauce mit dem Öl emulsionsartig verbindet. Nochmals abschmecken – heiß oder kalt zum Dippen servieren.

Tip: Die Sauce schmeckt auch zu gedünstetem Gemüse und Nudeln.

Gelbe Eiersauce

❶ Die Eier pellen. Mit Quark, Crème fraîche und Mayonnaise im Mixer pürieren.

❷ Die Sauce mit Zitronensaft, Worcestersauce, Cayennepfeffer und Muskat kräftig abschmecken.

Für 4 bis 6 Personen:
4 hartgekochte Eier,
125 g Quark, 200 g
Crème fraîche, 2 EL
Mayonnaise, Zitronen-
saft, 1 TL Worcester-
sauce, Cayennepfeffer,
Muskat

Pfeffer – schwarz, weiß, rot und grün: Körner für Feinschmecker

Körner für Feinschmecker

Pfeffer kann mehr als nur schärfen! Pfeffer verzaubert: Sein Aroma läßt Sanftes erblühen und verleiht Mildem aufregendes Feuer. Pfeffer gibt Langweiligem Pep, macht Müdes munter und läßt starke Aromen noch kräftiger wirken. Pfeffer würzt allerdings nicht nur, seine aufputschenden Wirkstoffe möbeln den Stoffwechsel auf, er wirkt belebend, fördert die Verdauung und stärkt den Kreislauf.

Pfefferfarben

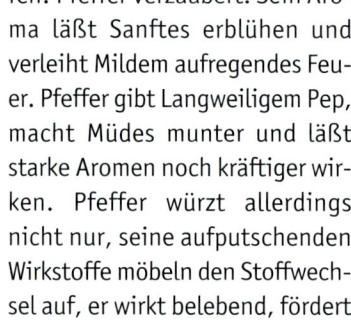

Pfefferkörner sind mal schwarz, mal weiß, aber es gibt auch grünen Pfeffer und rosa Pfeffer. Was ist da eigentlich was?

Zunächst einmal handelt es sich, ob schwarze, weiße oder grüne Beeren, um die Früchte der Pfefferpflanze, einer lianenartigen Schlingpflanze, die sich die Bäume emporwindet. Das Land, wo der Pfeffer wächst, befindet sich in Indonesien; man findet aber auch Pfeffer in Thailand, in Malaysia, Myanmar (Burma) – überhaupt in Südostasien. Die kleinen grünen Beeren, die dicht an dicht

an einer schwarzen Rispe sitzen, schmecken wundervoll würzig und aromatisch, ihre Schärfe ist feurig, aber nicht unerträglich. Diese grünen Beeren kann man pur in Salaten verwenden (probieren Sie sie doch mal in einem Nudel- Reis- oder Kartoffelsalat!), sie schmecken in Saucen und Ragouts und passen sogar zu süßen Früchten.

Läßt man diese grünen Beeren trocknen, wobei sie nicht nur schrumpeln, sondern eine Fermentierung durchmachen und schwarz werden, dann bekommen wir schwarzen Pfeffer. Weiße Pfefferkörner hat man gewässert und vom grünen Fruchtfleisch befreit, bevor man sie trocknet. Dadurch bleiben sie schön hell und prall.

Die wichtigsten Inhaltstoffe des Pfeffers sind die Alkaloide Piperin und Chavicin. Piperin verursacht den scharfen Geschmack. Aus einer der ca. 2000 Pfefferarten – *Piper methysticum* – wird auf einigen pazifischen Inseln das berauschende Kawa-Getränk hergestellt. Bei übermäßigem Genuß treten Bindehautentzündungen auf!

Rosa Pfeffer: Das sind die karmesinroten Beeren eines holunderähnlichen Strauches, der in Südamerika, auf Mauritius und Réunion gezogen wird, mit einem sehr typischen, fruchtig-feurigen Aroma, mit einer sehr verhaltenen Schärfe. Er gehört also nicht zur Pfefferfamilie, wird deshalb auch inzwischen nicht mehr als Pfeffer, sondern als *Rosa Beeren* verkauft. Man bekommt ihn entweder gefriergetrocknet oder in einer Lake eingelegt – er paßt am besten in handfeste Salate (Nudel-, Eier-, Kartoffelsalate), also eher roh, als in Saucen oder Eintöpfe. Der rosa Pfeffer ging vor einiger Zeit als gesundheitsgefährdend durch die Presse. Später stellte sich das als Mißverständnis heraus.

Welchen Pfeffer zu welcher Gelegenheit?

Immer wieder kann man lesen, weißer Pfeffer sei milder als schwarzer. Wir haben da – man möge es uns verzeihen – noch nie gravierende Unterschiede feststellen können.

Natürlich schmeckt grüner Pfeffer oder sogenannter rosa Pfeffer völlig anders. Weißer oder schwarzer Pfeffer sind sich jedoch ziemlich ähnlich. Wir würden jedenfalls gern denjenigen kennenlernen, der die beiden Sorten blind auseinanderhalten kann. Fest steht allerdings, daß schwarzer Pfeffer deutliche Spuren in den Gerichten macht und daß man deshalb in hellen Saucen und zu hellem Fleisch oder Fisch besser auch zum hellen Pfeffer greift. Es sei denn – Ausnahmen bestätigen immer die Regel – man wünscht genau diesen farblichen Kontrast. Man kann auch getrost eine Mischung beider Sorten in die Mühle füllen, so hat man mit einem Griff beides ...

Grüner Pfeffer entfaltet seine ganze Kraft am schönsten, solange er frisch ist. Gottlob können wir ihn so durchaus immer öfter kaufen, auf alle Fälle in guten Feinkostgeschäften, in reich sortierten Gemüse- und Obstläden und, garantiert, in den Asien-Läden, die ja allwöchentlich regelmäßig per Flugzeug direkt aus Thailand beliefert werden.

Grüner Pfeffer bleibt natürlich nicht ewig frisch. Aber bis zu zwei

Grüner Pfeffer

Gefriergetrockneter Pfeffer

Eingelegter grüner Pfeffer

Schwarzer Pfeffer

Weißer Pfeffer

Rosa Pfeffer

Wochen können Sie ihn im Gemüsefach des Kühlschranks aufbewahren. Er wird dann allmählich schwarz, dann aber schmeckt er muffig und ist kein Genuß mehr. Gefriergetrockneter Pfeffer ist ein Ersatz, man weicht ihn in etwas heißem Wasser, im Ragout, in der Sauce, auch in der Salatsauce auf – aber den frischen Geschmack bekommt er dann leider nicht mehr. In Salz oder gar Essiglake eingelegter grüner Pfeffer hat kaum mehr mit dem frischen etwas gemein.

Der japanische Pfeffer hat einen prickelnden Geschmack, der sich nach einiger Zeit entfaltet. Er wird gemahlen angeboten und würzt Suppen und Fleischgerichte.

Der Szechuan-Pfeffer, den man getrocknet in Asien-Läden bekommt, ist für die chinesische Küche unverzichtbar. Sein volles Aroma entwickelt er erst, wenn er in einer trockenen Pfanne kurz erhitzt wird.

Der Longpepper – die getrockneten, bis zu 4 cm langen Kolben – hat einen sehr intensiven, gewöhnungsbedürftigen Geschmack. Man verwendet ihn, wenn man es mal richtig scharf haben möchte, z. B. bei einem indischen Gericht.

Pfeffer mahlen oder mörsern?

Die wichtigste Frage im Umgang mit Pfeffer: Wie kriegt man die Körner klein? Denn eines sollte man auf alle Fälle niemals tun: bereits gemahlenen Pfeffer kaufen, der hat längst seinen ganzen Duft verloren, bis Sie ihn benutzen. Er ist allenfalls – und das meinen wir ernst! – für die Mülltonne gut!

Pfeffer gehört, wie alle Gewürze, deren Aroma durch ätherische Öle getragen wird, stets und immer frisch zerkleinert. Die unzerteilte Beere gibt ja keinerlei Duft und keine Würze ab. Das tut sie erst, wenn man sie geknackt hat. Das läßt sich auf unterschiedliche Weise tun: Am praktischsten ist die Pfeffermühle.

Dabei ist es wichtig, ein gutes Mahlwerk zu haben, das die Körner nicht zerquetscht, sondern richtig zerreibt. Eine gute Pfeffer-

mühle läßt sich auf unterschiedliche Stärken einstellen, von puderfein bis zu grobem Schrot.

Eine gute Pfeffermühle läßt sich daran erkennen, daß ihr Mahlwerk von Peugeot stammt. Wenn Sie trotzdem sichergehen wollen, nehmen Sie sich Pfefferkörner mit, wenn Sie eine Mühle kaufen wollen, und probieren Sie sie im Laden aus. Schließlich sind gute Mühlen nicht billig, und da will man schließlich nicht die Katze im Sack kaufen.

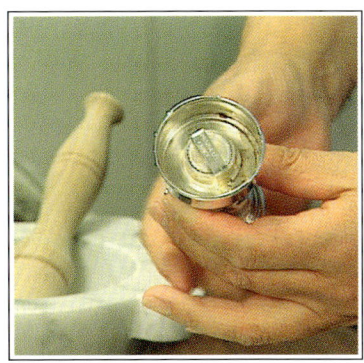

Das Mahlwerk sollte von Peugeot sein

Wir haben in unserer Küche natürlich mehrere Pfeffermühlen in Gebrauch: für jede Farbe eine und auch für eine Mischung aus verschiedenen Pfeffersorten.

Die **elektrische Pfeffermühle** ist praktisch, wenn man gerade nur eine Hand frei hat – sie leuchtet auch in den Topf – eine Spielerei für Technik-Freaks.

Die **Designer-Mühle** (unsere ist von Alessi bzw. Twergi) ist ein hübscher Farbklecks in der Küche. Außerdem mahlt sie trefflich in allen Feinheits- und Grobstufen, die man braucht.

Die gute alte **Alltagsmühle aus Buchenholz** ist zweckmäßig, praktisch, ohne Glamour, dafür aber auch nicht so erschreckend teuer.

Bei den **Plexiglas-Mühlen** muß man sorgsam aufs Mahlwerk achten. Wir haben schon eine Reihe von solchen Mühlen wieder weggeschmissen, weil sie nichts taugten. Ansonsten ist es natürlich hübsch, wenn man – ein gutes Mahlwerk vorausgesetzt – gleich sieht, welchen Pfeffer man da gerade nimmt.

Manche schwören darauf, Pfeffer nur im **Mörser** zu zerkleinern. Tatsächlich hat man so den Zerkleinerungsgrad buchstäblich in der Hand – allerdings kann das bei größeren Mengen auch ganz schön in die Muckis gehen – die Körner sind stabil, und dann heißt es kräftig reiben!

Wichtig ist dann natürlich ein guter Mörser. Die besten kriegen Sie in den Laborbedarfsgeschäften. Sie werden von Porzellanherstellern wie Rosenthal oder sogar von Manufakturen wie KPM produziert, sind nicht ganz billig, dafür unverwüstlich und erfüllen ihren

Pfeffermühlen gibt es unzählige

Nehmen Sie zum Kauf Pfefferkörner mit – zum Ausprobieren!

Pfeffermischung im Säckchen

Szechuan-Pfeffer ist für die chinesische Küche unverzichtbar

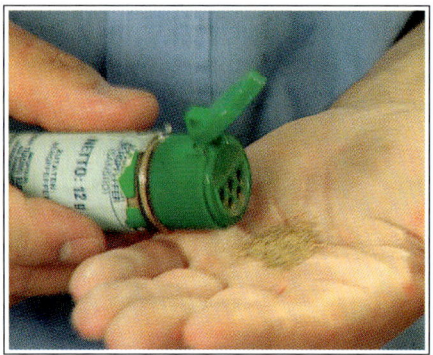

Japanischer Bergpfeffer ist z. B. für Nudelsuppen und Fleischgerichte geeignet

Longpepper schmeckt sehr intensiv

Zweck perfekt, weil die Innenseite des Mörsers genau jenen Grad von Reibfähigkeit aufweist, der nötig ist, um tatsächlich zerkleinern zu können.

Tip: Auf Flohmärkten nach Mörsern schauen; man glaubt ja nicht, was die Menschen alles aussortieren und dann billig weiterverscherbeln!

Grob geschrotet oder fein gemahlen?

Das hängt davon ab, was Sie mit dem Pfeffer machen wollen – manchmal ist puderfein angesagt, manchmal nimmt man gerne die kaum angeknackten Körner. In jedem Fall – und das ist die wichtigste aller Regeln – immer frisch zerkleinern. Die ganzen Körner können Sie nämlich jahrelang ohne jeden Geschmacksverlust aufbewahren. Wenn Sie also durch das Land, in

dem der Pfeffer wächst, reisen: Bringen Sie sich und Ihren Freunden Vorräte davon mit. Gut verschlossen und dunkel verwahrt haben Sie sehr lange davon!

Von Pfeffersäcken und anderen reichen Leuten

Wer früher mit Pfeffer und anderen Spezereien Handel trieb, also die Kaufleute in Holland, in Hamburg und Bremen – die den Zugang zum Meer und seinen Handelswegen kontrollierten –, wurde leicht reich damit.

Man hatte schließlich meist eine Monopolstellung, und deshalb konnte man die Preise bestimmen. Heute wird Pfeffer nicht mehr wie einst mit Gold aufgewogen, wir können uns Pfeffer durchaus sogar in größeren Dosen leisten. Was die Qualität angeht, so sind wir hierzulande auf die Produkte angewiesen, die uns die Handelsmarken liefern. Welche einem am besten schmecken, läßt sich nur durch Probieren herausfinden.

Kaufen Sie ruhig auch mal Pfeffer bei speziellen Gewürzhändlern auf Märkten. Meist bekommt man Pfeffer dort in größeren Gebinden und dann sogar ein wenig preiswerter als in den kleinen Döschen oder Gläschen im Supermarkt. Sehr gute Qualität findet man in den Asien-Läden!

DIE REZEPTE

Gebeizter Pfefferlachs

❶ Den Lachs – idealerweise das Schwanzende, weil da keine Gräten drin sind und vom Fischhändler bereits vorbereitet: die Innengräte herausgelöst und sauber zugeschnitten. Falls er dazu keine Zeit hatte: mit einem stabilen, scharfen Messer den gutgekühlten Lachs vom Rückgrat her bis zur Bauchseite durchschneiden, dabei möglichst knapp an der Rückengräte entlang schneiden. Dasselbe auch auf der anderen Seite tun.

❷ Die beiden Lachshälften nunmehr mit der Hautseite nach unten auf die Arbeitsfläche breiten. Mit der Fingerspitze gegen den Strich von vorn nach hinten fah-

Für ca. 8 Portionen: 800 g bis 1000 g frischer Lachs am Stück (am besten ein Endstück, mit Haut), 3 EL Pfefferkörner (ganz nach Geschmack weiße oder schwarze; man kann auch eine Mischung nehmen), 1 gestrichener EL Salz, 1 gehäufter EL Zucker

Die Pfefferkörner in einer Plastiktüte zerkleinern

Die Fleischseiten ...

... erst mit Salz und Zucker bestreuen, ...

... dann mit den grob zerstoßenen Pfefferkörnern

Den Lachs in eine Plastiktüte packen

Gebeizter Lachs

ren, um womöglich noch im Fleisch steckende Innengräten aufzuspüren – diese dann mit einer Pinzette herauszupfen.

❸ Schließlich mit dem Messer die fetten Randstücke rund um die Flossen wegschneiden, so daß die Lachshälften schön glatt und gerade pariert sind (so nennt das der Fachmann).

❹ Die Fleischseiten der Lachshälften gleichmäßig mit Salz und Zucker bestreuen und schließlich mit den im Mörser grob zerstoßenen Pfefferkörnern regelrecht panieren.

❺ Jetzt die beiden Hälften mit ihrer Innenseite aufeinanderlegen, in eine Plastiktüte packen und so verschließen, daß nichts herauslaufen kann.

❻ Mindestens zwölf Stunden, besser bis zu drei Tagen im Kühl-

schrank marinieren beziehungsweise beizen.

❼ Immer wieder die Tüte umwenden, damit die Lake, die sich nunmehr im Beutel gebildet hat, die Fischstücke rundum erreichen und benetzen kann.

❽ Schließlich ist der Lachs ausreichend gebeizt und kann serviert werden: Dafür zunächst die Lake wegkippen, die Fischstücke sorgfältig abtrocknen und schließlich häuten. Das geht am

einfachsten, indem man die Fischseiten mit der Haut nach unten auf die Arbeitsfläche breitet, dann mit einem scharfen Messer oberhalb der Schwanzflosse einkerben und mit beherztem Schnitt das Fischfleisch von der Haut schneiden.

⑩ Zum Servieren die Lachsseiten entweder quer in knapp zentimeterschmale Streifen schneiden.

Oder, wie man das manchmal auch mit Räucherlachs tut, sehr schräg in dünne große Scheiben schneiden.

Tip: Wir haben die Scheiben von vorne nach hinten, parallel zum Arbeitsbrett circa drei Millimeter stark geschnitten.

SERVIERVORSCHLÄGE

Pfefferlachs-Taler

Ein hübscher und eleganter Happen zum Sekt- oder Champagnerempfang: Pumpernickeltaler statt mit Butter mit Meerrettichcreme bestreichen. Mit dünnen Lachsscheiben dekorativ belegen. Mit Dillzweiglein, Kerbelblättchen oder Schnittlauchröllchen dekorieren.

Bunter Vorspeisensalat mit Pfefferlachs

Für 4 Personen:
je eine großzügige
Handvoll Salatblätter
(was der Garten oder
der Markt gerade bieten:
grüner, roter oder weißer
Radicchio, Rucola,
Kopfsalat, Romana-
salat, Feldsalat, Frisée
usw.), 1 Handvoll
gemischter Kräuter
(Kerbel, glatte Petersilie,
Estragonblätter, Basili-
kum, Sauerampfer,
Pimpinelle usw.),
1/2 Portion Pfefferlachs
Salatmarinade:
2 EL Apfelessig,
2 EL Zitronensaft,
1 TL scharfer Senf,
1 TL Meerrettich (frisch
geraspelt, notfalls aus
dem Glas), Salz, Pfeffer,
2 EL neutrales oder
Sonnenblumenöl,
2 EL Walnußöl

❶ Die Salatblätter waschen, von Stielen befreien, sorgfältig trockenschleudern. Mit den nur grob zerzupften und ebenfalls entstielten Kräutern in einer Schüssel mischen.

❷ Die Zutaten für die Marinade mit dem Mixstab aufschlagen oder in einem Schüttelbecher zu einer homogenen Emulsion schütteln und abschmecken. Die Salatblätter damit anmachen und als Bett auf Salattellern verteilen.

❸ Den Lachs in schmale Streifen schneiden und dekorativ auf dem Salat anrichten.

Tip: Dazu frisches oder geröstetes Italienerbrot servieren. Und einen fülligen, kraftvollen Weißwein – zum Beispiel einen Weißburgunder vom Kaiserstuhl.

Pfefferlachs auf knusprigen Kartoffelpüfferchen

Für 6 bis 8 Personen eine Vorspeise oder für vier eine ganze Mahlzeit:
Kartoffelpuffer:
600 g Kartoffeln, Salz, Pfeffer, Olivenöl zum Braten, 1 Rezept Pfefferlachs

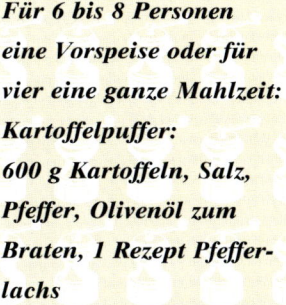

Eine feine Vorspeise oder sogar ein ganzes Essen – dann muß man einfach die doppelte Portion servieren!

❶ Die Kartoffeln schälen, in feine Streifen hobeln – fein raus ist, wer ein Schnitzelwerk mit einer entsprechenden Scheibe hat!

❷ Die Kartoffelstreifchen mit Salz und Pfeffer würzen. Sofort weiterverarbeiten und nicht mehr stehenlassen, weil sich sonst die Kartoffeln dunkel färben.

❸ In einer beschichteten Pfanne etwas Öl erhitzen, einen Löffel Kartoffelschnitzel hineinsetzen, dabei schön flach zu einem Küchlein formen.

❹ Auf mittlerer Hitze langsam knusprig braten, dabei immer wieder etwas zusammenschieben, damit die Kartoffelstreifen zusammenhalten.

❺ Die Küchlein auch auf der anderen Seite braten, auf Küchenkrepp abtropfen.

❻ Den Pfefferlachs in Streifen oder schräge, dünne Scheiben schneiden und zusammen mit einer **Joghurtsauce** reichen:

❼ Dafür Joghurt einen Tag lang in einem mit einem Tuch oder Küchenpapier ausgelegten Sieb abtropfen lassen. Dann mit Zitronensaft, einem kleinen Schuß aromatischem Olivenöl, Salz, Pfeffer und Dill glattrühren.

1 kg Kartoffeln, 2 große Zwiebeln, 1 Ei, Salz, Pfeffer, Öl zum Backen

Variante:
Klassische Kartoffelpuffer

❶ Die Kartoffeln schälen, fein reiben. Die Zwiebeln auf der Sternscheibe völlig zermusen und sofort unter die Kartoffeln mischen.

❷ Falls die Kartoffeln sehr viel Wasser abgeben, dieses abgießen. Das Ei unter die geriebenen Kartoffeln mischen, salzen und pfeffern. Den Teig möglichst sofort weiterverarbeiten:

❸ Jeweils einen Klecks Teig im heißen Öl verstreichen und auf beiden Seiten knusprig backen.

❹ Vor dem Servieren auf Küchenpapier abtropfen.

Kartoffelsalat mit grünem Spargel und rosa Pfefferbeeren

Für 4 bis 6 Personen: 800 g festkochende Kartoffeln, 500 g grüner Spargel, 1 rote Zwiebel, 2-3 Frühlingszwiebeln, 1 Händchenvoll Kerbel oder glatte Petersilie, 2 EL Pinienkerne, 4 EL Weißweinessig, 2 EL Gemüse-, Kalbs- oder Hühnerfond, Salz, Pfeffer, 4 El bestes, duftendes Olivenöl (natürlich extra vergine, z. B. ein mildes aus Ligurien), 2 EL rosa Pfefferbeeren

Entweder eine ganze Mahlzeit oder eine hübsche Beilage zu gegrillten Schweinswürstchen, paniertem Schnitzel oder gebratener Leber.

❶ Die Kartoffeln gar kochen. Den Spargel sehr sorgfältig schälen, die Stangen schräg in streichholzlange Stücke schneiden, die Spitzen erst einmal beiseite legen. Die Stangen in wenig Salzwasser fünf Minuten kochen, bevor die Spitzen zugefügt werden und alles miteinander weitere fünf Minuten bißfest gegart wird. Spargel unter eiskaltem Wasser abschrecken, um die schöne Farbe zu bewahren.

❷ Die übrigen Salatzutaten vorbereiten: Zwiebeln schälen, die rote Zwiebel in kleine Würfel schneiden, das Weiße der Frühlingszwiebeln in feine Ringe schneiden, das Grün in zentimeterbreite Stücke. Die Kräuterblättchen von den Stielen zupfen.

❸ Die Pinienkerne können sie geröstet oder ungeröstet verwenden. Pinienkerne in einer trocke-

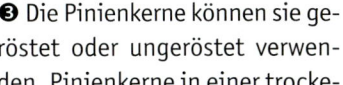

nen Pfanne rösten, bis sie duften und zart gebräunt sind. Vorsicht: Ab einem bestimmten Moment geht das ganz schnell!

❹ Die Kartoffeln nur einige Minuten abkühlen lassen, dann pellen und in Scheiben schneiden.

❺ Kartoffeln, Zwiebeln, Pinienkerne in einer Schüssel mischen. Mit Essig und Gemüsefond (oder Kalbs-/Hühnerfond) beträufeln, salzen und pfeffern.

❻ Gut durchmischen, erst dann das Öl hinzufließen lassen, die Spargel sowie die Kräuterblättchen und die rosa Pfefferbeeren zufügen. Erneut durchmischen und rasch servieren.

Tip: Paßt auch als origineller Vorspeisensalat in einem feinen Menü!

Für 4 Personen:
1 EL schwarze oder
weiße Pfefferkörner,
2 EL Butter, 1 Zwiebel,
1/8 l Madeira oder
Portwein, 1/8 l Brühe,
200 g Sahne, Salz

Pfeffersauce

Eine umwerfend würzige, aromatische Sauce, die jedem kurzgebratenen Stück Fleisch eine neue Dimension geben kann. Man nimmt dann jeweils zum Angießen die Brühe oder den Fond des Fleisches, das man dazu servieren will.

Also Wild-, Lamm-, Kalbs- oder Geflügelfond, aber auch Fisch- oder Gemüsefond – wenn man die Sauce zum Beispiel zu gebratenem Karpfen oder zum gedünstetem Lauch servieren möchte!

Ein *Tip* für eine schnelle, fabelhafte Beilage: Übriggebliebene Pellkartoffeln in dieser Sauce erwärmen. Schmecken umwerfend und können sogar mit einem Salat eine ganze Mahlzeit sein!

❶ Die Pfefferkörner im Mörser zerstoßen und in einem Topf in der aufschäumenden Butter dünsten. Es entwickelt sich dabei ein betörender herrlicher Duft.

❷ Schließlich die gewürfelte Zwiebel zufügen und solange dünsten, bis sie weich ist. Portwein beziehungsweise Madeira angießen, einköcheln.

❸ Mit Brühe auffüllen und erneut einköcheln, schließlich die Sahne zufügen und zur gewünschten Konsistenz köcheln.

❹ Die Sauce mit Salz würzen und im Mixer fein pürieren. Wer nicht gern auf Pfefferkornstückchen beißt, passiert die Sauce durch ein Sieb. Pfeffer-Freaks werden jedoch gerade dies besonders genießen!

Variante: Pfeffercremesuppe

Für 4 bis 6 Personen:
2 EL Pfefferkörner,
2 EL Butter, 1 Zwiebel,
1 mittelgroße Kartoffel,
1/8 l Portwein oder
Madeira, ca. 3/4 l
kräftige Fleischbrühe,
Salz, 200 g süße Sahne

❶ Pfeffer im Mörser zerstoßen, in der Butter andünsten.

❷ Die gewürfelte Zwiebel sowie die auf der feinen Reibe zerkleinerte Kartoffel zufügen. Auf mildem Feuer langsam weichdünsten, nicht bräunen.

❸ Schließlich mit Port oder Madeira und Brühe auffüllen. Mit Salz würzen. Alles eine Viertelstunde durchkochen, dann fein pürieren.

❹ Zum Schluß die Sahne angießen, die Suppe noch einmal abschmecken.

❺ Mit feingehackter Petersilie bestreuen und heiß in Suppentassen servieren.

Tip für eine ausgefallene Einlage: geröstete Kalbsbriesröschen. Dafür ein schönes Kalbsbries (pro Person ca. 100 g) in einem Sud aus Wasser, gewürzt mit Salz, Pfefferkörnen, Lorbeerblatt, Thymianzweig und Petersilienstielen langsam zum Kochen bringen.

Auf mildem Feuer zehn Minuten ziehen lassen – auf keinen Fall kochen! Im Sud schließlich abkühlen lassen. Dann die Röschen auseinanderpflücken, dabei Häute und Sehnen entfernen. Die zarten Briesröschen, die jetzt übrig bleiben, schließlich in heißer Butter sanft braten, bis sie rundum bräunen, mit Salz und Pfeffer würzen und schließlich mit einigen Tropfen Balsamicoessig benetzen. Die nach dem Blanchieren fast weißen Röschen sollen jetzt appetitlich gold-, fast schon karamelbraun aussehen.

In diesem Fall die Suppe in Tellern anrichten, die Röschen hineinstreuen, die möglichst nicht ganz in der Suppe versinken sondern noch sichtbar bleiben sollen.

Weißer und grüner Pfeffer

Szechuan-Pfeffer

Erdbeeren mit grünem Pfeffer

Klingt verrückt, schmeckt aber wirklich wundervoll, wenn man frische Pfefferkörner bekommt. Sie kriegen sie in guten Gemüsegeschäften und in Asien-Läden, die allwöchentlich mit frischen Kräutern und Gewürzen aus Asien beliefert werden.

Es braucht dafür im Grunde kein festes Rezept: die grünen Beeren von ihrer Rispe streifen, mit geviertelten Erdbeeren mischen, zuckern, mit etwas Zitronensaft beträufeln und, falls Sie ungespritzte Zitronen haben, auch mit Zitronenschale bestreuen. Und mit einem Klecks halbsteif geschlagener Sahne gekrönt servieren.

Man rechnet pro Person etwa 150 g Erdbeeren, die natürlich um so besser schmecken, je reifer sie sind. Die Früchte auf keinen Fall im Wasser liegen lassen, dort verlieren sie Aroma – am besten unter fließendem Wasser in einem Sieb abbrausen. Gut abtropfen lassen, dann

entstielen, vierteln oder in Scheiben schneiden. Mit etwas Zucker bestreuen – je nach Süße der Früchte genügt ein halber bis ganzer Teelöffel pro Portion.

Und: Puderzucker löst sich besser auf als Kristallzucker. Wie viele Pfefferbeeren Sie nehmen, hängt vom eigenen Gusto ab. Wenn Sie skeptisch sind, beginnen Sie erst einmal mit wenigen. Sie werden bald sehen, daß mit der Fruchtsüße das Pfefferaroma sehr gut zusammenpaßt.

Pfefferklößchen

❶ Das Mark mit den Daumen aus den Knochen drücken. Für etwa eine Stunde in eine Schüssel mit kaltem Wasser legen, bis es schön weiß geworden ist. (Die Knochen in der Brühe auskochen.)

❷ Das Mark mit warmem Wasser abspülen, um Knochensplitterchen zu entfernen und es geschmeidig zu machen. Schließlich durch ein Sieb streichen.

❸ Das Brot entrinden, zerkrümeln und mit dem Mark, Eigelb und Petersilie im Mixer oder elektrischen Zerhacker vermischen.

Die Masse mit Salz und Muskat kräftig würzen. Die Pfefferkörner im Mörser fein zerreiben und unter die Masse mischen.

❹ Mit einem Teelöffel kleine Portionen von diesem Teig abstechen und zwischen den nassen Handflächen zu Klößchen formen. In leise siedendem Salzwasser etwa zehn Minuten gar ziehen lassen.

❺ Die Klößchen in eine Suppenterrine geben, mit heißer Fleischbrühe aufgießen und reichlich Schnittlauch darüberstreuen.

Für 4 bis 6 Personen:
2 große Markknochen
(ca. 100 g ausgelöstes
Mark), 3 Scheiben
frisches Weißbrot,
2 Eigelb, Petersilie, Salz,
Muskat, 1 TL Pfeffer-
körner
Außerdem:
1 l kräftige Fleisch-
brühe, Schnittlauch

101

Kalbsleber mit gepfefferten Äpfeln

Für 2 Personen:
2 je 2 Zentimeter dicke
Scheiben Kalbsleber
(möglichst sehnenfrei),
2 EL Öl, Salz, Pfeffer,
2 EL Butter, 1 EL weiße
Pfefferkörner, 2 säuer-
liche Äpfel, Zitronensaft,
Majoranblättchen

❶ Die Leberscheiben im heißen Öl zuerst auf einer Seite schön kroß anbraten, dann umwenden, und auf der anderen Seite ebenfalls kräftig anbraten.

❷ Die gebratene Seite mit Salz und Pfeffer würzen. Die Leberscheibe dann in Alufolie gewickelt auf einem Teller zum Nachziehen beiseite stellen.

❸ Die Äpfel schälen, mit einem Ausstecher das Kerngehäuse herausstechen, die Äpfel in zentimeterdicke Scheiben schneiden und überall mit Zitronensaft bestreichen, damit sie sich nicht braun verfärben.

❹ In der Bratpfanne die Butter schmelzen, den im Mörser zerstoßenen Pfeffer zufügen und andünsten. Schließlich die Apfelscheiben nebeneinander hineinlegen und unter gelegentlichem Wenden auf beiden Seiten schön braun braten.

❺ Die Pfefferäpfel mit Majoranblättchen bestreuen und zu den Leberschnitten servieren. Außerdem paßt dazu ein sahniges Kartoffelpüree.

Rotweinbirnen im Pfeffersud

Für 6 Personen:
1 Flasche kräftiger, aber
fruchtiger Rotwein (etwa
ein Württemberger Lem-
berger, ein Spätburgun-
der), 150 g Zucker,
1 Stange Zimt, 1 EL
schwarze Pfefferkörner,
1 Lorbeerblatt
Außerdem:
1 ungespritzte Zitrone,
6 reife Birnen

❶ Alle Zutaten für den Sud aufsetzen und eine Viertelstunde kochen lassen, damit der Pfeffersud schön würzig wird. Die Zitrone in dünne Scheiben schneiden und erst für die letzten fünf Minuten zufügen.

❷ Die Birnen schälen, aber den Stiel dranlassen. In den Sud legen, sie müssen jetzt vollkommen bedeckt sein. Eine Viertelstunde leise siedend köcheln lassen.

❸ Den Topf vom Herd nehmen, die Birnen in ihrem Sud abkühlen lassen.

❹ Vor dem Servieren den Sud um die Hälfte einkochen, durch ein Sieb seihen – die Birnen zuvor natürlich herausheben.

❺ Sie erst wieder hineingeben, wenn er wieder abgekühlt ist. Die Birnen in diesem Sud servieren.

Hasenpfeffer

❶ Den Hasen in Stücke zerlegen. Dafür mit einem scharfen Messer die Hinterläufe durch einen geraden Schnitt vom Körper trennen. In der Mitte zweiteilen. Die Vorderläufe abschneiden und den Rücken halbieren. Die Stücke mit Küchenpapier sauberwischen.

❷ Mit Salz, Pfeffer, Thymian und Lorbeerblatt einreiben. Das Olivenöl und den Cognac einmassieren. In einer Schüssel 2 Stunden ziehen lassen.

❸ Unterdessen die Zwiebelchen schälen. Die Champignons putzen. Den Speck fein würfeln. In einem ausreichend großen Schmortopf auslassen, dabei golden braten. Die Butter darin aufschäumen.

❹ Die Zwiebeln und Pilze zufügen und unter gelegentlichem Rühren golden dünsten. Salzen und pfeffern. Mit einer Schaumkelle herausheben und warm stellen.

❺ Im verbliebenen Fett notfalls noch ein Stück Butter schmelzen. Die Hasenstücke aus der Schüssel nehmen, abtrocknen und auf hoher Hitze rundum anbraten. Ebenfalls herausnehmen und warm stellen.

❻ Die Zwiebel, Möhre, Petersilienwurzel und Knoblauchzehen schälen, beziehungsweise putzen und kleinhacken.

❼ Im Schmortopf unter Rühren glasig dünsten. Die Hasenstücke obenauf legen. Das Kräutersträußchen zufügen. Mit dem Rotwein auffüllen. Den Topf fest verschließen. In den auf 180 °C vorgeheizten Ofen stellen und 45 Minuten garen.

❽ Dann die Hasenstücke herausfischen und in einen zweiten Schmortopf betten. Die warmgestellten Zwiebelchen und Champignons darum herumlegen.

❾ Die Schmorflüssigkeiten durch ein Sieb filtern und über die Hasenstücke gießen. Notfalls mit etwas zusätzlichem Rotwein aufgießen. Den Topf wiederum sorgfältig verschließen. Für weitere 30 Minuten in den 180 °C heißen Ofen stellen. Unterdessen die Geflügellebern von den Sehnen und Häutchen säubern.
Durch ein feines Sieb treiben. Mit dem Cognac und der Crème fraîche gut verrühren. Den Topf wieder aus dem Ofen holen. Die Hasenstücke auf einer heißen Servierschüssel anrichten.

❿ Zwiebelchen und Champignons darum herum verteilen. Die Leber-Cognac-Sahnemischung langsam unter stetem Rühren in die Schmorflüssigkeit rühren, dabei darauf achten, daß sie nicht gerinnt. Die Sauce darf auf keinen Fall mehr kochen. Mit Salz und Pfeffer abschmecken. Mit Petersilie bestreuen. Über die Hasenstücke gießen.

Für 4 Personen:
1 frischer Hase (ca. 2 kg), Salz, Pfeffer aus der Mühle, fein zerriebener Thymian, ein zerbröckeltes Lorbeerblatt, 2 EL aromatisches Olivenöl, 2 EL Cognac, 16 kleine Zwiebeln, 16 makellose Champignonköpfe, 200 g grüner (frischer) Speck, 1 große Zwiebel, 1 Möhre, 1 Petersilienwurzel, 3 Knoblauchzehen, 1 Kräutersträußchen, 1 trockener Rotwein, 2 bis 3 Geflügellebern, 2 cl Cognac, 3 EL Crème fraîche, Petersilie

Gutes aus dem Schnellkochtopf

Sicher haben auch Sie so ein Gerät in Ihrer Küche. Der Dampfdrucktopf oder besser Schnellkochtopf ist ein beliebtes Hochzeitsgeschenk. Und dann steht er in vielen Haushalten in der hintersten Ecke des untersten Küchenschrankfachs, weil er so selten benutzt wird. Wie man hört, haben viele nämlich immer noch Angst vor dem dampfenden, schnaubenden Ungetüm, in das man nicht hineinschauen kann, um den Kochprozeß zu verfolgen, und halten es für Hexenwerkzeug. Dabei läßt sich eine Menge Zeit und Energie damit sparen. Man muß nur wissen, wofür er sich eignet und wofür nicht. Und genau dies wollen wir Ihnen in diesem Kapitel zeigen.

Der Schnellkochtopf arbeitet nach folgendem Prinzip:
Die Lebensmittel werden in einem festverschlossenen Topf, aus dem nichts entweichen kann, unter Druck von 1,2 bis 1,8 bar gesetzt, wo sie bei Temperaturen von 104 bis 119 Grad garen. Das verkürzt ihre Garzeit, wodurch Vitamine und Mineralstoffe geschont und außerdem Zeit und Energie gespart werden.

Entdeckt hat diese Garmethode bereits der Franzose Papin um 1679/80. Ende des letzten Jahrhunderts kamen die ersten industriell gefertigten Dampfdrucktöpfe auf den Markt. Damals noch ungeheure Ungetüme, die mit stabilen Schrauben verschlossen wurden und manches Mal leider nicht ganz hielten, was die Hersteller versprachen – es konnte durchaus mal passieren, daß die unter Druck gesetzte Suppe sich ihren Weg explosionsartig nach draußen suchte.

Die modernen Schnellkochtöpfe sind jedoch längst so ausgefeilt und technisch ausgereift, daß niemand mehr befürchten muß, es könne sich zu starker Druck entwickeln. Sie sind im Gegenteil absolut sicher in der Handhabung, besonders stabil und zuverlässig.

Wichtig für den Gebrauch: Bevor im Topf Druck erzeugt wird, muß alle darin enthaltene Luft verschwinden. Denn Luft ist ein schlechter Wärmeleiter. Statt dessen soll sich Dampf bilden, der dagegen ein hervorragender Wärmeleiter ist. Deshalb darf der Kochstufenregler erst auf die gewünschte Position gesetzt werden, wenn nach Verschließen des Topfes die Luft aus dem Ventil eine Minute lang hat entweichen

können. Erst von diesem Moment an wird die Garzeit berechnet.

Damit die Handgriffe in Fleisch und Blut übergehen, sollte man sich daher an folgenden Ablauf im Umgang mit dem Schnellkochtopf gewöhnen:

1. Dampfflüssigkeit auf höchster Heizstufe zum Kochen bringen.

2. Das Gargut einlegen (im Siebeinsatz oder direkt in den Topf).

3. Deckel verschließen.

4. Weiterhin auf höchster Heizstufe eine Minute lang die Luft aus dem Topf entweichen lassen.

5. Erst dann die gewünschte Kochstufe einstellen und von diesem Moment an die Garzeit berechnen.

6. Nach Beendigung der Garzeit den Topf vom Herd ziehen, mit Hilfe des Kochreglers den Dampf ablassen, bevor der Topf geöffnet wird.

Der Vorteil des Schnellkochtopfs: Je nach Kochstufe spart man ein bis zwei Drittel Garzeit! Außerdem bleiben Farbe, Vitamine und Mineralstoffe der Lebensmittel besser erhalten.

Besonders geeignet für das Garen im Schnellkochtopf sind Gerichte mit langer Garzeit, Eintöpfe, Hülsenfrüchte, Gulasch oder Ragouts aus gut durchwachsenem Fleisch, das lange schmoren müßte, um zart zu werden. Aber auch empfindliche Lebensmittel können die Zubereitung im Schnellkochtopf gut vertragen, wenn man sie auf der sanften Stufe, der Schonstufe, gart, bei vermindertem Druck und geringeren Temperaturen.

Und so pfiffig ist Aromagaren

Das ist das große Geheimnis von Meisterkoch Albert Bouley aus Ravensburg. Er arbeitet viel und gern mit dem Schnellkochtopf und hat die Methode des sogenannten Aromagarens entwickelt:

Aromatisierende Zusätze – direkt in das Wasser auf den Topfboden gegeben – unterstützen, verfeinern oder variieren das Eigenaroma der Speise in einem ganz erstaunlichen Maße. Die Speise selbst ist in dem Einsatz darüber. Wie beim Biogaren kommt sie mit dem Wasser überhaupt nicht in Berührung, sondern wird von dem aromatisierenden Dampf eingehüllt und durchdrungen. Das Ergebnis ist ein ganz besonders feiner Geschmack.

Dieser aromatisierte Sud läßt sich hervorragend zur Soßenherstellung nutzen. Eine Fülle von Aromaten steht zur Verfügung, und der Phantasie sind dabei keine Grenzen gesetzt.

So einfach ist Schnellkochen

1. Wie beim Biogaren die notwendige Flüssigkeitsmenge zur Dampfbildung auf den Topfboden geben. Übrigens, beim Braten können Sie direkt auf dem Topfboden anbraten. Die Flüssigkeit wird dann erst beim Ablöschen in der genannten Menge hinzugefügt.

2. Dann die Herdplatte auf höchste Heizstufe schalten.

3. Den Topf bitte grundsätzlich nur

   - halbvoll bei schäumenden oder quellenden Speisen und
   - zwei Drittel voll bei anderen Gerichten.

   Das Kochgut muß zu jeder Zeit genügend Abstand zu den Ventilteilen haben.

4. Wie beim Biogaren den Topf schließen und ...

5. ... ankochen – allerdings schieben Sie den Kochregler auf die Schnellkochstufe II.

Aromatisierende Weine
- Weißweine vom Kaiserstuhl
- Rotweine von der Rhône und der Loire, aus Burgund und Bordeaux

Aromatisierende Gewürze und Kräuter
- Nelken
- Zimtstangen
- Lorbeerblätter
- Zitronensaft
- frischer Thymianzweig
- frischer Rosmarinzweig
- Salbeiblätter
- gestoßener Koriander
- Wacholderbeeren
- frischer Estragon
- frisches Basilikum
- frischer Majoran
- frischer Kerbel

Aromatisierende Gemüse
- Schalottenzwiebeln
- Fenchellaub
- Zwiebellauch
- Sellerie
- Knoblauch

6. Sobald der gelbe Druckanzeiger-Bereich (Ring) sichtbar ist, beginnt die Garzeit. Sollten Sie vergessen haben, die Energie zurückzuschalten, wird der Topf bald Dampf ablassen. Dabei gibt es ein Geräusch, das langsam lauter wird.

7. Zum Öffnen grundsätzlich den Topf von der Kochstelle nehmen.

   ● Bei Brühen, Suppen und breiartigen Speisen warten, bis der Druckanzeiger von selbst vollständig in den Deckelgriff gegangen ist. Die Wartezeit läßt sich verkürzen, wenn man den Topf unter fließendes kaltes Wasser hält – aber den Strahl nicht auf den Deckelgriff richten.

   ● Bei allen anderen Gerichten den Kochregler stufenweise und langsam zurückziehen, bis kein Dampf mehr austritt. Auf jeden Fall muß der Druckanzeiger zum Schluß vollständig in den Deckelgriff zurückgegangen sein.

8. Den Deckel dann abnehmen.

Bitte daran denken:
Den Topf nie mit Gewalt öffnen und an den Sicherungseinrichtungen keine Änderungen vornehmen! Nur wenn der Topf drucklos ist, läßt er sich leicht öffnen.

Die passenden Getränke

Wir servieren auf jeden Fall, wie immer, ein sprudelndes Mineralwasser, das den Durst löscht. Ganz ausnahmsweise gibt es einen einzigen Wein zu Vorspeise, Hauptgericht und Dessert! Es ist in der Tat kaum zu glauben. daß ein und derselbe Wein zu drei so unterschiedlichen Gerichten wie

● den leicht bitteren Artischocken mit der doch recht kräftig gesäuerten Kerbelvinaigrette,

● zum aromatischen, gleichzeitig fülligen wie zarten Estragonhuhn mit Spargel und

● den Dampfnudeln mit duftenden apfelfruchtiger und natürlich ein wenig gesüßter Basilikumsauce passen kann.

Normalerweise würde man einen leichten, nicht unbedingt anspruchsvollen, durch eine frische Säure ansprechenden Wein zur Vorspeise trinken, etwa einen jungen Weißwein (Gutedel, Elbling, Müller-Thurgau, Nobling, Silvaner, Weißburgunder oder Riesling aus Deutschland), einen weißen oder roséfarbenen Wein aus Frankreich oder Italien.

Zum Hauptgericht dann einen kräftigen Weißen, dessen Charakter dennoch etwas aromatisch sein muß, um mit dem Estragon mithalten zu können – etwa einen Chardonnay aus dem kleinen neuen Eichenfaß (Barrique), wie es derzeit Mode ist. Auf jeden Fall sollte der Wein ausreichend Alkohol besitzen, er muß opulente Fülle und hohe Reife haben. So passen wohl die meisten trocken ausgebauten deutschen Spätlesen der letzten Jahre, etwa ein Grauburgunder, ein reifer Riesling, auch ein Traminer. Weiterhin natürlich Weine aus dem Elsaß, Burgund (Chardonnay), Bordeaux (Sauvignon) sowie die vielen würzigen Weine aus Frankreichs Süden und Südwesten, wie eigentlich alle Weißweine des mediterranen Raumes – die aromatischen sizilianischen Weißweine können der leichten Anisnote des Estragonhuhns ein erstaunlich harmonischer Partner sein.

Zum Dessert dann ein süßer und zartfruchtiger Wein (Riesling, Traminer oder Scheurebe Auslese oder nicht durchgegorene Spätlese) oder ein zwar trockener, aber nicht saurer, sondern durch Körper und Alkohol ausgleichender Wein etwa ein Gewürztraminer oder Ruländer.

Unser Wein kommt aus Ungarn, aus dem Gebiet des Tokay. Aber

natürlich ist es nicht der berühmte süße Tokayer! Nein, er stammt „nur" aus derselben Rebsorte, der Furmint-Traube, und ist im selben Gebiet gewachsen, im Land des Tokay an den Hegyalja-Bergen. Dort hat der Kaiserstühler Winzer und Weinhändler Fritz Keller zusammen mit einem der Stars aus dem Weinbaugebiet Pomerol (Bordeaux), Jean-Michel Arcaute, nach der Öffnung Ungarns für den Westen ein Weingut kaufen können, das 62 Hektar große Château Pajzos. Dort widmen sie sich unter Mitarbeit des französischen Ökologen Michel Rolland einmal dem klassisch süßen Tokayer, indem sie den früher üblichen oxidativen durch den moderneren reduktiven Ausbau ohne Sauerstoffkontakt ersetzen, zum anderen erzeugen sie einen hochwertigen trockenen Wein, der im neuen Eichenfaß, dem Barrique, reift und seinen Charakter bekommt.

Das Ergebnis kann sich international sehen und schmecken lassen – trocken, aber von reifen Säuren geprägt, mit einem guten alkoholischen Gerüst von 12,5 Volumenprozent, von charaktervoller Würze mit einem deutlichen, aber sehr angenehmen Apfelaroma, Anklängen an Zitrusfrüchte und dem für das geröstete Barrique eigentümlichen Vanilleton. Hervorzuheben ist schließlich das günstige Preis-Leistungs-Verhältnis – der Wein

kostet im guten Fachhandel um 16,00 DM die Flasche. Wer größere Mengen beziehen will, kann sich wegen näherer Informationen und einer Preisliste an das Weingut „Schwarzer Adler", 79235 Vogtsburg-Oberbergen, wenden.

UNSER MENÜ

Als Hauptgericht bereiten wir ein ganzes Huhn im Schnellkochtopf zu, das innerhalb einer halben Stunde gar ist und dessen Brustfleisch saftiger und zarter bleibt, als hätte man es im Backofen gebraten. Abgesehen davon, daß beim Garen im Schnellkochtopf nach unserem Rezept eine besonders köstliche Sauce entsteht, die man beim Braten oder Schmoren im Ofen so niemals erzielen könnte. Es wird mit viel frischem Estragon gewürzt, dessen Blätter dem Huhn buchstäblich unter die Haut geschoben werden und so ihren Duft besonders intensiv mitteilen. Weil gerade Spargelzeit ist, gibt's Spargel als Beilage, auch kleine, neue Kartöffelchen, die natürlich als Pellkartoffeln serviert werden. Beginnen wir jedoch mit der

Vorspeise: Artischocken mit Kerbelvinaigrette

Für 4 Personen
4 Artischocken
Kerbelvinaigrette:
1 kleines Sträußchen
Kerbel, 3-4 EL Zitronen-
saft, 2 EL Weißweines-
sig, eventuell 2 EL
Hühner- oder Gemüse-
brühe, 2 EL scharfer
Senf (Dijonsenf), 6 EL
aromatisches Olivenöl
(extra vergine), Salz,
Pfeffer

Als Vorspeise gibt's Artischocken. Diese eßbaren Distelknospen findet man auf dem Markt immer häufiger. Es gibt zwei verschiedene Grundtypen: die fast runden, großen, grünen Exemplare, die meist aus Spanien oder Nordfrankreich (Bretagne) kommen, sowie die kleineren, mehr schlank wie ein Kiefernzapfen, aus Italien und der Provence, deren grüne Farbe ins Lila spielt. Beide schmecken köstlich: Welche man also wählt, sollte man dem Angebot überlassen. Früher hatten alle Sorten distelig-spitze Stacheln an den Blättern, die man abschneiden mußte; bei den meisten hat man diese jedoch längst weggezüchtet. Dann genügt es, sie einfach kurz zu waschen. Pro Person nimmt man entweder eine große oder zwei

kleine Artischocken. Man kann sie kalt oder warm, also direkt aus dem Topf frisch gekocht servieren, ganz wie man mag. Wer mit Gästen ißt, hat vielleicht lieber bereits die Vorspeise fix und fertig auf dem Tisch stehen und braucht sich dann nur noch um das Hauptgericht zu kümmern.

❶ Die Artischocken waschen, wenn nötig, mit einer Schere die Blattspitzen kappen. Falls der Stiel schön dick, fest und lang ist, ihn nicht kürzen; nach dem Kochen kann man die Stiele oft schälen, so daß alle Fasern entfernt sind. Das Fleisch der Stiele ist nämlich bei den Erstlingsknospen zart und schmeckt wunderbar – erst die später austreibenden Seitenknospen haben zu faserige, oft sehr bittere Stiele.

Tip: Manche Artischokensorten haben an ihren Blattspitzen scharfe Dornen; diese sollte man mit einer Schere abschneiden, weil man sich beim Abzupfen der Blätter daran verletzen kann.

❷ Die Artischocken in den Siebeinsatz des Schnellkochtopfes legen, ausreichend Wasser auf den Topfboden gießen (ca. zweifingerhoch), dieses rasch ohne Deckel zum Kochen bringen, das Sieb mit den Artischocken in den Topf setzen, den Deckel nunmehr gut verschließen. Eine Minute lang die überschüssige Luft durch das Ventil aus dem Topf entlassen, bevor die gewünschte Kochstufe eingestellt wird: In diesem Fall kann man ruhig die stärkste Stufe, die sogenannte Kochstufe, einstellen, denn Artischocken sind kein sehr empfindliches Gemüse.

❸ Die Artischocken in etwa 8 bis 12 Minuten garen (je nach Größe). Den Topf nach Vorschrift öffnen – falls die Artischocken noch nicht richtig gar sein sollten, den Topf ruhig erneut verschließen und unter Druck setzen: dabei jedoch darauf achten, daß noch genügend Wasser auf dem Topfboden steht.

Tip: Artischocken sind gar, wenn sich die Blätter leicht, nur mit einem ganz zarten Ruck, herausziehen lassen.

❹ Für die Vinaigrette den Kerbel von den Stielen zupfen. Die Blättchen mit Zitronensaft, Essig, Senf, Olivenöl, Salz und Pfeffer im Mixer zu einer dicken, cremigen Sauce mixen. Falls man die Sauce als zu sauer empfindet, mit etwas Hühnerbrühe verdünnen und mildern. Natürlich kann man die Zutaten auch mit dem Schneebesen aufschlagen und den Kerbel dann zum Schluß feingehackt untermischen.

Tip: Artischocken ißt man mit der Hand: Man zupft Blatt für Blatt ab, taucht das untere, fleischige Ende in die Vinaigrette, von der man sich ein wenig auf seinen Teller geschöpft hat, und lutscht es aus. Schließlich schneidet man mit dem Messer das strohige Heu weg, das den Artischockenboden bedeckt, und genießt den dicken Artischockenboden mit Messer und Gabel als das Beste zum Schluß.

Hauptgericht: Estragonhuhn

Dafür eine große, gutgemästete Poularde kaufen, also ein glückliches Huhn, das frei hat herumlaufen und Körner und Würmchen picken dürfen. Es sollte mindestens 1,5 kg, womöglich sogar schwerer sein. Denn je fleischiger ein Huhn, also je schwerer, desto besser der Geschmack und, natürlich, desto besser auch das Preis-Leistungs-Verhältnis. Leider kann man solche Hühner nicht in jedem Supermarkt kaufen und schon gar nicht in der Tiefkühltruhe finden. Am besten fährt man immer noch, wenn man beim Bauern auf dem Markt oder bei einem guten Geflügelhändler einkauft. Bei einem ausreichend schweren Huhn ist die Wahrscheinlichkeit groß, daß es nicht aus einer Massenbatterie stammt und anständig gefüttert wurde.

❶ Das Huhn, wenn nötig (vor allem, wenn es sich um ein tiefgekühltes Huhn handelt), innen und außen gründlich waschen. Die Haut über der Brust vorsichtig ablösen. Dort hinein, also zwischen Fleisch und Haut, reichlich vom Stiel gezupfte Estragonblättchen schieben. Sie sollen das Fleisch nicht nur würzen.

sondern auch vor Hitze schützen. Etwa ein Drittel der Blätter für die Sauce aufheben.

❷ Das Huhn innen und außen mit Salz und Pfeffer würzen.

❸ Im Schnellkochtopf die Butter erhitzen, das Huhn darin rundum auf allen Seiten langsam schön golden anbraten.

❹ Das Huhn schließlich mit der Brust nach oben betten. Das inzwischen, geputzte und kleingewürfelte Wurzelwerk, Estragonstiele und Zwiebel drum herum

Für 4 Personen:

1 fleischige, gut gemästete Poularde von mindestens 1,5 bis 1,6 kg, 1 dicker Strauß Estragon, Salz, Pfeffer, 50 g Butter, 1-2 Suppengrün (je nach Größe) oder 1 Stück Sellerie, 1 Möhre, 1 dünne Lauchstange, 1 Zwiebel, 1/4 l trockener Weißwein, 100 g Crème fraîche

streuen und kurz mitdünsten. Bevor es jedoch Farbe nehmen kann, mit Weißwein ablöschen.

❺ Den Topf verschließen. Eine Minute lang auf starkem Feuer aus dem Ventil überschüssige Luft entströmen lassen, erst dann den Regler auf Schonstufe stellen und das Huhn etwa 30 Minuten lang garen.

❻ Das Huhn aus dem Topf herausheben und auf einer Platte im 50 Grad heißen Ofen warm stellen.

❼ Die Crème fraîche in den Topf rühren. Alles aufkochen, schließlich mit dem Schneidstab oder im Mixer alles pürieren, dabei die restlichen Estragonblättchen mitmixen. Noch

glatter wird die Sauce, wenn man alles im elektrischen Zerhacker oder Mixer fein püriert und dabei schaumig aufschlägt. Dann braucht man die Sauce nicht mehr durch ein Sieb zu passieren, damit sie schön glatt wird. Die Sauce mit Salz und Pfeffer abschmecken.

❽ Getrennt zum Estragonhuhn servieren.

Tip: Dazu passen kleine Pellkartöffelchen, am besten die zarten aus der neuen Ernte, die man nur gut abzubürsten und nicht zu schälen braucht, und, wenn man die kurze Saison nutzen sollte, Spargel – ganz nach Belieben der vornehm weiße oder gemüsigere grüne.
Übrigens: Den Spargel unbedingt sorgfältig schälen, damit der Genuß durch nichts getrübt wird. Wer mag, ißt dazu noch einen knackigen, grünen Salat.

Dessert: Dampfnudeln mit Basilikumsauce

Sie schmecken am allerbesten frisch, noch warm, direkt aus dem Ofen. Deshalb sollte man sie formen, bevor man sich zu Tisch setzt. Dann können die Dampfnudeln unter einem Tuch in Ruhe gehen. Wenn man die abgegessenen Teller zurück in die Küche bringt, werden die Dampfnudeln in den Topf gesetzt und sind in kürzester Zeit fertig. Die Apfelsauce wird ja bereits am besten am Vortag zubereitet, jedoch mit Zimmertemperatur, nicht direkt aus dem Kühlschrank, serviert, damit sie ihren Duft entwickelt.

❶ Das Mehl in eine Rührschüssel sieben, in die Mitte eine Vertiefung drücken. Dorthin die in der lauwarmen Milch aufgelöste Hefe gießen. Zucker und ein wenig Mehl vom Rand unter diesen Brei rühren. Mit einem Tuch zugedeckt an einem warmen Ort eine Viertelstunde gehen lassen.

❷ Das Ei, die Salzprise und die Zitronenschale zufügen. Mit dem Knethaken der Küchenmaschine einen weichen Teig daraus kneten. Ihn erneut, diesmal eine halbe Stunde, gehen lassen.

❸ Den Teig dann mit der Hand auf der bemehlten Arbeitsfläche noch einmal kräftig durchkneten.

Walnußgroße Bällchen formen, auch sie noch einmal unter einem Tuch gehen lassen.

❹ Im Schnellkochtopf die Butter erhitzen. Die Bällchen darin drehen, bis sie rundum von Butter überzogen sind. Nebeneinander in den Topf setzen. Die Milch angießen, aufkochen, den Topf verschließen, eine Minute lang aus dem Ventil Luft entströmen lassen, bevor der Regler auf allerkleinste Kochstufe geschoben wird. Nach drei Minuten sind die Dampfnudeln gar. Sofort vom Feuer ziehen, man hört es jetzt im Topf knacken – dann sind die Dampfnudeln genau richtig und haben das herrliche, goldbraune „Füßchen". Vorsicht: nicht zu lange auf dem Herd stehen lassen, sonst werden die „Füßchen" zu dunkel oder verbrennen gar.

❺ Für die Sauce die Äpfel schälen, vierteln und entkernen. In der heißen Butter andünsten, mit Zucker bestreuen und einige Minuten köcheln, bis der Zucker sanft karamelisiert. Zitronensaft und Apfelsaft zufügen. Etwa fünf Minuten köcheln bis die Äpfel weich geworden sind.

❻ Das Apfelkompott abkühlen lassen, mit den Basilikumblätt-

chen im Mixer pürieren. Falls die Sauce zu dick sein sollte, mit einem Schuß Apfelsaft auf die gewünschte Konsistenz bringen.

Für 4 Personen
Für den Teig:
250 g Mehl, 1/2 Würfel Hefe, 1/8 l Milch, 1 EL Zucker, 1 Ei, 1 Prise Salz, etwas abgeriebene Zitronenschale
Außerdem:
30 g Butter und 3-4 EL Milch für den Topf
Basilikumsauce:
3 Äpfel, 2 EL Butter, 2-3 EL Zucker, 2 EL Zitronensaft, 1 Bund Basilikum, ca. 1/8 l Apfelsaft

Tip: Das Apfelkompott läßt sich wunderbar schon lange vorher zubereiten. Das Basilikum sollte man jedoch erst kurz vor dem Servieren untermixen, damit es seinen frischen Duft und seine leuchtende Farbe behält.

Zwei Saucen-Klassiker, die gleichermaßen gut zu Artischocken und zum Spargel passen:

Sauce Hollandaise

Für 4 bis 6 Personen:
1 EL Wasser oder
trockener Weißwein,
2 Eigelb, 125 g Butter,
etwas Zitronensaft,
weißer Pfeffer, Salz

Sie ist eines der geschlagenen Kinder unserer Zeit! Ganz unbestreitbar eine der besten Saucen der Welt, wurde sie zu einem gemeinen Produkt der Industrie degradiert, nachdem bereits die Devise „Kanonen statt Butter" aus ihr einen Mehlpapp gemacht hatte. Dabei gehört Mehl nun garantiert nicht hinein! Die einzig wahre Sauce Hollandaise besteht aus Eigelb und Butter gewürzt mit einem winzigen bißchen Wein, einem Hauch Zitronensaft, Pfeffer und Salz. Mit weniger Zutaten etwas ähnlich Köstliches zuzubereiten, dürfte nicht leicht sein. Und gäbe es diese Sauce nicht schon seit langem, so müßte man sie unbedingt erfinden. Diese Einfachheit hat natürlich, wie immer, ihre Tücken. So kommt es

auf akkurates Arbeiten und gute Zutaten noch mehr an, als man es ohnehin in der guten Küche schon verlangen muß.

Leider wird unter der Bezeichnung Holländische Sauce ein Produkt in Tüten angeboten, das mit einer wahren Sauce Hollandaise wirklich nichts zu tun hat. Meiden Sie diese Produkte, und rühren Sie sich Ihre Holländische Sauce selbst – es ist wirklich nicht schwer:

Tip: Am besten nimmt man dafür einen kleinen Topf aus Gußeisen, der die Hitze völlig gleichmäßig leitet, oder man arbeitet im Wasserbad: das heißt, ein kleiner Topf steht oder hängt in einem größeren, der zum Teil mit warmem oder heißem Wasser gefüllt ist. Dieses wird nun vorsichtig erwärmt, so daß es seine stets kontrollierbare Hitze sanft an die empfindliche Sauce im inneren Topf weiterleiten kann. Ein plötzliches Überhitzen, die größte Gefahr für diese Saucen, ist also ausgeschlossen.

❶ Wasser oder Wein vorsichtig erhitzen. Dann die Eigelb zufügen und langsam, aber kräftig, so lange schlagen, bis sie dick und weißschaumig sind. Das geht nach wie vor mit einem Schneebesen und der Hand am besten. Die elektrischen Handmixer schlagen den Schaum nämlich fester, weniger luftig auf.

❷ Die Butter in Stückchen schneiden und bröckchenweise immer erst dann zufügen, wenn das vorher zugefügte Stück vollkommen geschmolzen und mit dem Eigelb vermischt ist.

❸ Wird nun beim Schlagen die Sauce zu fest, dann fügen Sie ein klein wenig Zitronensaft, Wasser oder Wein hinzu. Ganz zum Schluß wird noch mit frisch gemahlenem Pfeffer und Salz sowie erneut mit Zitronensaft abgeschmeckt – zu Spargel darf die Sauce ruhig ein wenig säuerlicher sein.

Tip: Früher hat man die Butter immer erst geschmolzen, dann geklärt und dann in feinem Strahl langsam eingegossen. Das ist heute weder nötig noch wünschenswert. Früher nämlich war die Butter längst nicht so rein ausgewaschen, wie das die industriell hergestellte Butter von heute ist. Die Rückstände schmeckten kräftig, sprich käsig und sauer, mußten also für eine feine Sauce entfernt werden.

Heute findet man das nur noch in hausgemachter Landbutter oder den Produkten der Almen. Was in dieser Butter auf dem Brot köstlich schmeckt, ist allerdings in der Hollandaise störend. Nicht empfehlenswert ist dieses vorherige Zerlassen auch deswegen, weil dadurch die Hitze in der Sauce schlechter zu regulieren ist, als wenn kalte oder zimmerwarme Stückchen zugefügt werden. Außerdem ist man gezwungen, länger zu rühren, weil die Butter erst noch schmelzen muß. Und das lange Rühren ist wichtig für die Homogenität, die gleichmäßige Beschaffenheit der Sauce.

Noch ein Wort zur Butter: Versuchen Sie, Süßrahmbutter zu bekommen, die natürlich ganz frisch sein muß. In Deutschland hat sich die Sauerrahmbutter durchgesetzt – nur im Süden wird Süßrahmbutter noch in größeren Mengen hergestellt. Die Bevorzugung von Sauerrahmbutter liegt weniger in geschmacklicher, denn in transport- und lagertechnischen Gründen: Während Süßrahmbutter sich schon nach kurzer Zeit im Geschmack verändert und ihr feines Aroma verliert, hält sich Sauerrahmbutter auch ohne geschmackliche Veränderung einige Wochen. In Frankreich vermischt man Süßrahmbutter deswegen mit Salz, weil das die Haltbarkeit deutlich verlängert.

Ganz frische Süßrahmbutter ist im Aroma und im Schmelz jeder Sauerrahmbutter weit überlegen. Vor allem aber in den kochtechnischen Eigenschaften. In Deutschland, wie auch etwa in Dänemark, wo die Butter hauptsächlich aufs Brot, in die Pfanne und in den Topf dagegen traditionellerweise eher Schmalz, später Pflanzenfett und Margarine kommen, hat man die empfindliche Süßrahmbutter durch die haltbare Sauerrahmbutter ersetzt.

Seit einigen Jahren wird die Butter meist weder aus süßem, noch aus saurem Rahm hergestellt, vielmehr wird der Rahm dafür bewußt mit bestimmten Bakterienkulturen geimpft und kontrolliert gesäuert. Dadurch erzielt man ein absolut stabiles Produkt, welches allerdings von einer uniformen Langweiligkeit geprägt ist. Süßrahmbutter ist in jedem Fall beim Kochen überlegen, weil sie besser bindet, sich leicht mit Ei oder mit einer Flüssigkeit zur cremigen Sauce aufschlagen läßt. Eine Sauce mit Sauerrahmbutter nimmt sie oft nicht an, das heißt, Fett und Ei oder Fond trennen sich nach kurzer Zeit wieder. Auch beim Backen zeigt Süßrahmbutter deutlich bessere Eigenschaften: Der Teig geht besser auf, schmeckt aromatischer und läßt sich leichter aus der Form lösen.

Noch ein *Tip:* Sollte die Sauce trotz aller Vorsicht zu heiß werden, also das Fett sich absetzen und das Eigelb zu gerinnen beginnen, nur nicht die Nerven verlieren: Einfach einen Eiswürfel, den man vorher natürlich bereitgestellt hat, hineinwerfen und unterrühren – durch diese plötzliche Abkühlung läßt sich die Sauce meist noch retten. Wenn sie trotzdem ausflockt (wegen Überhitzung) oder sich trennt, weil die Sauerrahmbutter vom Ei nicht angenommen wird, hilft nur eines: Erneut ein Eigelb schaumig schlagen und die mißratene Sauce in winzige Portionen langsam unterschlagen.

Weißwein-Sabayon

Wer kennt nicht die köstliche sizilianische Creme, die Zabaione, gerührt nur aus Ei, Marsala und Zucker? Entweder heiß ohne alles andere gegessen, oder auf Erdbeeren, pochierten Birnen oder Pfirsichen, zu Obstsalaten, oder mit einem Vanille-Eis. Kalt ebenfalls mit Eis, Obst und Beeren. gefroren als Eis ... Auf die gleiche Weise kann man natürlich eine Sauce herstellen, die zu Haupt- und Gemüsegerichten paßt.

❶ Den Wein in einen kleinen Topf geben und mit den Eigelb sowie den anderen Zutaten vermischen. Nun auf den Herd stellen und langsam erhitzen, dabei ununterbrochen mit dem Schneebesen durchschlagen, damit das Eigelb nicht zu stark erhitzt wird. Am besten arbeiten Sie wie oben beschrieben im Wasserbad, denn es trifft für sie ja genau dasselbe zu, was bei der Hollandaise ausgeführt wurde.

❷ Wenn die Sauce dicklich geworden ist – sie soll übrigens durchaus einmal kurz aufbrodeln – sofort den Topf vom Feuer ziehen. Jetzt die Sauce neben dem Herd noch eine Minute weiterschlagen, um ihre Konsistenz zu stabilisieren, schließlich mit Salz und Pfeffer abschmecken und sofort servieren.

> *Für 4 bis 6 Personen:*
> *1/10 l trockener, nicht zu säurereicher, aber gehaltvoller Weißwein, 3 Eigelb, 1 kleiner Schuß Estragonessig, Salz, weißer Pfeffer*

> *Tip:* Nach Belieben frische feingehackte Kräuter untermischen, jedoch erst ganz zum Schluß.

Kennen Sie das „Grüne Fondue"?

Artischocken haben sehr viele gute Seiten.

Die Artischocken sind eine perfekte Vorspeise: würzig und appetitanregend, gesund und verdauungsfördernd, schnell und leicht zuzubereiten. Es macht Spaß, sie zu essen. Sie haben immer die Stimmung der Tischrunde – nicht umsonst wurden sie das „Grüne Fondue" genannt.

Wichtig ist die Qualität: Artischocken müssen ganz frisch sein. Sie dürfen nicht nach Heu riechen, sollten geschlossen und grün sein, die Blätter dürfen nicht schlaff oder mit braunen Spitzen versehen sein.

Zum Waschen oben Wasser hineinlaufen lassen, bis es zwischen den Blättern wieder herauskommt. Die Artischocken am Stiel

> *Remouladensauce (Remoulade):*
> *1 Teil Senf mit 4 Teilen Olivenöl wie zu einer Mayonnaise aufschlagen. Mit Zitronensaft Pfeffer und Salz abschmecken.*
> *Wird die Sauce zu Fleisch gereicht, so gibt man noch gehackte Kräuter und Cornichons (Essiggurken) sowie Kapern dazu.*

**Essigsauce
(Vinaigrette):**
1/3 l Weinessig und
2/3 Olivenöl gut verrüh-
ren und mit Pfeffer und
Salz würzen.

Mit Knoblauch:
pro EL Essig 1 zer-
drückte Knoblauchzehe
zufügen.

Mit Kräutern:
gehackte Kräuter nach
eigenem Geschmack
beimischen. Besonders
geeignet sind Petersilie,
Schnittlauch, Kerbel,
Estragon, Basilikum,
Pimpernelle. Ebenso gut
geeignet, aber nicht
französisch: Dill

**Mit scharfem Senf
(französisch) würzen –**
die Sauce läßt sich
damit besonders schön
schaumig rühren und
fällt nicht so leicht
auseinander.

packen und nach unten ausschla-
gen. Mehrmals wiederholen. Den
Stiel und die kleinen, unteren
Blätter entfernen, die Schnitt-
stellen mit Zitronensaft einreiben, damit sie nicht braun werden.

In viel sprudelnd kochendem
Salzwasser unzugedeckt (nur
dann bleiben sie schön grün) gar

kochen. Die Kochzeit richtet sich
nach der Größe: Kleine Artischok-
ken können schon nach 12 Minuten, große erst nach 40 Minuten
gar sein – im Schnellkochtopf
zwischen 3 und 12 Minuten im
Dampf.

Man sollte sie aber auf keinen Fall
ganz weich kochen: Sie sollen
noch etwas knackig sein.

Ravigotesauce (Ravigote):
2 hartgekochte Eigelb, 1 Zitronensaft, Pfeffer, Salz,
Olivenöl, 2 EL gehackte Kräuter (Kerbel, Estragon und
Schnittlauch)
Die Eigelb zerdrücken und im Mörser mit dem Zitronen-
saft zu einer homogenen Paste stampfen. Pfeffern und
salzen und gut durcharbeiten. Dann nach und nach das
Öl zugeben und wie zu einer Mayonnaise aufschlagen.
Zum Schluß mit den Kräutern würzen. Gibt man noch
1 TL Senf dazu, so wird das Aufschlagen leichter.

Rucola = Rauke
Vom Unkraut zum Küchenstar!

Gartenrauke

Vom Unkraut zum Küchenstar

Tatsächlich ist Rauke ein auch bei uns seit Urzeiten bekanntes Kraut, über das übrigens unsere Großvorderen gern mächtig geschimpft haben, wenn es sich in den Garten eingeschlichen hatte: Denn ein einziges Samenkorn, einmal hergeflogen, verbreitet sich in rasender Geschwindigkeit, schlimmer als jedes Unkraut. Und als Unkraut haben sie es deshalb auch betrachtet – man trifft diese Einstellung ja auch heute noch: Was umsonst ist, ist nix wert. Vermutlich hat man früher die Rauke nicht zu schätzen gewußt, weil man sie nicht als zartes junges Blättchen gekostet hat, sondern erst einmal ordentlich hat wachsen lassen. Was aus dem Samenkorn sprießt, kann man schon nach gut 4 bis 6 Wochen essen; dann ist das Blatt zart, sein Geschmack leicht nussig, mit bitteren Anklängen, herzhaft und erfrischend. Nach einem halben Jahr jedoch ist eine knapp meterhohe Pflanze daraus geworden, deren robuste, zähe Blätter scharf nach Senf schmecken, stark bitter und überhaupt nicht köstlich. Aus den gelben kleinen Blüten entstehen wieder jene schwarzen Samenkörnchen, die ebenfalls deutliche Senfschärfe aufweisen.

Rauke wurde eigentlich erst vor höchstens fünfzehn Jahren bei uns als Delikatesse entdeckt; seit nämlich wir Deutsche gesehen haben, daß die Italiener und die Franzosen Rauke als besonders feines Salatkraut betrachten, akzeptieren wir es auch: Seitdem heißt es „Rucola", wie die Italiener dazu sagen, oder „roquette" bei den Franzosen oder „rocket" bei den Briten, und wir können kaum genug davon kriegen.

Tips für den Einkauf und Umgang

Rauke gibt es inzwischen auf unseren Märkten, in Feinkostgeschäften, sogar im Supermarkt: Man findet zwei Sorten: die schmalen, lanzettförmigen dunkelgrünen Blätter der sogenannten wilden Rauke und die helleren, eher rund geformten Blätter der Gartenrauke, eine Zuchtform, die auch ein wenig milder schmeckt. Rauke wird hierzulande schon großflächig auf Feldern angebaut, zum größten Teil die

„wilde Rauke", die im Handel weitaus mehr gefragt ist.

Die Blätter wirken beim Draufbeißen ölig, tatsächlich enthalten sie ätherische, würzige Senföle. Das läßt die Blätter vor allem empfindlich reagieren, wenn sie mit Fett in Berührung kommen. Eine allzu ölige Salatsauce bewirkt, daß die Blätter schnell zusammenfallen. Auch dürfen sie nicht zu lange mit einer Salatmarinade vermischt herumstehen; die Blätter nehmen das übel und werden lasch.

Es versteht sich, daß man nur frische Blätter, keine angewelkten oder gar bereits gelb gefärbte kauft – sie werden häufig gebündelt angeboten, aber auch lose. Treibhausware besteht manchmal aus mehr Stiel als Blättern. Es macht viel Mühe, sie alle abzuknipsen, aber ausschließlich auf ihnen herumzukauen, ist durchaus kein Vergnügen. Kaufen Sie in einem solchen Fall lieber woanders, wo bessere Qualität angeboten wird.

Wenn man Rucola ein paar Tage aufbewahren muß, sollte man sie lose in eine Plastiktüte packen oder, besser noch, lose im Gemüsefach des Kühlschranks aufbewahren und mit einem feuchten Tuch bedeckt vor dem Austrocknen schützen. Ansonsten macht Rucola in der Küche wirklich nicht

viel Mühe. Zu lange Stiele der gebündelten Rucola lassen sich einfach durch einen energischen Messerschnitt kürzen. Falls die losen Blätter bei der Ernte sorgfältig gepflückt wurden, genügt es meist, sie einfach ein paarmal in immer wieder frischem Wasser zu waschen.

Praktisch:
Die Salatwaschmaschine

Eine absolut geniale Erfindung: die Salatwaschmaschine. Sie sieht aus wie eine Salatschleuder, besitzt jedoch einen entscheidenden Unterschied: Der Boden der Schüssel ist ein Sieb.

Wilde Rauke

Die Salatwaschmaschine

Darin sitzt das Salatsieb, in das man die zu waschenden Blätter füllt. Im Deckel befindet sich die Schleuderschnur und, das ist wichtig, ein Loch: Dort hinein läßt man Wasser laufen, währenddessen zieht man immer wieder an der Schleuderschnur, die bewirkt, daß das Innensieb hin und her gedreht wird, die darin befindlichen Blätter also im ständig hinzulaufenden Wasser umhergewirbelt werden, und das Sieb im Boden verhindert, daß alles überläuft und die Küche unter Wasser setzt.

Selbstverständlich stellen Sie für diesen Waschvorgang das Ding in das Spülbecken – ein paarmal ziehen und schließlich den Wasserhahn wieder schließen. Nunmehr die Blätter durch erneutes Ziehen trockenschleudern – fertig! Eine große Schüssel Salat- oder Kräuterblätter ist auf diese Weise mühelos gewaschen und verzehrfertig!

Rucola: Würzkraut, Salat oder Gemüse?

Es ist tatsächlich alles drei: Botanisch gehört die Pflanze zur Familie der Brassicaceae, das sind die sogenannten Kreuzblütler oder Kohlgewächse. Die Samen enthalten Senföle, die übrigens als Aphrodisiacum gelten, die länglichen, gezackten grünen Blätter schmecken um so deutlicher da-

nach, je älter sie sind. Man ißt sie eher jung.

Oft mischt man sie mit anderen jungen Kräuter- oder Salatblättern – in Frankreich gehören sie zum Beispiel in die sogenannte „salade mesclun", eine Mischung aus allem, was im Frühjahr gerade an Schnittsalat im Garten ist. Weil man früher nur die zarten jungen Blätter aß, gab es in Italien Rucola ausschließlich im Frühjahr – erst seit man gelernt hat, die Jahreszeiten zu überlisten und immer wieder neu anzusäen, die Pflanzen dann entsprechend zu schattieren und vor zu großer Sonne zu schützen, findet man Rucola auch im Sommer auf dem Speisezettel.

Tips für den Gärtner: Rauke läßt sich kinderleicht selber ziehen. Sogar im Blumenkasten oder sogar im Topf. Den Samen dazu finden Sie mittlerweile problemlos in jedem Gartencenter.

DIE REZEPTE

Butterbrot mit Rauke

Pro Person eine Scheibe
frisches Bauernbrot nach
Gusto dick mit guter Butter
bestreichen. Reichlich gehackte Rauke darauf bet-
ten und mit in feine Ringe
geschnittener Schalotte
belegen.

Spaghetti mit Rauke

Ganz einfach, aber verblüffend
gut: rohe Tomaten und Rauke ver-
leihen Frische, Chili sorgt für Feuer und grob gehackte Mandeln
geben Biß.

❶ Die Spaghetti in reichlich Salzwasser bißfest kochen.

❷ Inzwischen die Tomaten häuten, entkernen und in Würfel

Für 4 Personen:
350 g dünne Spaghetti,
Salz, 3 Fleischtomaten,
100 g Rauke, 4 EL bestes
Olivenöl, Pfeffer, 2-3 EL
gehackte Mandeln,
2-4 Knoblauchzehen,
1-2 frische oder getrock-
nete Chilis

schneiden. Achtung: Die Tomaten werden nicht gedünstet, sie kommen direkt in die Schüssel. Die

Rauke hacken. Beides mischen, mit zwei Löffeln Öl, Salz und Pfeffer anmachen.

❸ Das restliche Öl erhitzen, Mandeln, gehackten Knoblauch und zerbröselte Chilis darin kurz dünsten, die abgetropften Nudeln darin schwenken.

❹ Schließlich neben dem Feuer Tomaten und Rauke untermischen und sofort servieren.

> *Tip:* In tiefen, vorgewärmten Tellern servieren. Wer mag, reibt sich bei Tisch frischen Parmesan über seine Portion.

Für 4 Personen:
200 g Rucola, 200 g Butter, Salz, abgeriebene Zitronenschale, Cayennepfeffer, evtl. Knoblauch

Rucolabutter

❶ Die Rucola waschen, verlesen, wenn nötig von zu langen Stielen befreien – allerdings werden sie in diesem Fall nicht sehr stören, vorausgesetzt, sie sind zart und nicht allzu dick. Die Rucola zwischen zwei Tüchern sehr sorgfältig abtrocknen oder in der Salatschleuder gründlich trocknen.

❷ Die Butter mit den Schneebesen des Handrührers schaumig rühren, mit Salz und abgeriebener Zitronenschale und einer Spur Cayennepfeffer würzen. Die Rucolablätter zufügen und mit der Butter vermischen.

❸ Oder alles – die Butter allerdings zuerst – in den Mixer füllen und dort auf langsamer Stufe zu einer leuchtend grünen Butter verarbeiten.
Die Butter schmeckt herrlich auf geröstetem Baguette, zu frischen Pellkartoffeln.

Grünes Kartoffelpüree

Für 4 Personen:
1 Portion Rucolabutter,
800 g bis 1 kg mehlige
Kartoffeln, eventuell ca.
1/8 l Milch, Salz

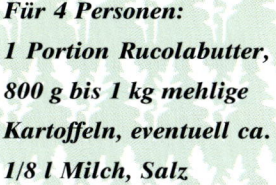

RUCOLA = RAUKE

❶ Die Butter wie im vorigen Rezept beschrieben zubereiten.

❷ Die Kartoffeln als Pellkartoffeln gar kochen.
Sie noch heiß pellen und durch die Kartoffelpresse in einen Topf drücken, sofort die grüne Butter zufügen.

❸ Mit einer Gabel behutsam vermischen, dabei soviel heiße Milch zufügen, bis das Püree die gewünschte Konsistenz hat.

Tip: Auf keinen Fall kräftig im Kreis rühren – die Kartoffeln werden sonst schmierig –, sondern sehr vorsichtig von oben nach unten mischen.

Serviervorschlag: Das Püree paßt zu jeglichem kurzgebratenem Fleisch, vom Steak bis zum Schnitzel; es macht aus einem gewöhnlichen Bratwürstchen ein herrliches Essen und schmeckt natürlich auch vorzüglich zum Brathuhn, zum Schmorbraten, zu Rouladen oder zu Buletten.

Für 4 bis 6 Personen:
200 g Rucola, 100 g
durchwachsener, luft-
getrockneter Bauchspeck
in zwei Millimeter dün-
nen Scheiben, 2-3 Schei-
ben Weißbrot, 2 EL But-
ter, 1-2 Knoblauchzehe
Pochierte Eier:
1 l Wasser, 1 TL Salz,
3 EL Essig, 4-6 absolut
frische Eier
Marinade: 3 EL Apfel-
essig, Salz, Pfeffer,
3-4 EL bestes Olivenöl,
1 Bund Schnittlauch

Gourmetsalate mit Rucola

Seine vielseitigsten Qualitäten stellt Rucola in solchen Salaten unter Beweis – es gibt nämlich kaum etwas, was sich nicht mit ihr kombinieren läßt. Bunte Salate aus verschiedenen Blättern mit einem feinen Stück Fleisch, einem Fisch oder einem Frischkäse sind ein beliebter Auftakt bei einem eleganten Menü – oder, als doppelte Portion, eine ganze sommerleichte Mahlzeit. Auf einer großen Platte macht ein solcher Salat sogar auf einem Partybuffet eine gute Figur. Das kann zum Beispiel so aussehen:

Gourmetsalat mit Speck, pochiertem Ei und Knoblauchcroûtons

Man kann sämtliche Bestandteile für diesen Salat schon am Nachmittag vorbereiten, dann braucht man sie am Abend, wenn die Gäste da sind, nur noch dekorativ auf dem Teller zusammenbauen und kann sofort servieren.

❶ Die Rauke putzen, verlesen, waschen und gut trockenschleudern. Auf Vorspeisentellern anrichten.

❷ Den Speck in feine Streifen schneiden.

❸ In einer Pfanne sanft, aber nachdrücklich ausbraten, auf Küchenpapier abtrocknen. Im verbliebenen Bratfett die in halbzentimeter winzige Würfel geschnitten Brotscheiben anrösten, sobald sie das Fett aufgenommen haben, die Butter zufügen. Die Croûtons goldbraun rösten, erst ganz zum Schluß den

Knoblauch durch die Presse hinzudrücken. Er darf nicht zu lange mitgebraten werden, weil er leicht verbrennt und dann bitter schmeckt.

Eier pochieren: Ei in eine Tasse geben ...

... und von der Tasse ins siedende Wasser gleiten lassen

❹ Schließlich für die pochierten Eier das Wasser aufkochen, mit Salz und Essig würzen. Die Eier einzeln in eine Tasse oder Schöpfkelle gleiten lassen und von dieser ins siedende Wasser befördern. Es muß energisch kochen, also durchaus leise wallen, weil sonst das Eiweiß nicht rasch genug gerinnt, um eine schützende Hülle um das Eigelb zu bilden. Es ist auch wichtig, daß die Eier höchstens eine Woche alt sind (als Extraqualität kaufen!), weil nur dann das Eiweiß noch fest um das Eigelb sitzt und sich noch nicht verflüssigt hat.

❺ Die Eier etwa fünf bis sechs Minuten pochieren, dann vorsichtig herausheben und ebenfalls gut abtrocknen.

❻ Zum Servieren in die Mitte des Salatbetts setzen, mit Speck und Croûtons bestreuen und schließlich mit der Marinade beträufeln: Dafür alle Zutaten mit dem Schneebesen oder im Mixbecher aufschlagen.

❼ Zum Schluß Schnittlauchröllchen darüberstreuen, vor allem über das Ei – es sieht besonders hübsch aus, wenn man zum Servieren die Eier vorsichtig mit einer Gabel öffnet. Dann quillt langsam das eben noch dickflüssige Eigelb hervor und wirkt als leuchtender und appetitlicher Farbklecks.

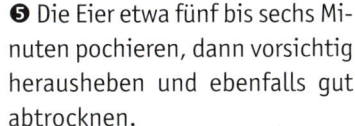

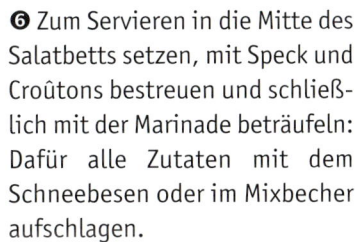

Für 4 bis 6 Personen:
200 g Rucola, 2 Hand-
voll gemischte Kräuter-
und Salatblätter (glatte
Petersilie, Kerbel,
Kopfsalat, Feldsalat,
Frisée, usw.), hauch-
dünn aufgeschnittene
Scheiben Roastbeef,
gepökelte Kalbszunge,
Kalbsbraten oder
gegarte Hähnchenbrust
(insgesamt etwa 100 g
pro Person)
Marinade:
1 Schalotte, 1 TL Senf,
1 TL Meerrettich
(Glas), 2 EL Balsami-
coessig, 2 EL Weißwein-
essig, Salz, Pfeffer,
4 EL erstklassiges
Olivenöl (extra vergine)

Gourmetsalat mit Roastbeef

❶ Die Kräuter- und Salat-
blätter sorgsam verlesen,
wenn nötig entstielen und
waschen. Gut trocken-
schleudern und auf Salat-
tellern dekorativ verteilen.
Die wirklich hauchdünnen
Scheiben (ganz nach Vor-
rat und Belieben nur eine
Sorte Fleisch oder auch
eine Mischung) hübsch auf
diesem Salatbett anrich-
ten.

Es sieht besonders gut aus,
wenn der Salat als Häuf-
chen in der Tellermitte
sitzt und man die Scheiben
dann lose rundum dra-
piert.

❷ Für die Marinade die
Schalotten fein würfeln,
mit den übrigen Zutaten gründlich verquirlen – unbedingt einen
Schneebesen zu Hilfe nehmen,
damit eine stabile Emulsion entsteht.

❸ Mit dieser Marinade die
Fleischscheiben, aber auch die
Salatblätter beträufeln. Dabei
vorsichtig und gleichmäßig ver-
teilen, damit der Salat nicht in
Sauce ertrinkt.

❹ Alles soll nur mit einer Spur
davon betupft sein.

❺ Sofort servieren – nicht mehr
warten lassen, damit die Salatblätter schön frisch bleiben.

Tip: Dazu schmeckt geröstetes Fladenbrot aus dem türkischen Geschäft.

Gourmetsalat mit Mozzarella

Für 4 bis 6 Personen:
200 g Rucola, ca. 12-15
Minikügelchen vom
Büffelmozzarella (oder
drei größere Kugeln,
insgesamt ca. 300 g),
2-3 reife, duftende
Fleischtomaten,
3 EL Olivenpaste
(Tapenade), 2 EL
Rotweinessig, Salz,
Pfeffer, 4 EL Olivenöl
(extra vergine)

Eine Abwandlung der immer wieder beliebten und klassischen Zusammenstellung in den italienischen Landesfarben – aber diesmal sowohl optisch wie vor allem geschmacklich eben doch ganz anders!

❶ Die Rauke putzen, verlesen, waschen, wenn nötig, auch entstielen. Die Blätter jeweils auf Salattellern dekorativ verteilen.

❷ Die kleinen Käsekügelchen nur halbieren, die großen in Scheiben schneiden und auf dem Rucolabett hübsch anrichten.

❸ Die Tomaten mit kochendem Wasser überbrühen, eiskalt abkühlen, um die Farbe zu stabilisieren und vor allem den Garprozeß unter der Haut sofort zu stoppen – so bleibt das Tomatenfleisch appetitlich rot und schön fest! Die Tomaten entkernen, das Fleisch sehr exakt in kleine Würfel schneiden. Lose über den Tellern verteilen, so daß sie gerecht auf alle Teller zu liegen kommen und hübsch wirken.

❹ Die Tapenade mit Essig verquirlen, salzen, pfeffern und schließlich das Öl unterschlagen. Diese Marinade so auf dem Teller verträufeln, daß die schwarzen Flecken, die sie macht, dekorativ wirken.

Tip: Sofort servieren, damit die schwarzen Marinadeflecken kein optisches Unheil anrichten können. Dazu krumiges Fladen- oder Italienerbrot servieren.

Rucola mit
weißen Bohnen und Garnelen

Wieder ein Gericht, das sich ideal für Gäste eignet: weil es sich vorbereiten läßt, weil es enorm Eindruck macht, denn jeder hält einen für einen genialen Kochkünstler, dabei macht es aber im Grunde absolut keine Mühe:

❶ Die Bohnen bereits am Vortag mit reichlich Wasser bedeckt einweichen. Schließlich mit frischem Wasser handbreit bedeckt aufsetzen. Drei Knoblauchzehen und die Salbeiblätter zufügen –

denn Salbei macht die Bohnen bekömmlicher –, salzen. Die Bohnen auf mildem Feuer sanft gar ziehen lassen – auf keinen Fall sprudelnd kochen, weil sie sonst hart bleiben.

❷ Die Rauke verlesen, putzen, mehrmals waschen, wenn nötig entstielen. Schließlich ein Bett jeweils auf Tellern drapieren.

❸ Zum Servieren die Bohnen gut abgetropft dazwischen verteilen.

❹ Die Garnelen waschen, am Rücken entlang aufschlitzen und den

dann sichtbaren schwarzen (manchmal auch weißen, weil bereits gereinigten) Darm entfer-

nen. Die Garnelen mit Speisestärke einreiben.

❺ Kurz vor dem Servieren im Wok oder in einer weiten Pfanne das geschmacksneutrale Öl erhitzen, die Garnelen darin rasch auf starkem Feuer anbraten, dabei ständig mit einer Bratschaufel umherwirbeln. Mit Salz, Pfeffer, feingehacktem Knoblauch und Sojasauce würzen.

❻ Schließlich – bereits nach einer Minute! – mit einem Schuß

Sherry oder Vin Santo oder Portwein ablöschen. Einmal aufkochen und noch einmal umeinanderwirbeln.

❼ Die Garnelen auf dem Salatteller verteilen und sogleich auftragen. Sie sehen hinreißend aus und werden jedem schmecken!

Tip: Auch hierzu ein krumiges Brot mit einer schönen Kruste reichen.

Fritelle mit Rucola

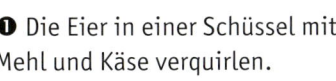

❸ In einer beschichteten Pfanne einen Löffel Butter erhitzen, jeweils eßlöffelweise Kleckse vom Teig hineinsetzen und flachstreichen. Diese kleinen Küchlein auf beiden Seiten goldbraun backen.

❹ Auf einer Platte anrichten. Eventuell hauchdünn aufgeschnittenen Schinken oder herzhafte Wurst dazu reichen.

Für 4 Personen:
3 Eier, 3 EL Mehl, 3 EL
frisch geriebener Parmesan, 2 Handvoll Rucola,
Salz, Pfeffer, Butter zum
Braten

❶ Die Eier in einer Schüssel mit Mehl und Käse verquirlen.

❷ Die geputzte, verlesene, sorgfältig gewaschene Rucola zufügen. Die Masse schließlich mit Salz und Pfeffer würzen.

Tip: Die Fritelle schmecken herrlich zum Glas Wein als Imbiß oder zum Aperitif. Man kann sie wunderbar auf der Hand essen – Servietten nicht vergessen!

131

Tortilla mit Kartoffeln und Rucola

Für 4 bis 6 Personen:
1 Zwiebel, 2-3 Knob-
lauchzehen, 3 EL
Olivenöl, 500 g frisch
gekochte Kartoffeln,
Salz, Pfeffer, 5 Eier,
2 Tassen Rucola

❶ Die Zwiebel fein würfeln, Knoblauch hacken und in einer beschichteten Pfanne (22 cm Durchmesser) in zwei Eßlöffeln heißen Öls andünsten. Kartoffeln schälen, in Scheiben schneiden

und zufügen. Die gehackte Rauke zufügen. Alles gut durcheinandermischen, dann mit Salz und Pfeffer würzen.

❷ Die Eier in einer Schüssel verquirlen, den Pfanneninhalt zufügen. Achtung: Die Eier nicht direkt in die Pfanne gießen, denn

das gibt keine schöne Mischung, weil der Boden durch die Kartoffeln nicht geschlossen ist und die Tortilla dadurch auseinanderfällt. Dann alles gut mischen.

❸ Das restliche Öl in der Pfanne erhitzen, den gesamten Pfanneninhalt zufügen. Auf mildem Feuer sanft etwa 20 Minuten braten, bis die Eiermasse fast gestockt ist.

❹ Die Tortilla dann wenden: dafür entweder einen flachen Tortenwender nehmen oder einen möglichst glatten Teller. Die Tortilla noch etwa fünf Minuten auch auf der zweiten Seite sanft bräunen – innen sollte sie jetzt noch einen feuchten Kern haben.

Tip: Die Tortilla schmeckt warm, dazu ein Salat und ein leichter Rotwein. Sie schmeckt aber auch fabelhaft kalt – das heißt mit Zimmertemperatur, als Imbiß zum Aperitif. Übrigens: Die Tortilla bitte niemals in den Kühlschrank stellen – weil Kartoffeln darin eine Hauptrolle spielen, die Kühlschrankkälte übel nehmen; lieber gleich aufessen und nicht für den Vorrat vorsehen.

ZUSATZREZEPTE

Garnelen mit Rauke

❶ Die Garnelen unter fließendem Wasser abbrausen, sehr gründlich abtropfen lassen. Besser noch zusätzlich auf einer dicken Lage Küchenpapier abtrocknen.

❷ Aus Zitronensaft, Salz, Pfeffer und Öl eine Marinade rühren, die Garnelen damit anmachen. Dabei mit reichlich feingehackter Petersilie vermischen.

❸ Eine Platte mit Raukeblättern auslegen, die Garnelen darauf anrichten.

Für 4 Personen:
400 g gekochte, frische Garnelen oder Tiefseekrabben, 3 EL Zitronensaft, Salz, Pfeffer, 3 EL Olivenöl, glatte Petersilie, 200 g Rauke

Frittata mit Rucola

Eine Art dicken Omeletts – man kann es warm, zusammen mit einem Salat, als kleinen Imbiß verspeisen, oder als Vorspeise servieren. Man schneidet dann das Omelett in Tortenstücke. Witzig sieht es aus, wenn man einzelne kleine Küchlein aus der Masse bäckt: jeweils einen Eßlöffel Omelettmasse ins heiße Fett geben und rasch auf beiden Seiten schwach golden braten.

❶ Die Rucola mit den geschälten Knoblauchzehen im Mixer pürieren, dabei sofort die Eier zufügen, damit das Kraut nicht mit der Luft in Kontakt kommt und oxidiert. Nicht zu lange mixen, es dürfen ruhig noch Stückchen spürbar bleiben. Schließlich mit Salz, Pfeffer und Käse würzen.

❷ In einer beschichteten Pfanne (Durchmesser 20 cm) die Butter erhitzen, die Eier zufügen und zunächst zugedeckt auf der einen Seite stocken lassen, bis kaum mehr Flüssiges an der Oberseite sichtbar ist, dann wenden und auch auf der anderen Seite bräunen.

Für 4 bis 6 Personen:
2 großzügige Handvoll Rucola, 3-4 Knoblauchzehen, 8 Eier, Salz, Pfeffer, 3 gehäufte EL frisch geriebener Parmesan, 2 EL Butter für die Pfanne

Tip: Die Frittata schmeckt heiß, aber auch lauwarm oder sogar kalt.

133

Hausgemachte Ravioli mit Rucolafüllung

Für 6 Personen:
500 g Mehl, 7 ganze
Eier, 2 EL Olivenöl,
ca. 1/2 TL Salz
Rucolafüllung:
250 g Magerquark,
200 g Rucola, 200 g
Spinat, Salz, Pfeffer

❶ Für den Teig das Mehl auf die Arbeitsfläche häufen, in eine Vertiefung in der Mitte die Eier setzen. Mit Öl beträufeln und salzen. Mit einer Gabel zuerst die Eier verquirlen und mit Mehl vom Rand mischen, dabei soviel Mehl einarbeiten, wie die Eier aufzunehmen imstande sind. Dann mit den Händen zu einem weichen, geschmeidigen Teig verarbeiten. Den Teig zu einer Rolle formen und eine halbe Stunde ruhen lassen, damit er seine Elastizität verliert, dabei gut zudecken.

❷ Teig in Portionen teilen und zu hauchdünnen Bänder auswellen. Diese mit Mehl bestäuben und etwas antrocknen lassen. Die Längsseite entlang kleine Häufchen von Füllung setzen. Ebenso die zweite Längsseite entlang, genauso regelmäßig und exakt, Häufchen von Füllung auf das Teigband setzen.

❸ Von beiden Längsseiten her die Teigbänder jeweils bis zur Mitte umklappen, so daß die Füllung zugedeckt ist. Mit den Fingern überall um die Füllung die Teigflächen zusammendrücken und mit einem Teigrädchen oder einem Messer ausschneiden.

❹ Für die Füllung – „al magro", wie man in Italien dazu sagt, weil kein Fleisch darin Verwendung findet – den Quark in einem Sieb einen halben Tag lang abtropfen lassen. Rucola und den Spinat verlesen und gründlich waschen. Beides in Salzwasser blanchieren, eiskalt abschrecken – wegen der schönen Farbe. Im Mixer pürieren, dabei den Quark zufügen und mit Salz und Pfeffer würzen.

❺ Die Ravioli wie oben beschrieben damit füllen, mit Salbeibutter oder mit einem Sugo aus frischen Tomaten servieren:

Sugo aus frischen Tomaten

Für 4 bis 6 Personen:
4 sonnenreife, feste
Fleischtomaten, 1 weiße
Zwiebel, 2-3 Knoblauch-
zehen, 2-3 EL Olivenöl,
Salz, Pfeffer, 1 Bund
Basilikum, 2 EL Butter

❶ Die Tomaten überbrühen, häuten, entkernen, das Fleisch mit dem Messer (nicht mit dem Mixer!) fein würfeln.

❷ Zwiebel und Knoblauch fein hacken und im heißen Öl weich dünsten, ohne sie Farbe nehmen zu lassen.

❸ Das Tomatenfleisch zufügen, alles salzen und pfeffern. Das Basilikum mit den Fingern zerzupfen, die Hälfte kurz mitköcheln, die andere Hälfte kurz vor dem Anrichten einrühren.

❹ Vor dem Servieren die Butter in der Sauce schmelzen lassen.

Grüne Kräuterpaste

Sie schmeckt als Aufstrich auf gerösteten Baguettescheiben zum Glas Wein oder Sherry.

❶ Das Eigelb mit den durchgepreßten Knoblauchzehen im Mixer oder mit dem Schneebesen aufschlagen, den Senf zufügen und erst, wenn das Eigelb hell geworden ist, langsam in dünnem Strahl das Öl hinzufließen lassen, bis eine dicke Mayonnaise entstanden ist. Rucola und Spinat putzen, entstielen, waschen. Zur Mayonnaise geben und mitmixen.

❷ Die leuchtend grüne Mayonnaise mit Salz, Pfeffer, Zitronensaft und Cayenne würzen.

Für ca. 25 Crostini:
1 Eigelb, 2 Knoblauchzehen, 1 TL Senf, ca. 1/8 l Olivenöl, 100 g Rucola (Rauke), 100 g Spinat (oder Kräuter), Salz, Pfeffer, einige Tropfen Zitronensaft, eine Prise Cayennepfeffer

Frische Sardellen in Zitronensaft

In Fischgeschäften immer öfter zu finden: frische Sardellen, kleine silbrige Fischchen, die ganz billig sind. Sie kosten nicht viel, weil sie ein bißchen Arbeit machen. Trotz aller Mühe sollten Sie sie unbedingt mal probieren, sie schmecken auf folgende Weise zubereitet einfach umwerfend:

❶ Die Sardellen waschen, entgräten und den Kopf entfernen. Das geht ganz einfach, indem man den Fisch mit dem Daumen vom Kopf her aufschlitzt, Kopf und Mittelgräte faßt und vorsichtig abzieht. Dabei lösen sich auch die Seitengräten wie von selbst.

❷ Die Sardellenfilets nochmals waschen, sehr gründlich auf Küchenpapier abtropfen und, die schöne Rückenseite nach oben, in eine flache Schale breiten.

❸ Die Sardellen mit Zitronensaft beträufeln, salzen, pfeffern und einige Stunden marinieren.

❹ Vor dem Servieren mit durchgepreßtem Knoblauch würzen, mit feingehackter Petersilie bestreuen und großzügig mit Olivenöl begießen. Rucola verlesen, putzen und mehrmals waschen.

❺ Auf einer Platte als Bett ausbreiten. Die Sardellen darauf hübsch und akkurat anordnen.

Für 6 bis 8 Personen:
1 kg frische Sardellen, Salz, Pfeffer, Saft von zwei Zitronen, 1 Bund Petersilie, 3-5 Knoblauchzehen, 4-6 EL Olivenöl, 100 g Rucola

Weißer Bohnensalat

Für 4 bis 6 Personen:
250 g weiße Bohnen,
nach dem Grundrezept
zubereitet (siehe Rezept
für Gourmetsalat mit
weißen Bohnen, S. 130)
Außerdem:
2 reife Fleischtomaten,
3-4 Knoblauchzehen,
2 Frühlingszwiebeln,
3-4 EL bestes Olivenöl,
Salz, Pfeffer, 100 g
Rucola

❶ Die Bohnen lauwarm mit folgenden Zutaten anmachen:

❷ Die Tomaten häuten, entkernen und fein würfeln. Knoblauchzehen schälen und sehr fein würfeln, die Frühlingszwiebel in hauchdünne Ringe schneiden.

❸ Alles mit dem Olivenöl mischen, mit Salz und Pfeffer abschmecken – kein Essig!

❹ Die Rucola wenn nötig entstielen, auf einer Vorspeisenplatte als Bett anordnen, die Bohnen daraufhäufen.

Sülze von gepökelter Hühnerbrust und Rucola

Sieht bildschön aus und schmeckt herrlich – es lohnt also durchaus die Mühe. Man muß nämlich mindestens vier Tage, bevor man sie essen will, das Fleisch zum Pökeln ansetzen. Das Pökelsalz muß man sich beim Metzger erbeten, nur damit bekommt das Fleisch in der Sülze seine hübsche Farbe.

❶ Das Wasser aufkochen, das Pökelsalz sowie alle Gewürze zufügen. Das Wurzelwerk putzen, kleinschneiden und ebenfalls in den Sud geben. Alles 15 Minuten köcheln und schließlich abkühlen lassen.

❷ Die Hühnerbrüste entsehnen, längs in zwei oder drei Teile schneiden – je nach Größe des Stücks. In den kalten Pökelsud legen, der das Fleisch vollständig bedecken muß, und drei Tage im Kühlschrank marinieren lassen.

❸ Die Petersilie fein hacken, die Cornichons würfeln. Die Paprikaschote mit einem Sparschäler ganz dünn schälen, entkernen, das Fleisch ebenso winzig würfeln wie die Cornichons.

❹ Eine Kastenform (knapp 1 l Inhalt) mit einer Schicht Hühner-

Für 10 Portionen:
Pökelmarinade:
1,5 l Wasser, 2 EL Pökelsalz, je 1 TL Pfefferkörner und Senfsaat,
1/2 TL Wacholderbeeren, 2 Lorbeerblätter,
2 Thymianzweige,
1 Zwiebel, 2 Knoblauchzehen, 1/4 Sellerieknolle,
1 Möhre, 1 Lauchstange
Außerdem:
1 kg Hühnerbrust, 100 g Rucola, 5 kleine Cornichons, 1 rote Paprikaschote, 1 Päckchen Gelatinepulver (weiß),
4 EL winzig kleine Kapern

fleisch auslegen, gehackte Rucola, einige Cornichons, Paprikawürfel darauf verteilen und schließlich alles gleichmäßig mit etwa einem Drittel des Gelatinepulvers bestreuen.

❺ Mit den restlichen Zutaten ebenso verfahren, bis alles verbraucht ist; oberste Schicht ist Hühnerfleisch, das nur noch ganz sparsam mit Rucola und den übrigen Zutaten garniert wird, aber unbedingt noch mit Gelatinepulver bestreut werden muß.

❻ Die Form mit Klarsichtfolie abdecken, ein exakt passendes Brett auflegen und mit einem Gewicht beschweren – zum Beispiel mit einer Kilo-Konservendose.

❼ Die Terrine in einen Bräter setzen, soviel heißes Wasser angießen, daß sie bis knapp unter den Rand davon umspült ist. Bei 175 Grad 75 Minuten garen. Im Ofen auskühlen lassen.

❽ Die Sülze im Kühlschrank über Nacht endgültig fest werden lassen, erst dann das Gewicht entfernen und erst dann aufschneiden.

Beilage:
Krumiges Bauernbrot und eine Vinaigrette aus Apfelessig und Walnußöl, mit Farbtupfern von gehackter Zwiebel, Würfelchen von roter Paprika und Petersilie.

Tip: Am besten läßt sich die Sülze mit einem elektrischen Messer aufschneiden. Wer keines hat, muß darauf achten, daß sein Messer über eine dünne, lange und natürlich gut geschärfte Klinge verfügt. Hilfreich ist ein Teigkärtchen, mit dem man die Sülzenscheiben während des Schneidens festhält, damit sie nicht auseinanderbröckeln. Auf Rucola, bunt gemischt mit anderen Salatblättern, anrichten.

Garnelen mit Knoblauch und Petersilie

Eine feine Vorspeise, aber auch eine eindrucksvolle Platte auf dem Partybuffet.

❶ Die Garnelen gründlich waschen und abtrocknen.

❷ Die Knoblauchzehen und Petersilie fein hacken, im heißen Öl andünsten, bevor die Garnelen hinzugefügt werden.

❸ So lange unter Rühren und Schwenken braten, bis alle Garnelen rosa leuchten.

❹ Mit etwas Weißwein und Zitronensaft beträufeln, gründlich durchschwenken und mischen.

❺ Die Rucola verlesen, waschen und gründlich abtropfen. Auf einer tiefen Platte anrichten.

❻ Die vorbereiteten Garnelen darauf lauwarm oder auch kalt servieren.

Für 6 bis 8 Personen:
800 g frische oder
tiefgekühlte Garnelen,
5 Knoblauchzehen,
1 dicker Bund Petersilie,
4 EL Olivenöl, 1 kleines
Glas Weißwein, Zitronensaft, 200 g Rucola

Basilikum –
der Geschmack von Sommer, Sonne, Süden!

Das Genueser Basilikum

Vier Wochen alter Basilikum

Der Geschmack von Sommer, Sonne, Süden

Ursprünglich wohl aus Indien stammend, findet man das Basilikum bereits im Altertum auch im gesamten Mittelmeerraum. Man hat es allerdings damals wahrscheinlich eher als Heil- denn als Würzkraut verwendet.

Oftmals hielt man es auch nur als Zierpflanze – noch heute findet man in Andalusien überall Töpfe mit dem feinblättrigen Basilikum. Sie stehen rechts und links neben der Haustür, und wenn die Sonne die Blätter erwärmt, trägt der Wind die Düfte davon ins Haus. Man verwendet es dort jedenfalls kaum in der Küche, es sind nur wenige Speisen, denen es beigemengt wird.

Das Königskraut

Der Name leitet sich wohl ab von griechisch „basilikos", königlich. Königlich sieht das Kraut auch aus: Auf bis etwa 30 cm hohen, sich vielfach verzweigenden Stengeln sitzen unzählige winzige Blättchen, die von kleinen, weißen Blütenständen bekrönt sind. Erst in neuerer Zeit wurden

die Varianten mit größeren, spitz zulaufenden Blättern gezüchtet. Seit einigen Jahren gibt es auf unseren Märkten auch ein lilablättriges und das großblättrige Basilikum, das vor allem aus Italien (Ligurien) zu uns kommt.

Am würzigsten ist das feinblättrige, am widerstandskräftigsten das mittelgroße, sogenannte oreganoblättrige. Diese Variante findet man bei uns am häufigsten. Ihr Geschmack allerdings ist weniger stark und etwas grasig. Man kann es auch in den sonnenarmen Regionen Deutschlands ohne Schwierigkeiten ziehen, während das feinblättrige Basilikum einfach südliche Wärme und Sonne braucht.

Basilikum zum Selberziehen

Stets muß Basilikum am wärmsten und sonnigsten Platz des Gartens angebaut werden – am

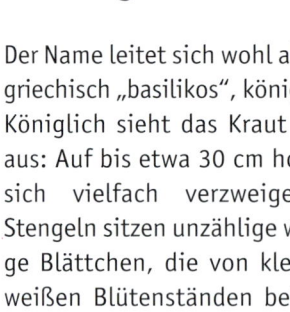

besten zieht man es bereits ab Februar/März am Fenster und setzt es erst nach den Eisheiligen nach draußen. Oder man kultiviert es in leichter Erde gleich im Topf auf dem Fensterbrett. Ist die Erde zu schwer und zu feucht, bekommen die Stengel die Braunfäule, und das Kraut geht ein.

Wichtig: Die Pflanze muß windgeschützt stehen, Zugluft nimmt sie übel. Die Blätter der großblättrigen Sorten schmecken am besten, ehe die Pflanzen zu blühen beginnen – nachher werden sie etwas streng und bitter. Deshalb sollte man, will man nicht vor der Blüte alles ernten, die Blütenrispen immer wieder ausknipsen – was übrigens zu vermehrter Stengel- und damit Blattbildung führt. Das feinblättrige Basilikum sollte man dagegen blühen lassen und erst während der Blüte ernten.

Machen Sie es, wenn Sie einmal solche Pflanzen (oder Samen) bekommen haben, wie die Provenzalen: Dort schneidet man die ganzen Stengel dicht über dem Boden ab und hängt sie umgekehrt zum Trocknen an die Decke. So bleibt aller Saft in den Blättern enthalten. Allerdings geht das nur bei sehr trockener Luft, in trockenen Sommern. Sonst die einzelnen Blätter abzupfen und nebeneinander gelegt auf einem Tuch trocknen.

Basilikum in der Küche

Mit Basilikum kann man sozusagen alles würzen: Salate, Saucen, Gemüse, Fisch, Fleisch, Käse. Auf jeden Fall paßt es zu Tomaten. In Neapel, wo das Basilikum so reichlich verwendet wird wie sonst nur in Genua und in der Provence, weiß man das am besten: Pizza und Mozzarella mit Tomaten sind unzertrennlich mit Basilikum verbunden.

Die Genueser Spezialität, das Pesto, die mit Pinienkernen versetzte Knoblauch-Basilikum-Käse-Sauce wird zu Fischtöpfen, Nudeln und gekochtem Fleisch gereicht. In der Provence ist Pistou, altprovenzalisch für Basilikum, gleichbedeutend mit Würze geworden – kaum ein provenzalisches Gericht, das ohne Basilikum auskommt. Besonders auch die echte Ratatouille benötigt dieses Kraut, nicht nur, weil es zu den enthaltenen Tomaten und zu anderen sonnengereiften Früchten, der Olive, der Aubergine, der Zwiebel, der Courgette wunderbar paßt.

Vom Aufbewahren, Hacken und Zerkleinern

Die saftigen Basilikumblätter welken leicht, sie werden deshalb oft noch mit ihren Wurzeln verkauft. Aber auch dann müssen sie möglichst rasch verarbeitet wer-

Aus einem gekauften Töpfchen, das es im Lebensmittelgeschäft gibt, muß das Basilikum ausgepflanzt und geteilt werden. Zunächst wächst es dann in die Höhe, wollen Sie es aber gern breit, üppig und rund wachsen lassen, dann müssen Sie die Mitteltriebe abknipsen

Das ist Thai-Basilikum, das gibt es in Thai-Läden. Für europäische Gerichte sollten Sie immer europäischen Basilikum und für asiatische Thai-Basilikum nehmen

den. Sie nehmen es übel, wenn man sie hackt: Dann färben sie sich schwarz und verlieren ihr köstliches Aroma. Die Blätter deshalb stets mit einem scharfen Messer *schneiden*, die Fasern sollen mit einem sauberen Schnitt durchtrennt, nicht zerquetscht werden. Auch darf es nicht mehr lange herumstehen, wenn es einmal zerkleinert ist, die Schnittflächen oxidieren an der Luft und werden schwarz.

Zerkleinert man Basilikum im Mixer, schützt man es vor Oxidation, indem man Öl oder eine Flüssigkeit zufügt, die den Luftkontakt verhindert. Dasselbe gilt natürlich, wenn man die Blätter im Mörser zerreibt, wie man das klassischerweise in Italien oder in Frankreich tut.

Großblättriges Basilikum

Kleinblättriges Basilikum aus Griechenland, der Türkei und Spanien

Zitronenduftendes Basilikum

Violettblättriges Basilikum aus Amerika

DIE REZEPTE

Spaghetti mit duftender Sauce

Für 4 Personen:
350 g dünne Spaghetti, Salz, 1 Zwiebel, 2 EL Butter, 2-3 Knoblauch- zehen, 100 g schwarze Oliven, 4-5 Sardellen (Anchovis), 2 EL kleine Kapern, 1 Bund Basili- kum, 2 EL bestes Oliven- öl, Parmesan zum Reiben

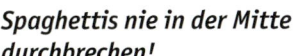

Spaghettis nie in der Mitte durchbrechen!

❶ Die Spaghetti in reichlich Salz- wasser in ca. 8 Minuten (nach Packungsaufschrift!) bißfest ko- chen.

❷ In einer tiefen Pfanne die fein- gewürfelte Zwiebel in aufschäu- mender Butter andünsten. Den Knoblauch durch die Presse hin- zufügen, ebenso die Sardellen.

❸ Sie mit dem Kochlöffel ein wenig zerdrücken, sie sollen mit der Butter verschmelzen. Dann die Kapern zufügen und eine klei- ne Schöpfkelle Nudelkochwasser angießen.

❹ Sprudelnd aufkochen, die Spa- ghetti tropfnaß zufügen und un- termischen, dabei das gezupfte

Basilikum dazwischenstreuen. Mit frischem Olivenöl beträufeln und in tiefen Tellern anrichten.

❺ Käse zum Selberreiben oder frisch gerieben auf den Tisch stel- len, damit sich jeder nach eige- nem Gusto davon nehmen kann.

❻ Dazu gibt es einen schönen, frischen, italienischen, nicht säu- rereichen Weißwein.

143

Für 4 Personen:
50 g Mandeln,
1 reife Fleischtomate,
6 Knoblauchzehen,
50 g Gruyère, ca. 50 g
Basilikum, Salz, Pfeffer,
nach Belieben eine
kleine Chilischote,
ca. 100 g Olivenöl
(natürlich allerbeste
Qualität – am besten ein
mildes, provenzalisches
Öl), 1 Prise Zucker

Provenzalische Basilikumsauce (Sauce au pistou)

Der Sammelbegriff Pistou bedeutet zwar alles, was mit Basilikum zubereitet ist, aber auch zugleich eine typische Sauce – für die allerdings wiederum jede Hausfrau ihr eigenes Rezept hat. Im Prinzip ist sie dem Pesto, jener berühmten Genueser Basilikumsauce nach verwandt, aber eben doch ganz anders: statt Pecorino nimmt man Gruyère oder Mimolette (das ist sehr alter Edamer, mit Karottensaft gelb gefärbt), statt Pinienkernen Mandeln, und es wird oftmals ein wenig Tomatenpüree hinzugefügt: Die Mandeln und Tomaten werden überbrüht, sie dürfen etwas einweichen und aufquellen und werden gehäutet. Dann wird alles im Mixer püriert: Käse, Knoblauch, Mandeln, viel Basilikum und gewürfelte, gut abgetropfte Tomate. Es entsteht eine cremige, duftende Sauce, die zu allem möglichen paßt.

❶ Die Mandeln in einer Schüssel mit kochendem Wasser überbrühen und mindestens eine halbe Stunde quellen lassen. Die Tomate gleich mitbrühen, sie sofort eiskalt abschrecken, häuten, entkernen, das Fleisch würfeln und in einem Sieb abtropfen lassen,

bis alle weiteren Vorbereitungen erledigt sind.

❷ Knoblauch pellen, zusammen mit dem grob gewürfelten Käse und dem Basilikum (zarte Stiele dürfen ruhig dran bleiben, lediglich die holzigen Teile entfernen) in den Mixer füllen.

❸ Sogleich Salz und Pfeffer, eventuell die zerbröselte oder – falls es eine frische ist – entkern-

te Chilischote und nunmehr auch die gehäuteten Mandeln und sofort die Hälfte des Öls zufügen.

❹ Auf mittlerer Geschwindigkeit mixen, erst wenn die Zutaten fast zerkleinert sind, die Tomatenwürfel mitmixen.

❺ Das restliche Öl langsam einarbeiten, wenn alles glatt gemixt ist und die Sauce dick und mayonnaisenartig aussieht. Die Sauce abschmecken, eventuell nachsalzen und mit einer Prise Zucker mildern.

❻ Diese Sauce paßt zu Fisch, Fleisch oder auch zu unseren hausgemachten Pommes frites.

Tip: Sollten Sie von der Sauce noch etwas übrigbehalten, dann füllen Sie sie in ein Gläschen und verschließen die Oberfläche mit Öl. Dann wird der Deckel daraufgeschraubt, und im Kühlschrank hält sich die Sauce im Gläschen wochen- und monatelang.

Für 4 Personen:
4-6 große Kartoffeln,
1/4 l Olivenöl, 10 Knob-
lauchzehen, Salz

Hausgemachte Pommes frites

Wir essen die Basilikumsauce besonders gern zu selbstgemachten Pommes frites: Das sollten Sie unbedingt probieren – dann sind Sie für alle das, was man unter diesem Namen fertig kaufen kann, verloren, und Sie verstehen, warum sie mal zur großen Küche gehörten:

❶ Die Kartoffeln schälen, in fingerdicke Stifte schneiden – wenn man das nicht alle Tage tut und auch nicht waschkörbeweise, braucht man durchaus nicht jenes komplizierte Gerät, den sogenannten Pommes-frites-Schneider.

❷ Mit einem anständigen Küchenmesser ist es wirklich kein Problem: zuerst die Kartoffel in fingerdicke Scheiben schneiden, dann diese längs in ebenso starke Stifte. Es ist wirklich kinderleicht!

❸ Die Kartoffeln mit einem Küchentuch sorgsam trockenreiben. Eine Pfanne auf mittleres Feuer setzen – das Öl sollte gut fingerhoch drinstehen. Sobald es aufrauscht, wenn Sie ein Stäbchen hineinhalten, die Kartoffelstifte hineinlegen – nur so viele, wie nebeneinander Platz darin haben und noch vom Öl bedeckt sind.

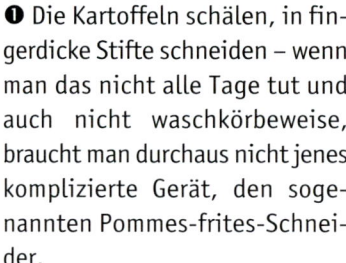

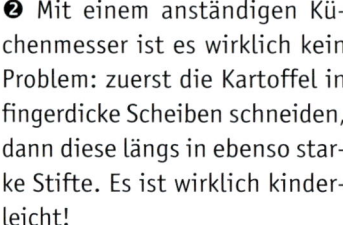

❹ Leise sieden lassen, dabei immer wieder an der Pfanne rütteln. Nach zehn Minuten die ungeschälten Knoblauchzehen dazwischen verteilen – eine provenzalische Fischersfrau hat uns dies als Tip verraten: Die Kartoffeln werden dadurch besonders knusprig.

Wer keinen Knoblauch mag, bedient sich des klassischen Tricks: Man hebt die Kartoffelstifte mit einer Schöpfkelle heraus, läßt sie ein wenig abkühlen, bevor man sie für ein zweites Mal ins heiße Öl gibt und noch weitere zwei Minuten backen läßt.

Auch dies ist die Garantie dafür, daß die Kartoffeln schön knusprig werden. Die goldenen Kartoffelstifte auf Küchenpapier sorgfältig antrocknen – sie müssen jetzt rascheln, wenn sie aneinanderstoßen. Mit Salz bestreuen und sofort servieren.

Sommerliche Gemüsesuppe (Minestrone)

Für 4 bis 6 Personen:
500 g Kartoffeln, 2 dicke
Möhren, 2 Zwiebeln,
3-4 Knoblauchzehen,
1 kleine Sellerieknolle,
2-3 EL Olivenöl, 1,5 l
Wasser, Fleisch- oder
Gemüsebrühe, 200 g
ausgelöste Saubohnen-
kerne, 1/2 Wirsingkopf
oder Sommerkohl,
2-3 Zucchini (in ver-
schiedenen Farben),
je 200 g ausgelöste
Erbsen und feine grüne
Bohnen, 250 g feste
Tomaten, Petersilie und
Basilikum, 3-4 EL
Basilikumsauce (Rezept
Seite 113), Parmesan
oder Mimolette und
Olivenöl zum Würzen

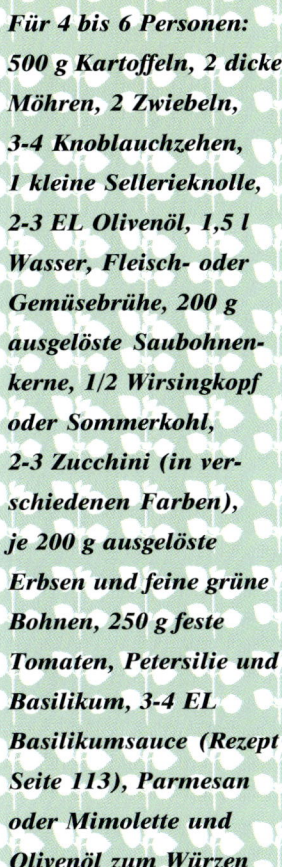

Ob in Italien oder in der Provence – rund ums Mittelmeer liebt man im Sommer diesen herrlichen, leichten Eintopf, in den sämtliche Gemüse gehören, die jetzt auf dem Markt in üppiger Fülle zu finden sind: vom zarten Sommerkohl über junge Kartoffeln bis zu Lauch, Bohnen (auch die zarten, ersten Kerne), Erbsen, Zucchini und was immer. Sie müssen langsam und lange miteinander verkocht werden, damit sie ihre Geschmäcker jeweils einander mitteilen.

Und zum Schluß wird nicht nur reichlich frisches Basilikum hineingerührt, sondern auch eine gute Portion Sauce au Pistou, Pesto oder wie sie auch heißt, die cremige Basilikumsauce. Jede Region hat ihr eigenes, geliebtes Rezept.

In der Toskana, zum Beispiel, wird für sie besonders geschwärmt, wenn sie wieder aufgewärmt: Weil man die Suppe auf Weißbrot anrichtet, das beim wiederholten Aufwärmen die Suppe immer mehr andickt, ist der Gemüsetopf am Ende eine geradezu schnittfeste Angelegenheit:

❶ Kartoffeln, Möhren, Zwiebeln, Knoblauch und Sellerie schälen, knapp zweizentimeterklein würfeln und im Olivenöl in einem großen Suppentopf andünsten.

❷ Mit Wasser oder Brühe auffüllen. Zunächst eine halbe Stunde köcheln.

❸ Dann die Saubohnenkerne, den feingeschnittenen Wirsing, die gewürfelten Zucchini und die blanchierten (wegen der schöneren Farbe!) Erbsen und Bohnen zufügen, schließlich auch die gehäuteten, entkernten und gewürfelten Tomaten und die gehackten Kräuter.

❹ Das Gemüse miteinander weitere zehn Minuten köcheln, bis sich alles gut gemischt hat. Vor dem Servieren den Pesto in die Suppe rühren. Mit Käse und Olivenöl kann sich jeder Gast seine Portion nach eigenem Gusto würzen.

Tip: Wenn Sie Basilikum zu gleichen Teilen mit Butter aufmixen, zum Beispiel 100 g Basilikum und 100 g Butter, können Sie diese Mischung einfrieren und haben immer einen kleinen Basilikumbuttervorrat, der sich vielfältig verwenden läßt.

Vorspeise für 4,
Beilage für 8 Personen:
3 kleine Gemüsegurken
zu je ca. 200 g, Salz,
Pfeffer aus der Mühle,
100 g entkerne, schwarze Oliven, 1 Bund
frisches Basilikum,
1-4 Knoblauchzehen
nach Geschmack,
2 EL Rotweinessig
(6 % Säure), 4 EL
Olivenöl extra

Italienischer Gurkensalat

❶ Gurken in etwa 2 cm große Würfel schneiden (geschält und entkernt natürlich) und mit Salz bestreuen. Nach einer halben Stunde das Wasser abgießen.

❷ Gurkenwürfel mit Pfeffer aus der Mühle würzen, mit Oliven, grobgehacktem Basilikum und feingewürfelten Knoblauchzehen vermischen, schließlich mit wenig Essig und reichlich Olivenöl umwenden und sofort servieren.

Variante: Statt mit Basilikum mit Pfefferminze, römischer Minze oder frischem Origano (ganze Blätter) würzen.

Basilikumeiscreme

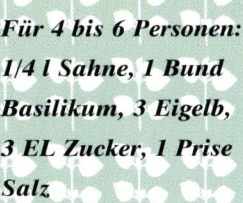

Für 4 bis 6 Personen:
1/4 l Sahne, 1 Bund
Basilikum, 3 Eigelb,
3 EL Zucker, 1 Prise
Salz

Das mag eigenartig klingen, aber es schmeckt umwerfend gut. Außerdem sieht das lindgrüne Eis verblüffend aus. Es schmeckt herrlich zu frischen Früchten: zum Beispiel zu einem Salat aus Aprikosen oder Pfirsichen.

❶ Die Sahne mit dem gewaschenen Basilikum in den Mixer füllen, so lange mixen, bis die Blätter aufgelöst sind. Die Sahne durch ein Sieb streichen und aufkochen, sofort vom Feuer ziehen, nicht lange wallen lassen.

❷ Eigelb und Zucker in einem dickwandigen Topf auf mittlerem Feuer dick und cremig schlagen, die heiße Basilikumsahne zufügen und unter ständigem Rühren erneut erhitzen, bis die Masse dick wird, aber auf keinen Fall richtig kochen lassen, weil sie dann gerinnt. Abkühlen lassen, in der Eismaschine gefrieren.

Serviervorschlag: Das Eis entweder zu Kugeln geformt in Dessertschalen servieren und mit Zitronenscheiben dekorieren, oder zusammen mit Früchten der Saison anrichten.

Tip: Wer keine Eismaschine hat, füllt diese Masse in eine Metallschüssel mit einem planen Boden, die besser leitet als eine Porzellan- oder Plastikschüssel. Darin läßt man die Masse im Gefrierfach etwa zwei Stunden fest werden. Sie muß dann kräftig mit dem Schneebesen aufgeschlagen werden, damit alle Eiskristalle, die sich darin gebildet haben, zertrümmert werden. Nach weiteren zwei Stunden erneut durchschlagen und servieren.

Für ca. 8 Portionen:
50 g Basilikumblätter,
50 g Parmesan (Parmi-
giano Reggiano oder
Grana Padano), 50 g
Knoblauch, 50 g Pinien-
kerne, ca. 1/8 l Olivenöl

Ligurische Basilikumsauce (Pesto genovese)

Leuchtend grün, mit dem betörenden Duft von Basilikum und Knoblauch, cremig und von zartem Schmelz – so präsentiert sich das Herzstück der ligurischen Küche: der Pesto genovese. Die legendäre Sauce aus Basilikum, Knoblauch und sardischer Pecorino (denn Sardinien gehörte einst zu Genua!), gebunden durch die Geschmeidigkeit von Pinienkernen und der süßen Kraft des Olivenöls. Man kann sie vielseitig einsetzen: als Sauce zu Pasta aller Art, zu Fleisch, Fisch und Gemüse – besonders beliebt als würzender Klecks in der Minestrone.

Ursprünglich wurde der Pesto im Mörser hergestellt, daher der Name, von *pestare* zerstoßen. Heute überläßt man diese schweißtreibende Arbeit lieber dem Mixer, der das empfindliche Kraut schonender zerkleinert, als das der Stößel des Mörsers tut. Farbe und Aroma bleiben reiner erhalten – wenn auch Puristen

den Griff zur Technik für ein Sakrileg halten mögen.

Kluge ligurische Köchinnen bereiten im Herbst, wenn das Basilikum ein letztes Mal in üppiger sonnenreifer Fülle vorhanden ist, Pesto auf Vorrat: Unter einer luftdichten Schicht Olivenöl hält sich die grüne Paste im Kühlschrank wochenlang frisch. Bis zu einem Jahr läßt sie sich im Gefrierer aufbewahren, im Eiswürfelbehälter praktisch portioniert. Bei Bedarf löst man pro Person einen Löffel Pestopaste in etwas Nudelkochwasser auf, bevor man die frisch gekochte Pasta unter

mischt – sofort entströmt der herrliche Duft des Sommers!

❶ Blätter, den zerbröckelten oder in Stücke geschnittenen Käse, die geschälten Knoblauchzehen und Pinienkerne im Mixer pürieren, dabei soviel Öl hinzufließen lassen, bis eine dicke, streichfähige Paste entstanden ist.

❷ Zum Servieren pro Person einen großzügig bemessenen Eßlöffel Basilikumpaste in etwas heißem Nudelwasser auflösen. Wer mag, rundet die Sauce mit einem Schuß Sahne ab.

Spaghetti alla genovese

❶ Die geputzten Bohnen mit den in Scheiben geschnittenen, geschäl-ten, aber noch rohen Kartoffeln in Salzwasser werfen. Die Spaghetti zufügen – alles miteinander gar kochen, insgesamt ca. neun bis zehn Minuten.

❷ Abgießen, aber auf keinen Fall abtropfen lassen, sondern mitsamt etwas anhaftendem Kochwasser zurück in den Topf geben.

❸ Soviel Basilikumpaste zufügen, wie man mag und gut durchschwen-ken, dabei die Sahne zufügen und alles gut mischen.

Für 3 bis 4 Personen:
250 g feine grüne Bohnen, 250 g mehlige neue Kartoffeln, 250 g dünne Spaghetti (besser Spaghettini), Salz, ca. 3-4 EL Sahne, 1/2 Rezept Pesto (Basilikumsauce – siehe S. 150)

Zucchiniröllchen mit Mozzarella, Tomaten und Basilikum

❶ Die Zucchini längs in dünne Scheiben hobeln. In heißem Öl rasch auf beiden Seiten braten, dabei salzen und pfeffern sowie mit durchgepreßtem Knoblauch würzen.

❷ Den Knoblauch aber erst zum Schluß zufügen, damit er in der heißen Pfanne nicht verbrennt. Den Mozzarella in Würfel schnei-den.

❸ Jeweils einen Käsewürfel, ei-nen Löffel Tomatenpüree und ein Basilikumblatt auf das eine Ende

jeder Zucchinischeibe setzen, das freie Ende darüberwickeln, so daß ein Röllchen entsteht.

❹ Diese Röllchen nebeneinander in eine flache, feuerfeste Form schichten. Die restlichen Käse-würfel und die gehäuteten, eben-falls gewürfelten Eiertomaten da-zwischen verteilen. Salzen, pfef-fern und großzügig mit Olivenöl beträufeln.

❺ Die Form für etwa 20 Minuten in den auf 220 Grad vorgeheizten Backofen schieben.

Für 4 Personen:
1 kg mittelgroße Zucchi-ni, 6 EL Olivenöl, Salz, Pfeffer, 4 Knoblauchze-hen, 400 g Mozzarella, 1 Paket Tomatenpüree (ohne Gewürze), 1 Bund Basilikum, 500 g reife Flaschentomaten

Tip: Falls Sie die Mikro-welle zuschalten können, die zweite Stufe wählen und den Auflauf nur 10 Minuten bak-ken.

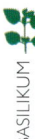

Schellfisch in Tomatensauce mit Basilikum

Für 4 Personen:
1 Schellfisch (ohne
Kopf) von etwa 800 g,
Salz, 1 Zwiebel, 1 großes
Bund Suppengrün (oder
1 Möhre, 1 Stück Lauch,
1 Scheibe Sellerie und
einige Stengel Petersilie
mit Wurzel), 2 Lorbeer-
blätter, 4 Wacholderbee-
ren, je 1 TL schwarze
Pfeffer- und Pimentkör-
ner, 1 Glas (1/10 l)
trockener Weißwein,
1 Dose Tomaten (Pelati,
750 – 850 g), Pfeffer,
1 Knoblauchzehe, 3 EL
natives Olivenöl extra,
1 großes Bund frisches
Basilikum

Versuchen Sie Angelschellfisch zu bekommen – der ist in Küstennähe gefangen und nicht im Schleppnetz auf hoher See: Sein Fleisch ist fester und geschmackvoller.

Aber natürlich müssen Sie genauso auf die Frische achten, denn kürzere Transportwege allein sind noch keine Garantie für makellose Qualität!

❶ Den Schellfisch waschen und mit etwas Salz abreiben. Nach zwei Minuten nochmals abwaschen und abtrocknen.

❷ Das Gemüse putzen, waschen, kleinschneiden und mit zwei Litern Wasser in einem Fischtopf aufsetzen.

❸ Die Gewürze und 2 EL Salz zufügen und den Wein angießen. Zum Kochen bringen, den Fisch einlegen und alles etwa 12 Minuten leise siedend ziehen lassen – auf gar keinen Fall darf der Sud ins Kochen geraten!

❹ Gleichzeitig die Tomaten mit der Flüssigkeit in einen passenden Topf geben, aufkochen lassen. Salzen und pfeffern, die Knoblauchzehe hineinpressen, das Öl darangießen und alles mit dem Mixstab zu einer sämigen Sauce pürieren.

❺ Das Basilikum in Streifen schneiden und erst ganz zum Schluß untermischen. Den abgetropften Fisch und die Sauce getrennt servieren.

❻ Dazu passen Weißbrot, Kartoffelpüree oder Salzkartoffeln.

Getränk: Trockener Weißwein – Galestro aus der Toskana, Pinot Grigio, Grauburgunder oder Silvaner.

Tip: Das Basilikum sollte, wenn möglich, nicht gewaschen werden, um das volle Aroma zu erhalten.

Tomatensuppe mit Reis

Sehr einfach, braucht aber Zeit – zur perfekten Zubereitung, bei der zusätzlich noch eine klare Tomatenessenz entsteht, brauchen Sie zwei Tage, damit sich alles setzt und klärt!

❶ Zwiebel und Knoblauchzehen grob hacken. Butter in einem großen Topf zerlassen, Zwiebeln und Knoblauch darin unter Rühren leicht anrösten.

❷ Tomaten samt Schale und Kernen vierteln und zufügen. Basilikumblätter von den Stengeln zupfen, einen Teil davon zurücklegen, das meiste aber unter die Tomaten rühren.

❸ Petersilie waschen, Möhre schaben und längs vierteln, Sellerie schälen und in Scheibchen schneiden – alles in den Topf geben.

❹ Salzen, pfeffern und nach Belieben schärfen. Deckel auflegen und wenigstens 2 Stunden leise vor sich hin köcheln. Dann über Nacht stehenlassen.

❺ Am nächsten Tag den klaren Saft abschöpfen und beiseite stellen. Den Rest erst durch die Gemüsemühle, dann durch ein feines Sieb passieren – das entstandene Püree mit dem Saft auf die gewünschte Konsistenz verdünnen.

Tip: Den Rest des Saftes aufkochen und in Flaschen steril abfüllen – zum Trinken oder als klare Tomatenessenz-Suppe.

❻ Die Suppe noch einmal kräftig abschmecken. Dann den gekochten Reis darin erhitzen und zu einer leichten Bindung benutzen. Das zurückbehaltene Basilikum hacken und darüberstreuen.

Für 4 Personen
1 Zwiebel, 2 Knoblauchzehen, 20 g Butter,
2 kg Tomaten, 1 Strauß Basilikum, 1 Bund Petersilie, 1 Möhre,
1/4 Sellerieknolle, Salz, Pfeffer aus der Mühle, nach Belieben 1 oder 2 Chilischoten, 2 Tassen gekochter Reis

Basilikum-Spaghetti

❶ Die Basilikumblätter mit den geschälten Knoblauchzehen im Mixer pürieren, dabei langsam das Öl hinzufließen lassen. Die Paste salzen und pfeffern.

❷ Die Spaghetti in Salzwasser garen. Die Tomaten häuten, entkernen, würfeln und in einem Sieb sehr gründlich abtropfen lassen. Die heißen Spaghetti zuerst mit dem Basilikumpüree mischen, dann die Tomatenwürfel zufügen. Gut wenden, mit Salz und mit Pfeffer würzen. Zum Schluß die Butter in den Nudeln schmelzen lassen.

Eine Variation zum ligurischen Pesto:

Für 4 Personen ein Hauptgericht, für 6 bis 8 eine Vorspeise: 50 g Basilikum, 4-6 Knoblauchzehen, ca. 1/8 l Olivenöl, Salz, 400 g Spaghetti, 1 kg reife Fleischtomaten, Pfeffer, 2 EL Butter

153

Tomaten-Crostini

Für 6 Personen:
ca. 1 kg Tomaten, Salz,
Pfeffer, Olivenöl (extra
Qualität), 1 Bund
Basilikum, 1 Baguette
oder Stangenweißbrot

Ein herrlicher Kontrast, die knusprig gerösteten Brotscheiben und der frische, saftige Belag aus feingehacktem Tomatenfleisch.

Unbedingt nötig sind hierfür reife, festfleischige Tomaten, die wenig Wasser enthalten, also geradezu mürbe sind. Sonst weichen die Brotscheiben zu sehr auf. Damit dies auf keinen Fall passiert, sollten die Tomaten-Crostini stets ganz frisch zubereitet werden.

❶ Die Tomaten häuten, entkernen, mit einem Messer fein hakken und in einem Sieb gründlich abtropfen lassen.

❷ Erst kurz vor dem Servieren das frische Tomatenpüree mit Salz, Pfeffer und einigen Tropfen Olivenöl würzen. Das Basilikum in feine Streifen schneiden und untermischen.

❸ Baguette in Scheiben schneiden, im Toaster rösten und auf einer Servierplatte anrichten, jeweils einen Löffel Tomatenpüree darauf verstreichen. Sofort servieren.

Tip: Statt Basilikum paßt hier auch zur Abwechslung Rauke.

Tomaten und Mozzarella

Für 4 Personen:
6 reife Fleischtomaten,
200 g Mozzarellakäse,
1 Bund Basilikum,
1 grüne und 1 rote
Chilischote,
4 Knoblauchzehen,
Salz, Pfeffer,
2 EL Balsamicoessig,
4 EL Olivenöl

❶ Die Tomaten häuten und in Scheiben schneiden.

❷ Den Mozzarella in fast ebenso dicke Scheiben schneiden. Beides abwechselnd, dachziegelartig auf einer großen Platte anrichten, dabei jeweils ein Basilikumblättchen dazwischenpacken.

❸ Chilis und Knoblauch winzig klein würfeln und darüberstreuen. Alles salzen und pfeffern, mit Balsamicoessig beträufeln und schließlich mit Olivenöl benetzen.

Tip: Nicht mehr lange stehenlassen, weil die Tomaten, wenn sie einmal gesalzen sind, viel Saft ziehen. Soll die Platte also eine Weile, zum Beispiel auf einem kalten Buffet, eine gute Figur machen, lieber erst unmittelbar vor dem Essen salzen!

Tomaten mit Frischkäse

Eine besonders hübsche Vorspeise, die wirklich nicht viel Mühe macht!

❶ Die Tomaten mit kochendem Wasser überbrühen, eiskalt abschrekken, schließlich häuten und zum Füllen vorbereiten: also eine Kappe abschneiden, mit einem Löffel alle Kerne und Kammernwände herausschaben. Die Tomaten innen salzen und pfeffern und kopfüber auf einem Sieb abtropfen lassen.

❷ Zwiebeln sehr fein hacken oder auf der Reibe zermusen, Basilikum sehr fein schneiden und unter den Frischkäse rühren. Mit Salz, Pfeffer, Zitronensaft und Olivenöl würzen.

❸ In die vorbereiteten Tomaten füllen und als Vorspeise servieren.

Für 4 Personen:
4 etwa gleich große
Tomaten, Salz, Pfeffer,
250 g Frischkäse,
2 weiße Zwiebeln,
3-4 Stengel Basilikum,
Zitronensaft, 1-2 EL
Olivenöl

Rohe Tomatensauce

❶ Die Tomaten häuten, entkernen, mit der Hand fein hacken – auf keinen Fall mit dem Mixer pürieren, sonst emulgiert die Sauce und bekommt ein ganz anderes Aussehen und Geschmack.

❷ Das Tomatenfleisch gut abtropfen lassen.

❸ Unmittelbar vor dem Servieren erst würzen: mit feingehacktem Knoblauch, Basilikum, Salz, Pfeffer und Olivenöl.

Tip: Die Sauce paßt herrlich zu frisch gekochten Gemüsen, zum Beispiel zu Spargel!

Für 4 Personen:
800 g vollreife, aromatische Tomaten, 2 Knoblauchzehen, einige Basilikumblätter, Salz, Pfeffer, 1-2 EL Olivenöl

Pikante Tomatensauce

Für 4 Personen:

12 getrocknete Tomaten,
1 Bund Basilikum,
2 Anchovisfilets, 1 Chili-
schote, 4 große Knob-
lauchzehen, 2 EL
Kapern, 12 schwarze
Oliven, ca. 1/8 l Olivenöl

❶ Die Tomaten in heißem Wasser eine halbe Stunde einweichen. Ohne das Einweichwasser zusammen mit den übrigen Zutaten in den Mixer füllen (Oliven zuvor natürlich entsteinen) und zu einer glatten Paste mixen.

❷ Falls diese zu dick wirkt, einen Schuß Einweichwasser zufügen und die Sauce bis zur gewünschten Konsistenz verdünnen. Sie sollte allerdings eher einer streichfähigen Paste gleichen als einer dünnen Sauce.

Tip: Die Sauce hält sich in einem Schraubglas verschlossen eine Woche im Kühlschrank. Man hat damit sozusagen aus dem Stand ein fabelhaftes Nudelgericht auf dem Tisch: Einfach unter die frisch gekochten, tropfnassen Nudeln (zum Beispiel Öhrchennudeln) mischen und sofort servieren.

Fleischsauce mit Tomaten

❶ Die Würstchen aus ihrer Haut lösen, das Brät zerdrücken und im heißen Öl so lange braten, bis es krümelig wirkt.

❷ Knoblauch durch die Presse hinzufügen, ebenso die in feine Scheibchen geschnittenen Selleriestangen. Tomaten mitsamt ihrem Saft zufügen, salzen, pfeffern und nunmehr eine halbe Stunde leise köcheln – ohne Deckel, damit überschüssige Flüssigkeit verdampft.

Tip: Dies ist geradezu das klassische Grundrezept für italienische Fleisch-Tomaten-Saucen. Sie können auch ganz normales Hackfleisch dafür nehmen oder sogar Bratenreste, die Sie winzig würfeln oder durch den Wolf drehen. Die Sauce paßt zu allen Nudelarten, aber auch besonders gut zu Gnocchi.

Für 4 Personen:
2-3 frische Wildschwein-
würstchen (aus dem
italienischen Feinkost-
geschäft) oder 250 g
Schweinehack, 2 EL Öl,
3-4 Knoblauchzehen,
2 Stengel Bleichsellerie,
1 Dose geschälte Toma-
ten, 1-2 EL Tomaten-
konzentrat, Salz, Pfeffer

Auberginenflan mit Tomatensauce

Für 6 Personen:
500 g Aubergine,
2 Eigelb, Salz, Pfeffer,
2 Knoblauchzehen,
2 Eiweiß
Tomatensauce:
800 g Tomaten,
1 Zwiebel, 2 Knoblauch-
zehen, 2 Thymianzweige,
Salz, Pfeffer
Basilikumpüree:
3 Knoblauchzehen,
1 Tasse voll Basilikum-
blätter, 4-5 EL Olivenöl,
Salz, Pfeffer

❶ Die Auberginen auf einem Stück Alufolie in den 220 Grad heißen Ofen legen und eine halbe Stunde backen, bis die Haut fast schwarz wirkt.

❷ Das Fleisch mit einem Löffel aus der Schale schaben, etwas abkühlen lassen, dann mit den Eigelb, Salz, Pfeffer und Knoblauch im Mixer pürieren.

❸ Eiweiß steif schlagen und unter diese Masse ziehen.

❹ Souffléförmchen oder Tassen mit Öl auspinseln, die Soufflémasse einfüllen. Im Wasserbad bei 220 Grad im Backofen 35 Minuten garen.

❺ Für die Sauce die Tomaten zerschneiden, mit den grobgehackten Zwiebeln und Knoblauchzehen in einen Topf füllen, Thymian zufügen, salzen und pfeffern. Zugedeckt eine halbe Stunde kochen. Den Thymianzweig wieder herausfischen. Die Sauce im Mixer pürieren.

❻ Für das Basilikumpüree Knoblauch, Basilikumblätter, Salz, Pfeffer und Olivenöl im Mixer zum leuchtend grünen Püree zerkleinern.

❼ Zum Servieren auf den Vorspeisentellern einen großen Kreis Tomatensauce gießen.

❽ Die Flans aus den Förmchen stürzen und darauf anrichten. Tupfen vom Basilikumpüree dazwischen setzen.

Kurzbraten –
Saftige Steaks und zarte Schnitzel

Steaks und Schnitzel

Wir zeigen Ihnen, wie Steaks garantiert saftig werden und Schnitzel zart – oder haben Sie noch nie zähe Schuhsohlen auf dem Teller gehabt?

Zunächst die Küchentechnik: Zum Braten benötigen wir eine Pfanne. Sie sollte solide und schwer sein, einen dicken Boden besitzen, der die Hitze schnell aufnimmt, speichert und direkt weitergibt. Ideal sind schwere, gehämmerte Eisenpfannen: Damit braten Profis. Aber sie sind

schwer zu pflegen, immer wieder haftet etwas an und muß entfernt werden, vor jedem Braten muß die Pfanne erneut versiegelt werden. Außerdem darf man nichts drin stehenlassen, muß stets aufpassen, daß die Pfanne nicht rostet. Deshalb haben sich die Pfannenhersteller einiges einfallen lassen: Emailleüberzug, Beschichtung etc. Oder Edelstahlpfannen mit einem Kupferkernboden, gußeiserne und schwere Kupferpfannen. Ungeeignet sind leichte Aluminiumpfannen – warum? Weil sie die Hitze nicht speichern können. Die Pfanne kann,

muß aber nicht beschichtet sein. Wer mag, kann eine gußeiserne Grillpfanne nehmen.
Außerdem ist wichtig, daß man das richtige Fleisch nimmt:

Für Steaks kommt nur Rindfleisch in Frage, und zwar entweder aus dem Filet oder aus der Lende geschnitten. Handelt es sich um Steaks aus anderen Fleischsorten, muß stets, zum Beispiel auf Speisekarten, zugefügt werden, woher sie stammen. Also Kalbssteaks – aus dem Kalbsrücken (Lende) oder Lammsteaks, meist jedoch neudeutsch Lamm-Chops oder Lammedaillons genannt.

Für ein Rindersteak nimmt man also eine Scheibe aus dem Mittelstück des Filets oder aus der Lende, die in manchen Gegenden Deutschlands auch Rostbraten oder Roastbeef genannt wird. Natürlich sollte das Fleisch abgehangen und ausgereift sein, man erkennt es an der dunkelroten Farbe; ideal ist marmoriertes Fleisch, das von Fettadern durchzogen ist, die es saftig halten. Steaks dürfen nicht zu dünn sein, mindestens daumendick (Filet), ruhig bis zu zwei-, auch dreifingerstark.

Kleines Steakbrevier

Man unterscheidet folgende Arten:

- **Filetsteaks:** Sie werden aus dem oberen Teil des Filetstrangs geschnitten, dem sogenannten Kopfende. Gewicht: pro Scheibe 200 bis 280 Gramm.

- **Chateaubriand:** Aus dem mittleren Teil geschnitten, fast schon ein kleiner Braten, das Steak für zwei, mit einem Gewicht von ca. 400 bis 500 Gramm.

- **Filets mignons** sind die kleinsten unter den Steaks, aus dem unteren, sich verjüngenden Endstück des Filets. Man rechnet pro Stück mit etwa 80 Gramm.

- **Tournedos** schließen sich unmittelbar an (in Richtung Kopfende) und wiegen pro Stück ungefähr 130 Gramm.

- **Lendensteaks** stammen, wie der Name sagt, aus der Lende – wie immer, wenn nichts anderes dabeisteht, natürlich vom Rind. Es gibt da einige Begriffsverwirrung: In manchen Gegenden Deutschlands nennt man das Filet Lende und sagt zur Lende Roastbeef oder Rostbraten. Gemeint ist jedenfalls: der halbe, ausgelöste Rückenstrang.

- **Entrecôtes** sind doppelt dicke Lendensteaks, genau aus der Mitte des Rückenstrangs geschnitten, eine gute Portion für zwei.

- **Rippensteaks** sind stattliche Exemplare, derer man auch nur zu zweit Herr werden kann: Sie sind quer durch den Rücken geschnitten, mitsamt dem Knochen, also Ochsenkoteletts.

- **T-Bone-Steaks** sind durch das Filet vergrößerte Rippensteaks und

- **Porterhouse-Steaks** sozusagen die dickeren Geschwister: Hier hat das dransitzende Filetstück einen größeren Durchmesser.

Das richtige Braten

Damit das Fleisch seinen Saft behält, muß es so heiß wie nur möglich angebraten werden. Wenn es dabei nicht spritzt, hat man etwas falsch gemacht: Es muß mächtig spritzen, das läßt sich nicht vermeiden, wenn das im Fleisch enthaltene Wasser verdampft.

Damit man trotzdem nicht hinterher die gesamte Küche sauberwischen muß, legt man einen Spritzschutz über die Pfanne – entweder eine Art flaches Sieb, das in der Spülmaschine wieder sauber wird, oder, was allerdings weniger sinnvoll ist, weil man damit nur den Müllberg erhöht, den Einmal-Spritzschutz aus dem Haushaltsgeschäft, der hinterher in den Müll wandert.

Gebraten wird in Öl, Butterschmalz, Schweineschmalz oder einem anderen hocherhitzbaren Fett. Gepfeffert wird sofort, gesalzen erst nach dem Braten – Salz entzieht dem Fleisch Wasser und läßt es trocken werden. Mehr Würze ist im allgemeinen nicht nötig. Wer will, kann Rosmarin- oder Thymianzweige, Lorbeerblätter, Knoblauch mitbraten, die dem Fleisch ihren Duft mitteilen. Man kann die Fleischscheiben, mit solchen Kräutern unter Öl luftdicht verschlossen, auch ein, zwei Tage im Kühlschrank marinieren – nötig ist es natürlich nicht.

Nach dem Anbraten auf beiden Seiten, bei dem das Fleisch eine appetitliche Kruste bilden sollte, muß das Steak gar ziehen. Das geschieht am besten auf einem Teller, mit Alufolie oder einem zweiten Teller zugedeckt, im 80 Grad warmen Backofen. Je nach Dicke der Fleischscheiben mindestens 5 bis 15, ruhig sogar 20 Minuten. Wer sein Steak sofort anschneidet, wird sehen, daß aller Saft ausläuft.

> Als Faustregel kann man sich merken: Steaks pro Zentimeter Fleischstärke 3 Minuten bei 80 Grad.

Das Schnitzel

Ein Schnitzel wird aus der Oberschale geschnitten oder aus der (teureren) Nuß; es kann ebensogut vom Schwein wie vom Kalb sein. Wir wollen diesmal Schnitzel auf italienische Art zubereiten: Man nennt sie Scaloppine oder Medaillons. Sie sind etwas dünner als die bei uns üblichen Schweineschnitzel, man zerteilt dafür die großen Scheiben gern in zwei bis drei kleinere Medaillons. So hat man den Eindruck von mehr Fülle. In Italien ißt man nämlich erheblich gesünder als

bei uns: Fleisch nimmt man nur in kleinen, genießerischen Portionen, als Magentratzerl. Satt ißt man sich vorher mit einem Teller Nudeln, Risotto, Suppe oder Gemüse.

Gebraten wird im Prinzip ebenso wie fürs Steak beschrieben: auf scharfer Hitze anbraten, dann nachziehen lassen. Nur daß jetzt alles viel schneller geht – schließlich handelt es sich um eine erheblich dünnere und kleinere Scheibe und um ein von Natur aus zarteres und empfindlicheres Fleisch.

Kalb- und Schweinefleisch sollte frisch sein; wir empfehlen, immer nur bei einem Metzger einzukaufen, bei dem man sich darauf verlassen kann, daß er artgerecht aufgezogene Tiere verarbeitet, die kerniges und wohlschmeckendes Fleisch liefern!

Weil das Fleisch so zart ist, tut es gut, wenn man es mit einem hauchfeinen Mehlmantel umhüllt. Er bewirkt eine schöne Farbe und bildet eine schützende Hülle. Allerdings die Scheiben gründlich abschütteln, sie sollten wirklich nur puderfein überzogen sein. Gebraten wird in Olivenöl; übrigens stimmt die Behauptung keinesfalls, daß man das beste, kaltgeschlagene Olivenöl nicht zum Braten nehmen soll! Natürlich schadet das nicht. Es geht

nur ganz schön ins Geld. Und weil man den feinen, rohen Geschmack dann natürlich nicht mehr wahrnimmt, genügt es durchaus, zum Braten ein einfacheres, billigeres Olivenöl zu verwenden. Man brät die Fleischscheibchen nur kurz auf beiden Seiten an – wenn das Öl heiß genug ist, bildet sich die gewünschte zarte Kruste ganz schnell. Die Schnitzelchen dann zwischen zwei Tellern im Backofen warm stellen und ziehen lassen. Und nun kann sie auf ganz verschiedene Weise servieren.

Zum Beispiel:

- al limone: in Zitronensauce. Mit Zitronensaft und Weißwein, Zitronenfilets und viel gehackter Petersilie.

- al marsala: in Marsalasauce. Den mit Marsala und einem Schuß Brühe losgekochten Bratensaft mit Butter cremig aufschlagen.

- al pomodoro e basilico: mit jungem Knoblauch, geschälten Tomaten und reichlich Basilikum.

- Saltimbocca: genau übersetzt: „Spring in den Mund". Dafür werden die Schnitzelchen mit je einer Scheibe Schinken und Salbeiblatt belegt und gebraten.

Es beginnt mit einer Vorspeise, die leicht, bekömmlich und erfrischend ist. Genau das Richtige für einen heißen Sommertag.

Rindersteak auf buntem Salat

Dafür gibt es eigentlich kein festes Rezept, keine Vorschrift, was man hineintun kann und was nicht. Es paßt alles, was der Markt gerade an Frischem und Knackigem bietet, worauf man Lust hat oder was im Vorrat ist. Wichtig ist zunächst einmal das Steak. Im allgemeinen schmeckt es aus der Lende geschnitten kräftiger; dank seiner festeren Struktur und Faser wirkt es würziger als das zartere, mürbere Filetsteak. Es ist natürlich Geschmackssache, welchem man den Vorzug gibt. In jedem Fall sollte das Steak möglichst blutig, wenigstens durch und durch rosa sein, also perfekt gebraten. Man rechnet für einen Vorspeisensalat etwa folgende Mengen:

❶ Die Steaks rundum von Sehnen befreien. Auf beiden Seiten pfeffern, dabei den Pfeffer gut einmassieren. In fast rauchend heißem Öl auf beiden Seiten ca. eine Minute scharf braten, schließlich zwischen zwei Tellern im 80 Grad vorgeheizten Backofen etwa acht Minuten nachziehen lassen.

❷ Inzwischen die übrigen Zutaten vorbereiten:
Blätter waschen und zerzupfen. Kräuter von den Stielen zupfen, Pilze in feine Scheibchen schneiden, Frühlingszwiebeln in feinste (das Weiße) beziehungsweise breite (das Grün) Ringe schneiden; Spargelspitzen abtrennen, in kochendem Salzwasser knackig gar kochen, die Stiele schräg in dünne Scheiben hobeln (sie schmecken roh besonders gut), Spinat und Brunnenkresse entstielen.

❸ Die Zutaten für die Marinade mit dem Schneebesen cremig aufschlagen.

❹ Die gemüsigen Zutaten in einer Schüssel mit der Marinade anmachen, dabei ebenso gründlich wie behutsam mischen. Sofort auf vier Tellern verteilen, die Marinade abtropfen lassen.

❺ Die Steaks mit einem gut geschärften Messer schräg in dünne Scheiben schneiden. Dekorativ auf dem Salatbett anrichten. Mit

Für 4 Personen:
2 Scheiben Rinderlende, je ca. 2-3 cm dick, Pfeffer, Öl zum Braten, Salz
Außerdem:
1 Kopfsalatherz, 1 Bund Radieschen, einige Stengel frische Kräuter, 1 Handvoll Champignons, 2 Frühlingszwiebeln, einige Spargelstangen, Spinatblätter, Brunnenkresseblätter usw.
Marinade:
Salz, Pfeffer, 3-4 EL milder Essig (Apfelessig, Kartoffelessig, Reisessig oder Zitronenessig), 1-2 EL Balsamico-Essig, 4-5 EL Öl (z. B. Olivenöl, natürlich wie immer die beste, nämlich „extra" Qualität)

der restlichen Marinade gleichmäßig beträufeln.

❻ Sofort servieren, solange das Fleisch noch warm ist. Dazu krumiges Weißbrot reichen, mit dem man die Salatsauce gut aufwischen kann.

Kalbsschnitzelchen auf italienische Art

Scaloppine all'italiana

❶ Zunächst das Fleisch in mundgerechte Medaillons schneiden und mit dem Fleischklopfer behutsam ein wenig flach klopfen beziehungsweise streichen, damit sich das Fleisch entspannen kann.

Nicht brutal draufhauen, weil sonst die Fleischfasern zerstört werden.

Für 4 Personen:

Grundrezept: 4 dünne Scheiben aus der Kalbsnuß oder der Oberschale (à ca. 120 g), Mehl zum Bestäuben, Pfeffer aus der Mühle, 2-3 EL Olivenöl zum Braten, Salz

mit Zitrone und Kapern (al limone e capperi): 2 Zitronen, ca. 1/8 l Fleischbrühe oder Kalbsfond, 1-2 EL Butter, 2-3 TL feine Kapern, einige Petersilienstengel

mit Marsala (al Marsala): ca. 1/8 l Kalbsfond, 4-5 EL Marsala, 2 EL Butter

mit Tomaten und Basilikum (al pomodoro e basilico): 2-3 reife Fleischtomaten, 2-3 Knoblauchzehen, Sträußchen Basilikum, Salz, Pfeffer, 1 EL Olivenöl

mit Salbei und Schinken (Saltimbocca): ca. 50 g hauchdünn geschnittener gekochter Schinken, einige Salbeistengel, je 3-4 EL Weißwein und Brühe, 2 EL Butter

❷ Die Fleischscheibchen rasch in Mehl wenden, sehr gründlich alles wieder abschütteln, damit nur ein Rauch von Mehl daran haftenbleibt. Von beiden Seiten pfeffern.

❸ Das Öl rauchend heiß werden lassen, die Fleischscheiben sehr schnell darin von beiden Seiten anbraten. Sofort wieder herausnehmen, erst jetzt salzen und zwischen zwei Tellern warm stellen.

❹ Das Bratfett aus der Pfanne wegkippen, den Bratensatz nunmehr mit den angegebenen Zutaten loskochen:

Für Scaloppine al limone e capperi mit dem Saft einer Zitrone sowie der Brühe. Etwas einköcheln, schließlich die Butter mit dem Schneebesen einrühren. Die sorgfältig ausgelösten Filets der zweiten Zitrone, die Kapern und reichlich gehackte Petersilie unterrühren und über die Kalbsmedaillons gießen.

Für Scaloppine al marsala mit Kalbsfond und Marsala, etwas einköcheln und mit Butter aufschlagen. Über die warmgestellten Schnitzelchen gießen.

Für Scaloppine al pomodoro e basilico die Tomaten mit kochendem Wasser überbrühen, sie häuten, schließlich vierteln und dabei entkernen. Die Tomatenstückchen in die Pfanne geben, jungen Knoblauch in feinen Scheibchen oder durch die Presse gedrückt zufügen sowie einige Basilikumblätter. Einige Minuten schmoren lassen, bis die Tomaten wie geschmolzen wirken. Mit Salz und Pfeffer sowie einem Löffel aromatischen Olivenöls würzen. Über die Schnitzelchen verteilen.

Für Saltimbocca jeweils ein Stück gekochten Schinkens sowie ein Salbeiblatt mit Hilfe eines Zahnstochers auf jedem Medaillon befestigen und rasch wie angegeben auf beiden Seiten braten. Anschließend wie gewohnt warm stellen, den Bratensatz mit etwas Brühe und Wein loskochen und mit Butter aufschlagen.

Die Schnitzelchen auf einer Platte anrichten und mit frischem Weiß- oder Fladenbrot servieren. Außerdem paßt dazu natürlich eine große Schüssel gemischter Salat.

DAS DESSERT

Der Nachtisch ist selbstverständlich ebenfalls sommerlich leicht und erfrischend. Außerdem läßt er sich fabelhaft vorbereiten, so daß man am Einladungstag keine Arbeit mehr damit hat:

Joghurtcreme mit Himbeersauce

Für 4 bis 6 Personen:
Joghurtcreme:
50 g Zucker, 1/10 l Zitronensaft, 2 Blatt Gelatine, 100 g Joghurt, 2 Eiweiß, 2 TL Zucker, 1/8 l Sahne
Himbeersauce:
300 g Himbeeren, 2 EL Zucker

Alles ist vorbereitet, man braucht nur noch die Creme aus ihren Förmchen zu stürzen und hübsch mit Himbeersauce anzurichten!

❶ Den Zucker in einem kleinen Töpfchen in 2-3 Eßlöffeln Wasser schmelzen. Den Zitronensaft zufügen, etwas einkochen.

❷ Die Gelatine in kaltem Wasser einweichen, im heißen Zitronensaft auflösen.

❸ Den Joghurt unterrühren und abkühlen lassen.

❹ Die Eiweiß mit zwei Löffeln Zucker steif schlagen und unter die Joghurtmasse ziehen. Schließlich auch die Sahne steif schlagen und gleichmäßig unterheben.

❺ Diese Masse in Portionsförmchen verteilen, die zuvor mit kaltem Wasser ausgespült wurden, und im Kühlschrank mindestens zwei Stunden, besser über Nacht, fest werden lassen; denn nimmt man so wenig Gelatine, wie hier vorgesehen, dauert das Gelieren länger. Aber: es schmeckt auch

besser und bekommt eine angenehmere Konsistenz.

❻ Die Himbeeren mit dem Zucker vermischen, dabei zerdrücken und Saft ziehen lassen. In der Mikrowelle oder auf dem Herd kurz erhitzen, schließlich durch ein Sieb treiben und abkühlen lassen.

❼ Zum Servieren die Creme aus den Förmchen stürzen. Das geht ganz leicht, wenn man mit einem

spitzen Messer die Creme rundum vom Förmchenrand löst; sodann taucht man die Förmchen blitzschnell in heißes Wasser und kippt sie kopfüber, damit die Creme herausgleiten und auf einen bereitgestellten Teller rutschen kann.

❽ Die weiße Creme mit einem See von roter Himbeersauce umgeben. Mit einem Minze- oder Melisseblättchen schmücken und servieren.

Steak und Schnitzel – der passende Wein

Wir haben unserem sommerlichen Menü die genüßliche Begleitung erfrischender Weißweine vom Kaiserstuhl gegeben – das war kein zwingender, sondern ein willkürlicher Beschluß:

Wir können uns eine unendliche Zahl anderer, nicht weniger passender und angenehmer Vorschläge vorstellen. Wie überhaupt zu kurzgebratenem Fleisch eine eindeutige Empfehlung kaum zu machen ist – es kommt einmal auf die Fleischart, dann auf die Zubereitung (und dabei vor allem auf die begleitende Sauce) an, weiter auf den Rahmen des Menüs und schließlich auf den ganz persönlichen Ge-

schmack. Doch zunächst zu unserem Menü, dann zu allgemeinen Überlegungen.

Zu unserer Vorspeise, dem Bunten Salat vom Rindersteak, haben wir einen 1991er Riesling getrunken – also einen jungen Wein mit frischer, ausgeprägter Säure, die dem Essig des Salates zu widerstehen vermochte. Die leichte und zarte Fruchtigkeit des Rieslings paßte hervorragend zu den Salatblättern und Gemüsen, harmonierte aber auch mit der saftigen Fülle des dunkelrosa gebratenen Fleischs und der Würze des verwendeten Olivenöls. Wir haben einen einfachen Qualitätswein aus einem bestimmten An-

baugebiet – QbA (also ohne Prädikat) gewählt, weil dieser angereichert wurde, also durch einen höheren Alkoholgehalt auch die nötige Fülle besitzt. Das kommt auch dem Preis zugute: Für 6 bis 10 Mark kann man vom 1991er aus allen deutschen Weinbaugebieten bereits Spitzenqualitäten kaufen!

Zum Hauptgericht haben wir unserem Winzergast, Fritz Keller aus Oberbergen, Referenz erwiesen und einen Weißburgunder seines Hauses gewählt, und zwar eine 1988er Spätlese. Ein durchgegorener, trockener, inzwischen ausgereifter Wein auf dem Höhepunkt seiner Entwicklung, voller

Saft und Kraft. Er betonte auf eindrucksvolle Weise die so ganz verschiedenen Gewürze, mit denen wir die Kalbsschnitzelchen auf italienische Art zubereitet haben. Es ist schon erstaunlich, was gute, völlig reifgeerntete, aber dennoch mit genügend Säure ausgestattete Weine aus Deutschland leisten können: einerseits die Kraft zu haben, mit aromatischem Salbei und herzhaftem Schinken ein ideales Paar bilden zu können, andererseits durch Zitronenschnitzelchen und Kapern nicht in ihrer Harmonie beeinträchtigt zu werden ...
Allerdings gelingen solche schier unglaublichen, kaum schlagbaren Weine mit viel Körper; ausgeglichener Frucht und hoher, reifer Säure nur in den besten Jahren. Und sie sind nicht billig zu haben – für eine Spitzenspätlese muß man mindestens 18 Mark rechnen, es kann aber auch über 25 Mark gehen. Das ist zwar teuer, im internationalen Vergleich stehen die trockenen, also Speisen ideal begleitenden deutschen Weine höchster Qualität aber eher im Mittelfeld: Vor allem in Frankreich, aber auch in der Schweiz, in Österreich und Italien muß man mehr ausgeben.

Kommen wir zu allgemeinen Überlegungen: Es gibt die alte, nie falsche, aber auch keinen Anspruch auf Unfehlbarkeit erhebende Regel, daß man zu dunklem Fleisch Rotwein, zu hellem Fleisch Weißwein trinken solle. Aber etwas ist schon dran: Zu einem schönen Rindersteak paßt schon ein guter Rotwein! Doch man kann, darf, soll, muß weiter differenzieren:

Zum gegrillten Rippen-, T-Bone- oder Porterhouse-Steak wird man ohne weiteres ein Bier trinken können (was die meisten Amerikaner tun, wenn sie nicht zur Cola greifen – wozu wir wiederum, von einer gewissen Eß- und Trinkkultur überzeugt, lieber schweigen möchten), auch einen vollen Weißwein, am besten aber doch einen sanften, trotzdem charaktervollen Rotwein. Ideal: ein Chianti classico (den man ja zur italienischen Variante der Hochrippe bzw. des Porterhouse, der bistecca fiorentina, auch am liebsten trinkt); je nach Anlaß wählt man den einfachen Chianti classico oder eine etwas kräftigere Riserva.

Bereitet man das Steak mit einer Rotweinsauce zu, etwa nach Art der Weinhändler von Paris à la Bercy oder à la Beaujolaise, dann nimmt man einen etwas säurebetonteren, fruchtigeren Burgunder oder Beaujolais. Auch zu einem Filet mignon mit Rotweinsauce (zum Beispiel mit Zwiebeln oder mit Champignons angereichert) wird man einen Burgunder wählen, auch ein guter deutscher Spätburgunder oder Lemberger paßt dann ausgezeichnet (beide natürlich trocken und vorzugsweise als Spätlese). Zum Chateaubriand dagegen, zu dem es eine schwere Sauce Béarnaise gibt, reicht man eher einen kräftigen Bordeaux.

Zu Wildsteaks (etwa Hirsch- oder Rehmedaillons) trinkt man ebenfalls vorzugsweise Rotwein aus Burgundertrauben, Lemberger oder Zweigelt, auch die Weine aus der Nebbiolo-Rebe (Barolo oder Barbaresco, Valtellina) passen im allgemeinen bestens. Freilich kommt es auch hier auf die Sauce an.

Zu Lamm wird man eher einen Bordeaux oder Chianti vorziehen, auch ein portugiesischer (Dao) oder spanischer Rotwein (Rioja, Navarra, Pénédes oder Rueda) paßt ausgezeichnet.

Bei den hellen Kalbsschnitzelchen, vor allem, wenn sie nature gebraten werden, bietet sich nicht nur Weißwein an, sondern auch trockener Rosé (zum Beispiel aus der Provence oder dem Languedoc, vom Gardasee oder aus Apulien) oder Spätburgunder Weißherbst.

Tatsächlich aber ist es hier überaus wichtig, wie die Sauce abgeschmeckt wurde: Zu sehr beherrschenden Zutaten wie Knoblauch,

Kapern, Zitronenschnitzen paßt bestens einer der modernen trockenen und kräuterwürzigen Weißweine Siziliens; zu Schinken und Salbei ein eher neutraler, aber gehaltvoller Weißwein aus Mittelitalien (Orvieto, Frascati, Marino oder auch ein Verdicchio dei Castelli di Jesi) oder aus dem Friaul (Riesling italico, Ribolla, Pinot Grigio oder Tocai); zu Tomaten und Basilikum ein frischerer, noch über etwas Säure verfügender Wein aus Norditalien (Soave, Pinot Bianco, Sauvignon oder Chardonnay aus Venetien, dem Trentino oder Friaul), eine Vernaccia di San Gimignano oder ein sommerleichter Galestro aus der Toskana.

Freilich: Dies ist eine Auswahl von Weinen aus dem Ursprungsland unserer Rezepte. Aber natürlich passen ebenso die entsprechenden Weißweine aus anderen Ländern, ganz nach persönlichem Geschmack – wenn Sie nur die Grundcharakteristika ein wenig beachten.

Haben Sie einen kräftigen, alkoholreichen und dennoch säurefrischen Wein gewählt, wie wir, so können Sie ihn sogar zu unserem Dessert, der zitronensäuerlichen Joghurtcreme mit Himbeersauce reichen.

Ansonsten empfiehlt sich ein Riesling von der Mosel oder ein deutscher Rieslingsekt – die besitzen genügend Säure, um nicht durchzufallen, und genügend Fruchtigkeit, um die Himbeeren perfekt zum Ausdruck zu bringen.

Paßt ideal zu Steaks: Salat!

Eigentlich weiß das jeder: Ein Steak wird erst zum rundum gesunden Essen, wenn es von einem Salat begleitet wird. Natürlich reicht dann ein einfacher Tomaten- oder Kopfsalat – aber mit ein wenig Sorgfalt und Phantasie kann man mehr erreichen: ein kulinarisches Vergnügen!

Was macht einen Salat eigentlich zu einem Salat? Oder anders gefragt: Wann ist ein Salat wirklich ein Salat? Der vielseitige Kochbuchautor Ulrich Klever hat die Antwort in seinem „Großen Buch der Salate" sehr treffend so formuliert: „Salat ist ein Gericht, vornehmlich kalt, manchmal warm, aus verschiedenen Zutaten ... die durch eine besondere Sauce (Dressing) ihren Charakter bekommen."

Die Marinade ist also das Wichtigste. Und damit sind wir auch schon bei dem, wovor sich die deutsche Hausfrau so fürchtet. Die Industrie hat dies erkannt und greift ihr deshalb mit einer unglaublichen Fülle von Fertigmarinaden und Salatsaucen-Hilfen unter die Arme – was nicht notwendigerweise zu einer Verbesserung der Salatkultur führt. Dabei ist das Anrühren von Salatsaucen keineswegs schwierig

oder gar von unergründlichen Geheimnissen umgeben. Machen Sie doch einmal selbst die Probe aufs Exempel: Nehmen Sie ein paar Blätter vom Kopfsalat, bitte frische knackige und nicht die äußersten, bereits hart und fest gewordenen, sondern die gelblichen Innenblätter. Essen Sie sie pur, ohne jeden Zusatz. Wenn Sie Glück und keinen Treibhaussalat erwischt haben, dann schmecken sie.

Bereiten Sie dann eine Salatsauce aus irgendeinem Öl, einem beliebigen Essig, Salz und Pfeffer (nach nebenstehendem Vorbild) zu, und wenden Sie die Blätter darin. Wie schmeckt's? Nach dem belanglosen Essig und dem geschmacksneutralen Öl! Und nun verwenden Sie für die Marinade ein aromatisches Olivenöl, zu gleichen Teilen Zitronensaft oder einen erstklassigen Weinessig. Nun, wie finden Sie diesen Salat? Das Aroma der Marinade rundet den salatigen Geschmack ab, hebt ihn und bildet mit ihm eine Einheit.

Deshalb ist es niemals gleichgültig, welches Öl und welchen Essig Sie verwenden. Und: mit verschiedenen Öl- und Essigsorten können Sie aus denselben Zuta-

ten immer wieder andere, vollkommen neue Salate zubereiten. Richten Sie sich eine eigene Salat-Marinaden-Zutaten-Bar ein, und machen Sie sich dann ans Ausprobieren. Zu diesen Zutaten gehören mehrere Ölsorten:

1. **Olivenöl:** Kaufen Sie „kaltgepreßtes" oder „kaltgeschlagenes", auch „Jungfernöl" oder italienisch „Olio vergine" genannt. Es ist das Öl, das durch die allererste Pressung gewonnen wird, hat eine grünliche Farbe, fließt schwer aus der Flasche und ist sehr aromatisch. Bewahren Sie es dunkel, aber nicht im Kühlschrank auf, dort wird es trübe und flockig.

2. **Geschmacksneutrales Öl:** Für alle Salate, die für den starken Geschmack von Olivenöl zu empfindlich sind (Feldsalat, Rettichsalat), nehmen Sie ein Erdnuß- oder Maiskeimöl), Traubenkernöle oder Sonnenblumenöl.

3. **Spezialöle:** zum Beispiel das leicht bittere Distelöl, das besonders reich an ungesättigten Fettsäuren ist, oder Leinsamenöl, ebenfalls sehr eigen im Geschmack. Das nussige Walnußöl oder Haselnußöl ist köstlich. Kaufen Sie es aber stets nur in kleinen Mengen: Es wird rasch ranzig. Eine be-

sondere Delikatesse ist das Kürbiskernöl, das man ganz selten in Delikateßläden findet; es schmeckt gut zu Kartoffelsalat, weißen Bohnen oder Ochsenmaulsalat.

Auch beim Essig gibt es mittlerweile bei uns eine große Auswahl.

1. **Weißwein- und Rotweinessig:** Beides gehört in jede Salatbar. Achten Sie darauf, daß es sich um Essig handelt, der tatsächlich aus Wein, nicht nur mit einem Zusatz davon hergestellt ist. Diese Essige gibt es mit verschiedenen Kräutern aromatisiert zu kaufen: Estragon-Essig, Schalotten-Essig, Basilikum-Essig usw.

2. **Obstessig:** Er wird meist aus Apfelwein hergestellt und ist besonders mild.

3. **Sherry-Essig:** Ihn gibt es hierzulande nur in Delikateßläden. Sie finden ihn aber auch – meist viel preiswerter – in den Geschäften, wo sich ausländische Mitbürger (z. B. Spanier) versorgen. Er wird aus gutem Sherry hergestellt und ist besonders aromatisch.

4. **Spezial-Essige:** zum Beispiel der süßlich vollaromatische Aceto Balsamico di Modena

aus Trockenbeerenausleseweinen oder Apfelessig mit Honig usw.

In jedem Fall ist bei der Zubereitung von Salatsaucen Sparsamkeit eine Zier. Ein Salat, der in Sauce ertrinkt, ist scheußlich, zarte Blattsalate werden dadurch schlaff, und die Aromen können sich gegen die Übermacht der Saucenwürze nicht mehr behaupten. Die Zutaten müssen von einem dünnen Saucenfilm überzogen sein, nicht dick davon umhüllt. Außerdem dürfen die meisten Salate erst unmittelbar, bevor sie verzehrt werden sollen, angemacht werden. Sie fallen sonst zusammen, werden matschig, ziehen Saft und verlieren ihre Frische und Festigkeit. (Auch hier bestätigen die Ausnahmen wieder die Regel: Kartoffelsalate, Nudelsalate usw. brauchen eine Weile zum Durchziehen, damit sich die Aromen einander mitteilen können.)

Wie Sie das Mischungsverhältnis von Säure (Essig) und geschmackstragendem Öl halten, ist Ihrer persönlichen Vorliebe überlassen. Es läßt sich da schwer ein exaktes Verhältnis angeben. Die einen mögen Salate lieber ölig, die anderen eher säuerlich.

Tatsache jedenfalls ist, daß ein säuerlicher Salat weitaus erfri-

schender wirkt als ein öliger, der dafür mehr sättigt. Ein ideales Verhältnis ist gleiche Teile Essig wie Öl. Wenn Sie die Salatmarinade mit saurer Sahne, Joghurt oder Crème fraîche anrühren, können Sie die Ölmenge reduzieren oder sogar völlig weglassen. Damit ein Mayonnaise-Dressing nicht zu schwer wird, sollten Sie auf Öl sowieso verzichten und die Sauce statt dessen lieber mit etwas Joghurt strecken.

Woraus kann man Salat bereiten?

Nahezu aus allem! Sie kennen Kopfsalat, Endiviensalat, Chicoréesalat, Gurkensalat, Tomatensalat usw., und Sie wissen, daß man all diese Zutaten auch miteinander mischen kann. Aber bevor man sich überlegt, woraus man Salate herstellen möchte, sollte man wissen, wie und wann der Salat gegessen werden soll. Als Vorspeise serviert man andere Salate als zum oder besser nach dem Essen, und als Hauptmahlzeit sieht ein Salat wieder anders aus.

Deshalb zunächst zu den Vorspeisen:

Sie sind ein eigenes kleines Gericht, das den Esser auf das folgende Menü einstimmen, ihn aber nicht belasten oder sättigen soll.

Bohnensalat

Stricknadeldünne Prinzeßbohnen (Haricots verts) „al dente" kochen und eiskalt abschrecken, rohe Champignons blättrig schneiden, reife Fleischtomaten häuten, entkernen, das Fleisch in Würfel teilen, Radicchio und krause Endivie in Stücke reißen. Alles mit einer Marinade aus Sherry-Essig, Oliven- oder Walnußöl, Salz und Pfeffer anmachen und erst unmittelbar vor dem Servieren vorsichtig mischen. Nach Belieben pro Person mit einem gekochten Krebsschwanz dekorieren.

Löwenzahnsalat

Gebleichten Löwenzahn (oder im Frühjahr selbst auf den Wiesen gestochene Löwenzahnpflänzchen) mit winzigen, ausgebratenen Speckwürfelchen und aromatischem Weinessig, Salz und Pfeffer anmachen. Das Speckfett heiß darübergießen. In Knoblauchbutter geröstete Weißbrotwürfel darüberstreuen.

Chicoréesalat

Die einzelnen Blätter von Chicoréestangen auslösen und quer in 2 Zentimeter lange Stücke schneiden. Orangenspalten und Zwiebeln in sehr dünne Ringe schneiden, Knoblauch zerdrücken. Mit Marinade aus Mayonnaise, Joghurt, Tomatenmark, Salz, Pfeffer und Zitronensaft anmachen.

Gemüsesalat

Möhren, weiße Rübchen, Sellerie, Kartoffeln, Kohlrabi – jeweils mit dem Kartoffelbohrer Kugeln ausstechen und mit ein paar ganzen kleinen Schalotten in Kalbsbrühe weich kochen. Lauwarm mit Obstessig, Olivenöl, Salz und Pfeffer anmachen. Schinkenwürfel, Kerbel oder gehackte Petersilie untermischen.

Sojasprossensalat

Frische Sojakeime, Lauch und Möhren in feine Juliennes (Streifen) schneiden und blanchieren. Mit einer heißen Marinade aus Öl, Sojasauce, Sherry (zu gleichen Teilen), einigen Tropfen Sesamöl und Pfeffer, einmal aufgekocht, heiß übergießen.

Eissalat mit Melone

Eissalat in Blätter zerzupfen, 1 reife Honigmelone halbieren, mit einem Löffel die Kerne ausschaben; mit einem Kartoffelbohrer oder Kartoffellöffel Kugeln oder Halbkugeln ausstechen, 1 gelbe Paprikaschote entkernen und in sehr feine Streifen schneiden, Schalotten fein hacken, Nordseekrabben gut abtropfen. Alles in einer Sauce aus Zitronensaft, Sherry-Essig (zu gleichen Teilen), Olivenöl, saurer Sahne, Salz und Pfeffer wenden.

Zucchinisalat

Zucchini längs in Juliennes schneiden, etwas Sellerie, der jedoch vorher kurz in Zitronenwasser blanchiert wurde, nach Belieben schwarze Trüffel als Juliennes oder Champignons blättrig schneiden. Mit einer Sauce aus Sherry-Essig, Walnußöl, Salz und Pfeffer anmachen, und rasch in heißer Butter gebratene Geflügellebern, in Würfel geteilt und rundum gesalzen und gepfeffert, obenauf geben.

Feldsalat mit Walnüssen

Feldsalat putzen, aber nicht am kleinen Strunk abschneiden, Walnüsse grob zerkleinern, 1 Zwiebel fein hacken. Marinade aus aromatischem Essig, neutralem Öl, Salz und Pfeffer darübergeben.

Endiviensalat

Endivienblätter in 5 Zentimeter lange Stücke teilen (nur die gelben inneren Blätter verwenden). Haselnüsse grob hacken, Champignons blättrig schneiden, Zwiebeln fein hacken. Eine Marinade aus zerdrücktem Gorgonzola mit etwas saurer Sahne und etwas aromatischem Weinessig, Salz, Pfeffer und einer Spur Cayennepfeffer darübergeben.

Spinatsalat

Frische Spinatblätter, Spargelspitzen, kurz abgekocht, Kerbelblättchen und feingehackte Schalotten mit einer Marinade aus Zitronensaft, Olivenöl, Salz und Pfeffer anmachen.

Rote-Bete-Salat mit Gurkenkugeln

Gekochte rote Bete schälen und in dünne Scheiben schneiden, Salatgurke schälen, entkernen, mit einem Kartoffelbohrer Kugeln ausstechen oder quer in dünne Scheibchen schneiden und frische Minzeblätter, Walnußkerne und Knoblauch zerdrücken. Mit einer Marinade aus Schalottenessig, Walnußöl, Senf, Salz und Pfeffer anmachen.

Champignonsalat

Champignons blättrig schneiden, magere Schinkenwürfel, glattblättrige Petersilie (unzerteilt) und gehackte Schalotten in einer Sauce aus Joghurt oder saurer Sahne, Zitronensaft und Oliven- oder geschmacksneutralem Öl anmachen; nach Belieben auch mit einigen Würfeln von hartgekochtem Ei bestreuen.

Bunter Kopfsalat

Zerpflückten Kopfsalat, Tomatenwürfel (gehäutet, entkernt), rote Zwiebel in hauchfeinen Ringen, einige Spinatblätter, Radieschen in dünnen Scheiben, frischen Kerbel, Schnittlauchröllchen mit einer Marinade aus Apfelessig, Olivenöl, Pfeffer und Salz anmachen. Nach Belieben pro Person je eine rasch in Butter gebratene Hähnchenleber obenauf legen. Oder geröstete Brotwürfelchen darüberstreuen.

Gemischter Blattsalat

Jeweils gleiche Mengen von folgenden geputzten, in Blätter gezupften und notfalls in Stücke zerkleinerten Blattsalatsorten: Kopfsalat, Romanasalat, krause und glatte Endivie, Radicchio, außerdem frischer Estragon. In einer Marinade aus wenig Olivenöl, aromatischem Essig, Salz und Pfeffer wenden. Hauchdünne Streifen von durchwachsenem Speck rasch in einer Pfanne ausbraten und mitsamt dem Fett über den Salat gießen.

Majoran, Kerbel, Estragon –
ein Lob den Küchenkräutern!

Majoran

Leicht verwechselbar:
Origano und Majoran

Getrockneter Majoran

Ein Lob den deutschen Küchenkräutern!

Es ist noch gar nicht so lange her, da bot das normale deutsche Lebensmittelgeschäft nur drei Kräuter an: Petersilie, Schnittlauch und Dill. Die Zeiten sind vorbei: Aus Holland, Dänemark, Italien, Frankreich und deutschen Gärtnereien kommt inzwischen ein breites Angebot in unsere Läden – teils als Schnittkräuter, teils als Töpfchen mit Jungpflanzen zum Selberziehen auf dem Balkon oder im Garten; wobei man natürlich im Feinkostgeschäft mehr findet als im simplen Supermarkt, und die ganze Reichhaltigkeit erst auf dem Wochenmarkt und in Gartencentern zur Geltung kommt.

Lange Zeit waren die Kräuter in unserer Küche geradezu zur Bedeutungslosigkeit verurteilt. Schuld daran war die Aufklärung, die mit einer wissenschaftlichen Medizin die Kräuterbücher des Mittelalters ablöste. Lediglich in den Bergregionen Süddeutschlands und in den bäuerlichen Gegenden der romanischen Länder konnten sie überleben. Jetzt, wo eine naturnähere und gesündere Ernährung wieder in das allgemeine Bewußtsein gerückt sind, gibt es einen wahren Kräuterboom.

In dieser Folge wollen wir uns begrenzen auf einige wenige Kräuter mit zarten Blättchen – übergehen also die eher mediterranen Kräuter, die sich auch gut trocknen lassen. In gewissem Sinn eine Ausnahme allerdings ist gleich unser erstes Kraut, der Majoran – er stammt ursprünglich aus Vorderasien, aber hat schon im Altertum seinen Siegeszug rund ums Mittelmeer angetreten:

Majoran ist eigentlich eine mehrjährige Pflanze, doch erfriert er im Winter bei uns, verträgt nicht einmal die ersten feuchtkalten Oktobernächte, wenn er gleichzeitig Wind ausgesetzt ist. Seine Würzkraft ist im Spätsommer, wenn die kleinen weißlich-grünen Blüten sich ausgebildet haben, am höchsten. Er kann sehr gut getrocknet werden und steht dann auch den Winter über zur Verfügung. Man kauft ihn meistens etwas zerbröselt, in der Fachsprache heißt das „gerebelt". Majoran ist das unabdingbare Gewürz des Schlachttags – er gehört in viele Würste, vor allem Leber- und Blutwürste, würzt vielerlei Fleischgerichte und Eintöpfe.

Der lateinische Namen für Majoran ist *Origanum majorana.* Schwant Ihnen was? Ja, der Majoran ist sozusagen die kleinere Schwester des Origano, den man ja als Pizzagewürz und aus der griechischen Küche kennt. Es gibt den Origano in verschiedenen Varietäten, die schwer auseinander zu halten sind – lat. *Origanum* mit angehängter Unterbezeichnung *maru, microphyllum, heracleoticum, kalitera, syriacum, dictamnus, tyttantum etc.* Am bekanntesten ist der italienische, dessen Blättchen etwas behaart, rauher und größer sind als die der anderen Arten, stets etwas silbrig schimmern. Aus Griechenland kommen sehr kleinblättrige und intensiv schmeckende Sorten – auf Kreta hat sich sogar eine eigene Spezies entwickelt.

Unserem Majoran sehr ähnlich ist *Origanum majoricum,* ein einigermaßen winterhartes Gewächs, das sehr häufig, und zwar aus Italien kommend, in Töpfen angeboten wird. Man mag zunächst glauben, es handle sich um einen besonders großblättrigen Majoran, es ist aber eine dem Origano näherstehende Zwischenform, wie man am Geschmack erkennen kann: Er schmeckt fast ein wenig minzig, die Blätter sind auch ganz fein behaart und glänzen grünsilbrig. Er übersteht leichte Fröste und läßt sich daher auch gut überwintern, wenn man den Topf bei strengerem Frost kurzzeitig ins Haus stellt.
Allerdings: Er verträgt weder Trockenheit noch feuchte und stehende Luft (Gewächshaus), sondern möchte lieber immer etwas Wind.

Die Form des Blütenstandes ist ein klares Erkennungsmal, ob es sich um Majoran oder Origano handelt: Beim Majoran wird man die unscheinbaren Blüten mit den durchscheinend weißen Blütenblättern zunächst kaum bemerken, denn sie sitzen in den Blattachseln und ziehen sich den Stengel hoch, während sie bei den Origano-Arten doldig stehen, mit weißen oder rosa Blüten.

Übrigens gibt es auch bei uns auf kalkigen Böden einen Verwandten des Majorans, den Dost, *Origanum vulgare,* der aber weniger intensiv schmeckt – er sollte trotzdem in keinem Garten mit geeignetem Boden fehlen, denn seine rosa-violetten Blüten sind eine gute Käfer- und Schmetterlingsweide!

Kerbel ist eine klassische Frühlingspflanze – gräbt man ihn nach der Blüte aber nicht um, sondern läßt man ihn sich entwickeln und wieder aussamen, so bekommt man im Herbst – vor allem, wenn es regnerisch ist – eine herrliche Späternte an den erstaunlichsten Plätzen. Und zwar einen sehr viel kräftiger wachsenden Kerbel, als wenn man ihn selbst aussät, weil dies oft nicht zum idealen Zeitpunkt und am

Kerbel

177

idealen Ort geschieht. Falls Sie Kerbel auf dem Balkon haben, am besten an einen schattigen Ort stellen. Kerbel ist in fast ganz Deutschland die Grundlage für eine Suppe, die am liebsten am Gründonnerstag gegessen wird, aber im Herbst genauso gut schmeckt. In Frankreich gehört er unverzichtbar zu Erbsen. Weiterhin würzt er Saucen zu Fisch oder

Deutscher Estragon hat dunkelgrüne Blätter, ist aus Samen gezogen und schmeckt eigentlich nach Gras

Fleisch, schmeckt köstlich in Salaten, zu Eiern und im Quark. Man kann ihn zur Abwechslung eigentlich immer dann verwenden, wenn Petersilie gefragt ist.

Estragon ist ganz ohne Zweifel eines der besten Küchenkräuter, allerdings auch eines der problematischsten.

Denn nichts ist bei uns seltener zu bekommen als ein wirklich guter Estragon! Es gibt da nämlich ein Mysterium: Den immer wieder geschilderten Unterschied zwischen französischem, russischem und deutschem Estragon (in älteren Büchern als Dragon, in den österreichischen und bayerischen als Bertram bezeichnet). Wo man fragt, sagt man garantiert, es handle sich um deutschen, und dieser sei der beste. Stimmt aber im allgemeinen nicht. Und was in der modernen Kochbuch- und Gartenliteratur für ein Quatsch steht, geht auf keine Kuhhaut: Da wird nämlich deutscher mit französischem Estragon gleichgesetzt, der russische verworfen. In Frankreich weiß man genau, daß dies nicht stimmt: Der deutsche und der russische sind sehr ähn-

lich, schmecken in erster Linie grasig, ein wenig nach Kümmel und leider nur sehr zart nach Estragon. Offensichtlich wird dieser Estragon auch aus Samen gezogen – und dann ist er immer langweilig!

Guten Estragon gewinnt man nämlich nur aus Stockteilung von bewährten Stauden. Tatsächlich fällt solches Wurzelwerk alljährlich bei der Gartenarbeit an, denn Estragon hat die unangenehme Eigenschaft, sich recht schnell nach allen Seiten hin auszubreiten. Leider findet man Ableger des aromatischen Estragons nur in sehr seltenen Fällen bei uns – man muß nämlich feststellen, daß die meisten deutschen Gärtner gar nicht wissen, wie ein guter Estragon zu schmecken hat!

Vom echten französischen Estragon sollten Sie sich, wann immer sie auf ihn stoßen, im Frühling bis hinein in den Frühsommer einen bewurzelten Stiel mitnehmen, diesen oben auf drei bis vier Blattachseln einkürzen und sofort in feuchte Erde pflanzen. Eventuell mit einer Plastiktüte gegen Austrocknung schützen. Nur dann haben Sie das wirklich köstliche, intensiv nach Anis und Estragon duftende Kraut, das in der feinen französischen Küche so beliebt ist: an Salaten mit Fisch, Fleisch und Meeresfrüchten, zu Kalb und Huhn, in Saucen und eingelegt in Essig (auch als Würzessig und zu Gurken) – himmlisch!

Dieser gute Estragon hat relativ breite, vor allem in der Jugend ausgezackte, später eher kurze, lanzettförmige und ganz hellgrüne Blätter mit mehreren Längsadern, im Gegensatz zum deutschen, der lange, dunkelgrüne, an der Unterseite silbrig schimmernde Blätter besitzt. Beide Sorten sind im Sommer und Frühherbst am besten. Haben sich Blüten gebildet – sie sind grün und recht unauffällig –, so wird sein Geschmack strenger, gar bitter. Man kann dem abhelfen, indem man ab dem Hochsommer die Spitzen der Stengel auf etwa halber Höhe abschneidet und Seitentriebe zieht ...

Estragon läßt sich schlecht trocknen – befriedigende Qualität bietet nur Spice Islands. Besser ist es, die Blätter in Essig einzulegen, dann bewahren sie ein saubereres Aroma. Estragonessig schließlich ist als Salatwürze bestens geeignet – und tatsächlich sollten Sie dann jeweils einen Zweig deutschen und französischen Estragon in die Flasche stecken, denn eine Mischung ist noch besser als beide Sorten einzeln!

Rechts sehen Sie den deutschen Estragon, der verfeinert wurde durch Auswahl, und links sehen Sie den französischer Estragon mit seinen hellgrünen, etwas gefiederten Blättern

Französischen Estragon kann man nur aus Stockvermehrung gewinnen

Für 6 Personen:
1 größere Lammschulter
oder Lammkeule (ca.
1,8 bis 2 kg Fleisch),
Salz, 4 Knoblauchzehen,
2 Lorbeerblätter, je 1 TL
Thymian, Pfeffer- und
Pimentkörner, 2 gehäuf-
te TL getrockneter
Majoran, je etwa 250 g
Lauch, Sellerie, Möhren,
Bohnen und Zwiebeln,
1 großes Bund Petersilie,
1 kg Kartoffeln, 1 bis
2 EL vorzüglicher
Weinessig, 100 g frischer
Meerrettich, reichlich
frischer Majoran

DIE REZEPTE

Steirisches Majoranschöpsernes

„Schöpsernes" heißt das Hammelfleisch in Österreich – das Frikassee wird mit älterem Fleisch natürlich eine deftige Sache! Zarter und für unsere heutigen Gaumen angenehmer schmeckt der Topf, wenn Sie Lammfleisch nehmen.

❶ Das Fleisch auslösen und roh in große Würfel von mindestens etwa 4 bis 6 cm Kantenlänge schneiden. Mit einem Liter Wasser und Salz aufsetzen, die Gewürze zufügen und langsam zum Kochen bringen.

❷ Lauch, Sellerie, Möhren und Zwiebeln putzen – die Abschnitte mit zum Fleisch geben, die schönen Teile in Streifen schneiden und beiseite legen (Möhren

❹ Jetzt das Fleisch herausnehmen und den Kochsud durchseihen.

❺ Die Kartoffeln schälen und mit dem in exakte Streifen oder Würfel geschnittenen Wurzelwerk sowie dem Fleisch in den Suppentopf füllen.

und Sellerie eventuell mit etwas Zitronensaft beträufeln, damit sie nicht anlaufen). Petersilienblätter von den Stengeln zupfen, die Stengel mitkochen.

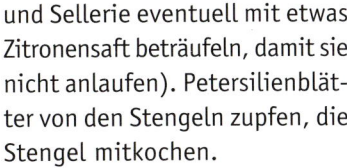

❻ Mit der durchgeseihten Brühe auffüllen und auf milder Hitze sehr behutsam eine weitere halbe Stunde köcheln, bis Kartoffeln und Gemüse weich sind.

❸ Wenn das Fleisch einmal aufgewallt hat, die Hitze herunterschalten und alles eine knappe Stunde leise simmern lassen – das Fleisch bekommt auf diese Art, als „eingemachtes Fleisch" gegart, eine recht feste Konsistenz.

❼ Fleisch, Gemüse und Kartoffeln auf einer großen, vorgewärmten Platte anrichten. Mit den gehackten Petersilienblättern – wenn vorhanden, auch frischen Majoranblättchen – bestreuen. Den Sud mit Essig würzen, abschmecken und darübergießen. Alles mit frisch gerissenem (geriebenem) Meerrettich überstreuen.

Für 4 Personen:
4-5 altbackene Sem-
meln, 1/8 l lauwarme
Milch oder Wasser,
250 g Leber (vorzugswei-
se bereits vom Metzger
mahlen lassen – er
hat das bessere Gerät
dafür!), 1 Zwiebel,
1 Bund Petersilie, 30 g
Butter, 2 Eier, 1 gehäuf-
ter EL Majoran, Pfeffer,
Salz, eventuell Semmel-
brösel zum Binden,
1 l gute Fleischbrühe
(ersatzweise Wasser)

Leberknödel

Eine bayerische Spezialität – die es natürlich auch in anderen Gegenden gibt, aber nirgends wird sie so gepflegt. Man serviert die Knödel mit Sauerkraut oder in der Suppe.

❶ Semmeln in dünne Scheiben schneiden, mit der Milch übergießen und 10 Minuten quellen lassen. In der Zwischenzeit die Leber durch den Fleischwolf drehen.

❷ Zwiebel und Petersilie fein hacken und in der Butter weich dünsten. Semmeln durchmischen, bis alles ein Brei geworden ist. Leber und etwas abgekühlte Zwiebeln zufügen.

❸ Eier hineinschlagen, Gewürze zufügen und alles innig vermischen – mit den Händen durchkneten!

❹ Noch fünf Minuten ruhen lassen. Dann mit nassen Händen

Knödel von 5 bis 6 cm Durchmesser formen und in leise siedende Brühe oder Salzwasser gleiten und langsam gar ziehen lassen.

Tip: In Bayern nimmt man am liebsten Rinderleber, die man zu einem kleinen Teil noch durch Milz ersetzt – also 200 g Leber und 50 g Milz; das macht die Knödel dunkler und würziger.

❺ Man sollte zunächst einen Probeknödel machen, um zu sehen, ob die Masse gut abbindet, nicht zu weich ist und sich gar auflöst.

Sollte dies der Fall sein, noch einige Löffel Semmelbrösel einarbeiten.

❻ Serviert man die Knödel in der Suppe, so läßt man sie klassischerweise in der Brühe ziehen, obwohl diese dann nicht mehr klar ist – im Restaurant gart man sie natürlich immer getrennt, was das Auge erfreut, aber dem Geschmack nicht unbedingt zugute kommt. Unbedingt wird die Suppe mit reichlich Schnittlauch bestreut!

Kerbelsuppe

Für 4 Personen:
1 Zwiebel, 75 g Butter,
1 große rohe Kartoffel,
3/4 l Fleischbrühe,
50 g entstielte Kerbel-
blättchen, Salz, Pfeffer,
1/8 l süße Sahne

❶ Die Zwiebel in sehr feine Würfelchen schneiden. 25 g Butter in einem Topf zerlassen und die Zwiebeln darin andünsten.

❷ Die Kartoffeln würfeln und die Kerbelstielchen kleinschneiden und zufügen, denn die Kerbelstielchen geben der Suppe eine schöne Farbe.

❸ Dann mit Brühe auffüllen. Zehn Minuten ohne Deckel kochen, damit die Brühe ein wenig einkochen, also etwas Flüssigkeit verdampfen kann.

❹ Die Kerbelblättchen mit der restlichen, zimmerwarmen Butter im Mixer oder mit dem Mixstab pürieren.

❺ Nach und nach erst die Sahne, danach auch die heiße Suppe zufügen. Glattmixen und abschmekken.

❻ In Suppentassen oder tiefen Tellern mit etwas frischem Kerbel dekoriert servieren.

❼ Achtung: Kerbel kann man nicht trocknen. Eigentlich ist Kerbel ein Frühlingskraut, aber auch in einem feuchten Herbst gibt es viel Kerbel.

Tip: Kerbel aufbewahren kann man, wenn Sie eine Kerbelbutter herstellen. Verwenden Sie Kerbel und Butter zu gleichen Anteilen, im Mixer mischen und einfrieren.

Kerbeltomaten

Für 4 Personen:
4 mittelgroße, aroma-
tische, reife Tomaten,
200 g frischer, abgezupf-
ter Kerbel, 6 EL Oliven-
öl extra, Salz, Pfeffer,
4 TL Balsamicoessig,
4 Knoblauchzehen,
2 EL Semmelbrösel

Eine der besten Beilagen zu gegrilltem oder gebratenem Fleisch.

❶ Tomaten brühen, abschrecken und häuten. Eine Kappe abschneiden, aushöhlen.

❷ Kerbel blanchieren, abschrekken, abtropfen lassen und aus-

drücken. Mit 2 EL Öl vermischen, salzen und pfeffern und in die Tomaten verteilen.

❸ Mit Balsamicoessig beträufeln und die Deckel wieder auf die Tomaten legen. Tomaten in eine feuerfeste Form setzen.

❹ Die Knoblauchzehen jeweils über eine der Tomaten pressen, mit Semmelbröseln bestreuen und alles mit dem restlichen Öl beträufeln. Für etwa 20 Minuten in den 220 Grad heißen Ofen schieben oder unter dem Grill überbacken.

Sauce Béarnaise

Die große Sauce der klassischen französischen Küche zu rosa gegrilltem oder kurzgebratenem Fleisch und gegrilltem Fisch. In der gehobenen französischen Gastronomie nimmt man zerlassene und geklärte Butter, im Haushalt schlägt man einfach Butterflöckchen unter.

❶ Schalotte fein hacken, von drei Stengeln Estragon die Blättchen abzupfen.

❷ Essig in einem gußeisernen oder dickwandigen Topf zum Ko-

chen bringen. Schalotte, Estragonstengel, Pfefferkörner und Salz zufügen und die Flüssigkeit auf die Menge von 1 EL einkochen. Durchseihen und abkühlen

Für 4 Personen:
1 Schalotte, 3 Stengel
Estragon, 3 EL Weiß-
weinessig, 1 TL zer-
drückte Pfefferkörner,
Salz, 2 Eigelb, 250 g
Butter

lassen. Wieder in den Topf zurückgeben, sanft erhitzen. Die Eigelb hineingeben und mit dem Schneebesen aufschlagen – dabei vorsichtig heiß werden lassen.

❸ Wenn die Masse schaumig und weißlich ist, die Butter nach und nach zufügen und einschlagen. Zum Schluß die abgezupften Estragonblättchen hacken und untermischen.
Noch einmal abschmecken und in einer vorgewärmten Sauciere servieren.

❹ Bei uns gibt es zur Sauce Béarnaise kaltes Roastbeef und Kerbeltomaten. Dazu einen kräftigen Rotwein.

Für 2 Personen:
40 g Butter, 1 Zwiebel
oder 2 Schalotten,
4 Stengel Estragon,
2 Scheiben Kabeljau zu
je ca. 150 g (möglichst
aus dem Rücken ge-
schnitten), Salz, Pfeffer,
1/8 l trockener weißer
Wermut (Noilly Prat),
125 g Crème fraîche

Kabeljau mit Estragon

Eine typisch französische Grundzubereitung, die mit jedem Fischfilet gelingt.

❶ Butter in einer passenden Bratform im 220 Grad heißen Ofen zerlassen. Wenn Sie keinen frischen Estragon haben, dann können Sie auch einen Estragonessig verwenden, den stellen Sie so her:

❷ Eine Flasche mit Weinessig füllen, und da hinein geben Sie deutschen und französischen Estragon. Wenn Sie diese Flüssigkeit einkochen, können Sie dieses Aroma auch für den Fond verwenden.

❸ Zwiebel oder Schalotten fein hacken. In die Form streuen und etwas angehen lassen, aber nicht bräunen. Estragonblättchen abzupfen, die Stiele zu den Zwiebeln geben.

❹ Fischfilets vorrichten, waschen und trockentupfen. Nicht säuern, wenn der Fisch wirklich frisch ist und noch nach Meer duftet – sonst etwas Zitronensaft darüberträufeln.
Salzen und pfeffern, in die Zwiebelbutter legen, den Wermut angießen, Butterflöckchen auf den Fisch legen, damit er nicht verbrennt, und für 8 bis 10 Minuten in den Ofen schieben.

aufkochen, die Stengel herausnehmen und durchmixen. Crème fraîche untermixen, eventuell noch etwas einkochen lassen. Estragon einrühren, abschmekken und über die Fischfilets gießen. Sofort servieren.

Beilage:
Nudeln oder Salzkartoffeln.

Getränk:
Ein kräftiger trockener Weißwein (Chablis oder Burgunder).

❺ Herausnehmen, den Fisch auf eine vorgewärmte Platte legen und mit der Folie abdecken. Bratfond in einen Topf geben,

Für 4 Personen:
2 gebratene oder ge-
grillte Hühnerbrüste
(fertig gekauft), 2 große
Fleischtomaten, 250 g
rohe Champignons,
1 EL Zitronensaft,
2 kleine Zucchini,
1 Zwiebel oder 2 Scha-
lotten, 1 Handvoll zarte
Kerbelblätter, 1 EL
Apfelessig, 1 EL Balsa-
micoessig, Salz, Pfeffer,
3 EL Olivenöl extra

Hühnersalat mit Kerbel

❶ Hühnerfleisch häuten, entfetten und in schmale, schräge Scheibchen schneiden.

❷ Tomaten mit kochendem Wasser überbrühen, eiskalt abschrecken und häuten. Entkernen und in Streifen schneiden. Champignons putzen, blättrig aufschneiden und mit Zitronensaft umwenden. Zucchini in hauchdünne Streifchen hobeln oder schneiden, dabei das weiche Innere aber nicht mithobeln, sondern wegwerfen. Zwiebel oder Schalotten fein hakken. Alles in einer großen Schüs-

sel mit den Hühnerbrüsten vermischen.

❸ Apfelessig und Balsamico mit Salz und Pfeffer vermischen, erst dann das Öl einschlagen. Über den Salat gießen. Die Kerbelblättchen zerzupfen und locker über den Salat streuen, alles umwenden und rasch zu Tisch bringen.

Dazu gibt's Weißbrot und einen erfrischenden, leichten Weißwein oder Rosé.

Ein wunderbarer Vorspeisensalat – es wird ein leichtes Abendessen daraus, wenn Sie noch 500 g in dünne Scheibchen geschnittene Salatkartoffeln zufügen.

Kartoffel-Ravioli

In der ligurischen Küche spielen Kartoffeln eine sehr wichtige Rolle. Sie werden jedoch als Gemüse, nicht – wie bei uns – als Sättigungsbeilage gesehen. Der Kartoffelfüllung begegnet man immer wieder – das Rezept wird jedoch von jeder Hausfrau abgewandelt. Im Herbst nimmt man beispielsweise sehr gerne reichlich getrockneten und deshalb besonders aromatischen Majoran

statt des sommerlichen Basilikums.

❶ Aus soviel Mehl einen geschmeidigen Nudelteig kneten, wie die Eier aufzunehmen imstande sind, dabei mit Salz und Olivenöl würzen. Den Teig nach einer halben Stunde Ruhezeit mit der Nudelmaschine zu hauchdünnen, aber etwa acht Zentimeter breiten Bändern auswellen.

Für 6 Personen:
1 Portion Nudelteig
(klassischer Nudelteig):
ca. 300 g Mehl, 5 Eier,
Salz, 1 EL Olivenöl
1 Portion Kartoffelfül-
lung: 250 g frisch ge-
kochte Kartoffeln, 1 Ei,
50 g geriebener Parme-
san, 3 EL Olivenöl, 2 EL
Majoran, 2 Knoblauch-
zehen, Salz, Pfeffer

❷ Für die Füllung die Kartoffeln mit einer Gabel zerdrücken, dabei Ei, Käse, Öl, Majoran, durchgepreßten Knoblauch, Pfeffer und Salz gut mischen. Achtung: Füllung kräftig abschmecken! Kleine Teigtäschchen – Ravioli – herstellen. Dazu in regelmäßigen Abständen je einen Löffel Füllung auf das Teigband setzen, zusammenklappen, gut zusammendrücken und kleine Ravioli ausradeln. Sanft in reichlich Salzwasser gar kochen – das dauert nur etwa 4 bis 6 Minuten.

❸ Für eine ganz kleine Sauce etwas Kochsud und Olivenöl sprudelnd aufkochen, bis beides emulgiert. Über die im tiefen Teller angerichteten Ravioli gießen, mit ein paar möglichst frischen Majoranblättchen bestreuen und sofort servieren.

Getränk: ein trockener Weißwein.

Majoranfleisch

Ein allgemein verbreitetes österreichisches Rezept, ragoutähnlich, ein typisches Gericht der Familienküche.

❶ Fleisch in scheibchenartige, nicht zu dünne Stücke schneiden. Zwiebeln grob würfeln. Das Fett in einem breiten Topf zerlassen und die Zwiebeln darin golden rösten. Fleisch zufügen und ebenfalls auf allen Seiten anbraten, dabei salzen und pfeffern. Ehe es anröstet, den Majoran zugeben und erhitzen.

❷ Mit 1 EL Essig ablöschen, verdampfen lassen, dann die Fleischbrühe angießen. Aufkochen und die Hitze herunterschalten. Deckel auflegen und alles langsam in etwa 1 1/2 Stunden gar schmoren. Ab und zu umrühren.

❸ Fleisch herausheben, die Sauce mit der sauren Sahne verkochen. Im Mixer pürieren und zurück in den Topf geben. Fleisch einlegen und nochmals erhitzen. Mit Essig, Salz und Pfeffer sowie frischem Majoran abschmecken.

Beilage:
Nudeln oder Salzkartoffeln.

Für 4 Personen:
800 g gut abgehangenes Rindfleisch aus der Rose oder der Schulter, 350 g Zwiebeln, 50 g Butter und 1 EL Öl oder 60 g Schweineschmalz, Salz, Pfeffer, 2 EL Majoran, 2 EL Essig (vorzugsweise aromatischer Apfelessig), 1/8 l Fleischbrühe, 1/8 l saure Sahne

Tip: Früher hat man das Majoranfleisch mit Mehl gebunden – diese Art des Pürierens im Mixer hält die Sauce leicht und elegant. Wem sie zu dünn ist, der kann sie mit einer gekochten Kartoffel zusätzlich binden – aber keine Kartoffeln mitkochen, denn diese werden in der säuerlichen Sauce nicht sämig-weich. Früher hat man in Österreich viel und gerne mit Schweineschmalz gekocht: Gerade Majoran geht mit dem Geschmack des Schweinefettes – wie auch Paprika – eine besonders charakteristische Verbindung ein. Mit Butter und etwas Öl (damit die Butter nicht so leicht verbrennt) schmeckt das Gericht eher neutral und „moderner", bleibt auch leichter.

Getränk: Grüner Veltliner oder Welschriesling, Bier oder Most (Apfelwein).

189

Kärntner Schöpsernes

❶ Schulter mit Wasser bedeckt aufsetzen. Salz und geputztes, in Stücke geschnittenes Suppengrün zugeben. Petersilienblätter abzupfen und beiseite stellen, Stengel in den Sud geben. Auch geviertelte Zwiebeln und die halbierten Knoblauchzehen zufügen sowie die Gewürze – vom Majoran aber nur die Hälfte und von der Zitrone nur die dünn abgeschnittene Schale.

❷ Zum Kochen bringen, nach dem ersten Aufwallen die Hitze herunterschalten. Wenn sich der Schaum gelegt hat, den Deckel auflegen und das Ganze 1 1/2 Stunden leise sieden. Etwas abkühlen lassen.

❸ Fleisch herausnehmen, ablösen und in mundgerechte Stücke schneiden. Brühe durchseihen, eventuell Möhren, Lauch, Zwiebeln und Sellerie zum Binden der Sauce heraussuchen. Butter zerlassen, das Mehl darin golden schwitzen. Restlichen Majoran zufügen.

❹ Mit der Hälfte der Brühe aufgießen, Sahne oder Crème fraîche zufügen und alles in guten 20 Minuten zu einer dicklichen Sauce verkochen – eventuell die gekochten Gemüse im Mixer pürieren und zusätzlich zur Bindung verwenden.

❺ Falls nötig, noch etwas Brühe darangießen. Fleisch in der Sauce wieder erhitzen, mit Zitronensaft würzen und die gehackte Petersilie untermischen. Noch einmal abschmecken!

Für 6 Personen:
1 Hammel- oder größere Lammschulter, Salz,
1 großes Bund Suppengrün (je etwa 100 g Lauch, Sellerie und Möhren), 1 Bund Petersilie, 2 Zwiebeln,
4 Knoblauchzehen,
je 1 flacher TL Thymian, Pfeffer- und Pimentkörner, 2 Lorbeerblätter,
2 gehäufte TL Majoran,
1/2 Zitrone, 40 g Butter,
40 g Mehl, 1/8 l saure Sahne oder Crème fraîche

Beilage: Salzkartoffeln.

Getränk: kräftiger Weiß- oder Rotwein, Bier.

Majorankartoffeln

Ein uraltes Rezept der Bauernküche – wird zu gekochtem Rindfleisch serviert.

❶ Aus Butter und Mehl eine goldene, auf keinen Fall braune Einbrenne bereiten. Zwiebel und Knoblauch hacken und zufügen, ebenso das zerbröselte Lorbeerblatt, Petersilie und Majoran. Wenn alles dunkel zu werden droht, mit Essig ablöschen. Brühe angießen und 1/2 Stunde durchkochen.

❷ Unterdessen die Kartoffeln kochen oder dämpfen. Etwas auskühlen lassen, schälen und in

Für 6 Personen:
60 g Butter, 60 g Mehl,
1 Zwiebel, 1 Knoblauchzehe, 1 Lorbeerblatt,
2 Stengel Petersilie,
1 EL Majoran, 1 EL Essig, 1 l Rinderbrühe,
1 kg Kartoffeln, Salz,
weißer Pfeffer

eine Schüssel schnibbeln – die Scheiben sollen möglichst locker fallen.

❸ Sauce durchpassieren und mit der Sahne vermischen. Mit Salz, Pfeffer und Majoran abschmekken. Sauce über die Kartoffeln gießen und sofort mit dem Fleisch servieren.

Getränk: ein kerniger Weißwein.

Tip: Man kann auch am Vortag gekochte Kartoffeln nehmen und in der Sauce wieder aufwärmen.

ANDERE KÜCHENKRÄUTER

Neben den in der Sendung behandelten Kräutern gibt es noch eine ganze Menge anderer, die einen festen Platz in unseren Gärten hatten und haben, und die es zu entdecken lohnt, wenn man sie nicht kennt.

Pimpinelle:

Diese kleine Pflanze mit den zunächst in ihrem Jugendstadium noch zusammengerollten Blättchen, die sich dann wie ein Wedel ausbreiten, findet man an Wegböschungen und auf trockenen Wiesen. Die Gartenform bildet nur unwesentlich größere Blätter, im Geschmack sind sich Wildpflanze und Gartenpimpinelle praktisch gleich. Ihr Aroma ist leicht nußartig, hinzu kommt eine charakteristische, auf der Zunge ein pelziges Gefühl hinterlassende Säure, die sehr erfrischend wirkt. Pimpinelle schmeckt ausgezeichnet zu allen Eiergerichten, in Wildkräutersalaten, in Fisch- und Fleischsalaten, gehört in die Frankfurter Kräutersauce und eignet sich ge-

hackt auch sehr gut als Brotbelag.

Minze:

Wilde Minze, in feuchten Niederungen und an Rändern von Bächen und Gräben zu finden, hat keinen so ausgeprägt feinen Geschmack wie im Garten angebaute Pfefferminze. Es gibt unglaublich viele Minze-Varianten – die besten, obwohl ganz unterschiedlich, sind wohl die englische, die vietnamesische und die arabische Minze. Man muß vorsichtig damit umgehen; der Geschmack ist intensiv – bestens geeignet zu Salaten und Saucen, ungekochte Blätter zu Fleisch, Suppen und Gemüsegerichten.

Sauerampfer:

Seitdem die großen Köche Frankreichs den Sauerampfer wiederentdeckt haben, erfreut er sich auch bei uns wieder zunehmender Beliebtheit. Der Gartensauerampfer bildet große und zarte Blätter, die man im Gegensatz zum Wiesensauerampfer nicht

nur im Frühjahr genießen kann. Die Blätter werden nach dem Waschen für Saucen einfach aufeinandergeschichtet und in Streifen geschnitten, im Salat ganz verwendet (besonders gut mit Kartoffelsalat, unbedingt nötig in

gemischten Kräutersalaten). In Süddeutschland ißt man ihn am liebsten in einer Suppe. Hierzu werden meist 3/4 des Sauerampfers in Streifen geschnitten und zusammen mit Zwiebeln angedünstet, dann wird die Brühe aufgegossen, durchgekocht und gemixt mit Ei und Sahne; dann kommt der restliche Sauerampfer frisch hinein. Im Norden, vor allem aber im östlichen Deutschland, war Sauerampfersuppe noch bis ins letzte Jahrhundert das klassische Gründonnerstagsessen, wobei der Sauerampfer allerdings zunächst angedünstet, dann mit Mehl bestäubt und mit

Brühe angegossen sehr lange gekocht wurde, so daß viel von seiner Frische verlorenging. Bereiten Sie die Sauerampfersuppe lieber nach dem Rezept für Kerbelsuppe zu! Und servieren Sie als Einlage ein pochiertes Ei.

Liebstöckel:

Von dem auch Maggikraut genannten, hocharomatischen Gewächs nimmt man nur die zarten Blätter der jungen Triebe – ältere Blätter taugen nur noch zum Auskochen in der Fleischbrühe. Mit den zarten Blättchen würzt man Salate und Saucen, verleiht ihnen einen ungewohnten, attraktiven Geschmack.

In Quark oder Schichtkäse allein mit Schnittlauch verwendet, schmeckt er ganz vorzüglich. Sehr gut auch die nur kurz fritierten Blätter an Fleischgerichten. Oder an das Kochwasser von sauber geschrubbten neuen Kartoffeln einige Blättchen geben und ihren Geschmack mitteilen lassen!

Borretsch:

Traditionell verwenden wir ihn nur frisch, selten gekocht. Sowohl getrocknet als auch eingelegt oder im Essig schmeckt er muffig-dumpf bzw. nach Heu. Nur frisch ist er köstlich, mit einem, wie es immer heißt, Geschmack nach Gurken. Gewiß, das stimmt, aber es ist doch nicht alles, was der Borretsch zu bieten hat.

Versuchen Sie beispielsweise einmal, einen Kartoffelsalat mit 1/3 der Menge Borretschblätter anzumachen – im Herbst, wenn die Pflanzen, die sich selbst versamt haben, üppig austreiben, ist dafür die beste Zeit: eine köstliche Sache, die zwar auch an einen Gurken-Kartoffel-Salat (eine bewährt-beliebte Mischung) erinnert, aber doch eine erdige, gleichzeitig schwer-aromatisch wie fruchtig-leichte Komponente aufweist, die dem Borretsch eine ganz klare Eigenständigkeit gibt. Die jungen Blätter sind die zartesten und besten – bei älteren können die zunächst nur als flaumige Härchen auftretenden Spitzen auf den Blättern zu wahren Stacheln werden, die Blätter sind dann unangenehm roh zu essen und sollten gekocht werden. In Ligurien beispielsweise bereitet man daraus ein Gemüse oder ersetzt die Hälfte der Kartoffeln für eine Raviolifüllung (siehe Rezept für Majoran, S. 188) mit gut ausgepreßten, kurz gekochten Borretschblättern. Von allen Gartenkräutern hat der Borretsch die schönsten Blüten: kleine, leuchtend hellblaue, weit ausgestellte Glocken. Verwenden Sie diese Blüten zum Dekorieren wie zum Würzen – im Salat oder auf einer Suppe sehen sie hübsch aus.

Bohnenkraut:

Warum das Kraut so heißt, ist klar – es schmeckt so köstlich zu Bohnen, besser gesagt, Bohnen schmecken so köstlich, wenn sie mit Bohnenkraut zubereitet werden. In München zum Beispiel, wo man auf frische Kräuter Wert legt, bekommt man auch heute noch, wenn man Bohnen kauft, ein Sträußchen Bohnenkraut gratis mit. Man gibt das Bohnenkraut entweder schon beim Kochen zu oder erst beim anschließenden Schwenken in Butter oder Anmachen als Salat. Weiterhin paßt Bohnenkraut prächtig in alle weißen Saucen zu Fisch, Fleisch und Gemüse, auch zu fast jedem geschmorten Fleisch. Es läßt sich hervorragend trocknen, doch sollte man damit warten, bis die Blüten vollkommen herangebildet sind, denn dann enthalten die Blätter mehr ätherische als aromabildende Öle, sind auch nicht mehr so saftig und feucht. Der Anbau ist problemlos: ein sonniges Plätzchen und nicht zu feucht gehalten. 2-3 Pflanzen reichen! Verwandt, aber mehrjährig: das Winter- oder Bergbohnenkraut.

Diese Pflanze meinte man früher, als man sagte, Bohnenkraut ersetze den Pfeffer. Die Blättchen sind etwas hart, weshalb man sie mikroskopisch fein hacken muß, und brennend scharf. Zu verwenden wie normales Bohnenkraut.

Portulak:

Es gibt ihn wild wohl in fast allen Gärten. Seine Blätter sind etwas dicklich, lanzettförmig bis rundlich abgestumpft, glänzen rötlich-bräunlich-grün und fettig und sitzen an meist rötlichen, harten Stengeln. Sie speichern viel Wasser und schmecken irgendwie salzig. Auf den ersten Biß fade, gewinnt man sie beim längeren Essen richtig lieb. Portulak wird in guten Samenhandlungen in Kulturform angeboten, wobei die Pflanzen dann nicht mehr am Boden entlangkriechen, sondern sich ein wenig aufrichten und größere, bis zu 2 cm lange Blätter bilden. Er wird auch aus Holland und Italien für Salat importiert.

Dill:

Gewächshausdill hat lange, gefiederte Blätter, während die des im Freiland gewachsenen Sommerdills wesentlich kürzer sind und rund wie Nadeln ausfallen. Sie besitzen eine betörende, intensive, an Fenchel und Anis erinnernde Würzkraft. Es scheint so, als ob man bei uns die Würzkraft des Dills so milde wie möglich halten

will, denn nur wenige gute Gärtnereien bauen einen richtigen Freilanddill an, den sie dann auch groß werden lassen, damit man die Dolden der Blüten mit den Samen zum Einlegen von Gurken und zum Ansetzen von Essig verwenden kann. Ansonsten bekommt man nur den breitblättrigen Dill von jungen, immer von neuem nachgesäten Pflanzen, der grasig schmeckt. Man kann bis in den August hinein Dill aussäen, wenn man genügend Platz hat. Die letzte Saat dann mit einem einfachen Plastiktunnel vor Frost schützen – Dill ist gar nicht so empfindlich, und man kann auf diese Weise bis in den November hinein frischen Dill aus dem Garten holen. Dill paßt zu allen Salaten, in die meisten Saucen, zu vielen Schmor- und Dämpfgerichten, zu gedünstetem Gemüse und zu Fisch und gekochtem Fleisch. Besonders in der skandinavischen, der russischen und der persischen Küche beliebt, bereitet man Heringe, rote Bete, Rindfleisch in allen Variationen, frische Forellen, Lachse, Aale und Hechte, Quark, Joghurt, Kefir und Sauermilch mit Dill zu. Dill verträgt sich ausgezeichnet mit Gurken, sowohl eingelegten (Salzgurken), eingemachten (Dillgewürzgurken, süßsaure Gewürzgurken, Senfgurken) und frischen (Gurkengemüse oder Gurkensalat). In Schweden braucht man ihn unbedingt zu Krebsen.

Zwiebel, Knoblauch & Schalotten

Würze für herbstliche Braten und Saucen

Früher oder später bringen sie jedermann zum Weinen, aber wer auf sie verzichtet, dem wird das Essen ganz schön fad. Übrigens sind sie das Gemüse mit dem höchsten Pro-Kopf-Verbrauch. Und es steckt eine ganze Menge Gesundheit drin. Nahe Verwandte: der feine Spargel und die eleganten Lilien. Wissen Sie, was gemeint ist? Die bescheidene, schlichte Haushaltszwiebel.

Sie stammt aus vornehmster Familie. Wie der Lauch übrigens auch, der ebenfalls zur engeren Verwandtschaft innerhalb des ziemlich weitläufigen Clans der Liliengewächse gehört.

Selbst die engere Zwiebelfamilie, also ohne Cousine Lauch oder Vetter Knoblauch, verfügt ja bereits über eine stattliche Mitgliederzahl. Das geht von der ganz sanften, milden Gemüsezwiebel bis zu den eher scharfen, beißenden Würzzwiebeln, die einem buchstäblich die Tränen ins Gesicht jagen.

Zwiebeln sind sicher das älteste Gemüse, das die Menschheit kennt. Aufzeichnungen aus dem alten Ägypten überlieferten exakte Zahlen. So sollen zum Beispiel die Zwiebeln, mit deren stärkenden und gesundheitsförderlichen Fähigkeiten die Arbeiter bei Kräften gehalten wurden, mehr Geld gekostet haben als das Baumaterial selbst. Immerhin wußte man damals längst um den gesundheitlichen Wert der Zwiebeln. In alten Kräuterbüchern wurden Zwiebeln bei allen möglichen Krankheiten empfohlen. Diese Erkenntnisse haben modernen wissenschaftlichen Überprüfungen durchaus standgehalten. Heute weiß man, daß die ätherischen Öle der Zwiebel antibakteriell wirken können, daß sie infektiöse Darm- und Magenkrankheiten vermeiden helfen; gleichzeitig kurbeln sie Stoffwechsel und Verdauung an, stärken die Widerstandskraft und fördern das Leistungsvermögen.

Zwiebeln sind ein richtiges Zaubermittel also. Denn zu allen guten Eigenschaften kommt noch hinzu: Zwiebeln sind unglaublich vielseitig in der Küche einzusetzen, sie schmecken wunderbar und belasten bei all den vielen Vitaminen und Mineralstoffen kaum mit Kalorien: 100 Gramm bringen lediglich zwischen 35 und 45 Kalorien.

Tips für den Einkauf

Man unterscheidet die frischen Zwiebeln, die wie Gemüse bald verzehrt werden müssen, und die lagerfähigen Zwiebeln, deren Schale trocken wird. Sie muß wie knisterndes Papier rascheln, wenn Sie ins Zwiebelnetz greifen. Nur dann ist die Zwiebel innen auch richtig ausgereift und bleibt lange frisch.

Zu früh geerntete oder falsch gelagerte Zwiebeln faulen, schimmeln und werden weich – übrigens riechen und schmecken sie dann auch unangenehm.

Wie man Zwiebeln aufbewahrt

Lagerzwiebeln müssen kühl (aber nicht im Kühlschrank) und – das ist noch wichtiger! – trocken aufbewahrt werden. Dann halten sie sich fast rund ums Jahr, bis zur neuen Ernte. Ideal ist ein Korb, in dem immer überall Luft an die Zwiebeln gelangt, so werden sie nicht stickig und schwitzen nicht. Geschlossene Gefäße, wie jene Töpfe, auf denen liebevoll „Zwiebeln" aufgemalt ist, sind trotz dieser Aufschrift weniger geeignet.

Angefaulte Zwiebeln immer wieder herauslesen und wegwerfen – sie stecken ihre Umgebung an. Angeschnittene Zwiebeln stets

gleich verbrauchen – sie oxidieren an der Luft und entwickeln einen unangenehm metallischen Geschmack. Frische Zwiebeln, wie zum Beispiel Frühlingszwiebeln oder junge Zwiebeln mit ihrem Grün, den sogenannten Schalotten oder Zwiebellaub, werden im Gemüsefach des Kühlschranks aufbewahrt und möglichst nicht länger als drei, vier Tage.

Wie man mit Zwiebeln umgeht

Zwiebeln immer mit einem gut geschärften Messer anschneiden, damit die einzelnen Schichten

tatsächlich geschnitten und nicht aufgerissen werden – stumpfe Klingen quetschen die Zellen, aller Saft und Geschmack läuft dann aus. Zwiebeln bitte nie hakken – auch, wenn dieser Begriff immer im Zusammenhang mit

Haushaltszwiebeln aus Skandinavien sind flacher und länglicher

Weiße Zwiebeln sind milder als die normale Haushaltszwiebel

Zwiebeln auftaucht. Auch dabei verlieren sich die ätherischen Öle, außerdem oxidieren sie an der Luft und werden bitter.

Aus dem gleichen Grund nie Zwiebeln im Mixer zerkleinern – die auf diese Weise rasch vergrößerte Oberfläche oxidiert ebenfalls zu schnell und hinterläßt einen scheußlichen Geschmack.

Ausnahme: Sie fügen sofort Öl oder eine andere Flüssigkeit zu, die verhindert, daß die Zwiebeln mit Luft in Berührung kommen.

Die wichtigsten Sorten

Die **Haushaltszwiebel** oder die sogenannte **gemeine Küchenzwiebel** ist die bei uns gebräuchlichste. Sie gehört einfach in jeden Vorrat, paßt in nahezu jedes Essen.

Die **Gemüsezwiebel** kommt meist aus Spanien auf unsere Märkte. Sie sind mindestens männerfaustgroß, können jeweils bis zu einem Pfund wiegen. Typisch ist ihr milder Geschmack und ihr saftiges Fleisch. Gemüsezwiebeln sind so mild, daß man sie tatsächlich als Gemüse zubereiten kann, sie schmecken auch roh im Salat.

Weiße Zwiebeln sind ebenfalls milder als die normale Haushaltszwiebel. Ihre dünne weiße Scha-

le, die fast silbern schimmert, bietet kaum Schutz. Deshalb sind weiße Zwiebeln nicht lange haltbar. Auch sie sind mild, sanft, man kann in sie hineinbeißen wie in einen Apfel. Man nimmt sie gerne roh, in Salaten, auch als Dekoration.

Rote oder blaue Zwiebeln verlieren ihre schöne, warme Farbe beim Kochen. In Salaten sind sie roh ein hübscher Farbklecks.

Geschmort wirken sie als Beilage sehr dekorativ und sind wunderbar herzhaft, zum Beispiel in einem herbstlichen Menü. Sie sind würziger als weiße Zwiebeln, aber sanfter als die normale Küchenzwiebel.

Cipolline, auch **Grillzwiebeln** oder **Feinschmeckerzwiebeln** genannt, sehen hübsch aus: kreisrund, aber flach gedrückt, wie dicke Plätzchen. Gut schmecken sie im Ganzen mit dem Braten mitgeschmort, aber auch als Gemüse oder Kompott oder in einem Essigsud eingelegt.

In Asien-Läden findet man manchmal **Thaischalotten**, kleine, fast runde rote Zwiebelchen, die einen sehr eigenen, typischen Geschmack haben, der gut in Thai-Currys zur Geltung kommt.

Schalotten sind die vornehmen Schwestern der gemeinen Zwiebel. Oft sind sie aus mehreren Nebenzwiebeln zusammengesetzt, ähnlich wie Knoblauch. Auch ihr Duft erinnert zart an Knoblauch – in der feinen französischen Küche nimmt man gern die eleganten Schalotten statt der derben Schwester. Schalotten sind mild, zeichnen sich durch ihren eigenen typischen Geschmack aus, schmecken wunderbar als geschmorte Beilage. Sind überall da erwünscht, wo man zwiebeligen Duft, aber doch nur als feines Aroma haben möchte.

Frühlingszwiebeln wurden früher tatsächlich nur im Frühjahr geerntet. Die jungen Zwiebeln mit ihrem frischen Grün sind inzwischen jedoch das ganze Jahr über erhältlich. Sie passen in Salate, schmecken gedünstet als elegante Beilage und sind unerläßliche Zutaten in nahezu jedem chinesischen Gericht. Das Grün kann man wie Schnittlauch verwenden. Das zarte Weiß gibt den Speisen eine feine, frische Zwiebelnote.

Knoblauch

Am besten würzt der provenzalische Knoblauch, den man an seinem lila Schimmer erkennt. Man sollte immer darauf achten, daß der Knoblauch einigermaßen frisch ist, wenn man ihn kauft, die Knollen sich fest anfühlen, die trockene Schale raschelt.

Junger Knoblauch, den man im späten Frühjahr und im Frühsommer bekommt, dessen Lauch noch grün und saftig ist, das ist natürlich der allerhöchste Genuß. Deshalb sollte man sich zu dieser Zeit häufig das Vergnügen gönnen und viel Knoblauch verwenden!

Wie man Knoblauch richtig aufbewahrt: immer dunkel, damit er nicht zu rasch keimt, nicht zu warm, damit er nicht vorzeitig austrocknet, absolut trocken, damit er nicht schimmelt, und luftig, damit er nicht schwitzt. In einem nur lose verschlossenen Korb also, auf einem Holzrost in der Speisekammer, in einer Papiertüte im Vorratsschrank, und wenn in einem Gefäß, dann sollte es oben weit offen sein, ein weithalsiger Steinguttopf etwa – niemals in Plastikbeuteln. Der Knoblauchzopf, den man sich aus den Ferien mitgebracht hat, ist zwar dekorativ, aber sollte nicht direkt neben dem Fenster, auch nicht neben dem Herd im Wasserdunst hängen.

Tip: Wenn Sie Knoblauch selbst heranziehen wollen, ist Ende Oktober die beste Zeit, die Zehen zu stecken. Im beginnenden Sommer kann dann geerntet werden.

Schalotten

Thaischalotten

Frühlingszwiebeln

Großer Knoblauch aus der Provence

Türkischer Knoblauch, der beim Kochen hart und fest bleibt und deshalb nicht verwendet werden sollte

Knoblauch aus dem Garten, der aus einer provenzalischen Zehe gezogen wurde

Was alles in Knoblauch steckt

Daß Knoblauchesser gesund sind und lange leben, gilt als Binsenwahrheit, ist aber tatsächlich auch wissenschaftlich erwiesen! Seine **keimhemmende, aseptische Wirkung** ist ebenso erforscht wie die Tatsache unbestritten, daß er **blutreinigend, blutsenkend** (Cholesterin!) wirkt und vor **Ablagerungen** in den **Arterien** schützt. Als Hausmittel schätzt man Knoblauch schon seit dem Altertum; er **stärkt die Widerstandskräfte**, hilft **gegen Grippe und Erkältungen**, ist gut als Brustwickel bei **Halsentzündung** und **Keuchhusten**. Übrigens soll er auch die Liebeskraft stärken! Knoblauchpillen sind in Mode, weil sie die guten Seiten des Knoblauchs bieten, ohne die vermeintlichen Nachteile, den Duft. Aber uns geht es hier schließlich um den Genuß, die gesundheitlichen Vorzüge nehmen wir billigend in Kauf.

Aber kaum ein Gewürz spaltet die Menschen derart in zwei Lager: Sein durchdringender, typischer Duft läßt die einen ihn hassen, während die anderen sich kaum eine Mahlzeit ohne vorstellen können. Wer keinen Knoblauch gegessen hat, nimmt den Geruch bei anderen schon von weitem wahr. Die vielen Rezepte, sich davor zu schützen, taugen daher meist nur wenig.

So soll zum Beispiel das Chlorophyll von Petersilienblättern Knoblauchduft vertreiben. Aber das klappt nur bei gelegentlichen Knoblauchessern, den wahren Knoblauchfans entströmt der Knoblauchduft nicht nur dem Mund, sondern tritt auch aus den Poren der Haut. Da gibt's nur eins: sich nur mit Menschen umgeben, die ebenfalls Knoblauch lieben.

Allerdings: Vor einem Besuch beim Zahnarzt sollte man nicht unbedingt große Knoblauchorgien feiern ...

DIE REZEPTE

Herzhaftes Zwiebelfleisch

Für 4 bis 6 Personen:
1 kg Rindfleisch (Wade
oder Schulternaht),
2 EL Öl, Butter- oder
Schweineschmalz, 800 g
Zwiebeln, 1-2 EL unga-
rischer Delikateßpapri-
ka, 2-3 große Tomaten,
Salz, Pfeffer, 2-3 Thymi-
anzweige, 2 Lorbeerblät-
ter, 1/4 bis 1/2 l Rotwein,
2 hellgrüne Salatpapri-
kaschoten, 200 g Crème
fraîche, Rosenpaprika
zum Nachwürzen,
Petersilie, Schnittlauch,
Liebstöckel

❶ Das Fleisch wie für einen Gulasch in gut zweizentimetergroße Würfel schneiden.

❷ In einem Schmortopf in heißem Öl oder Schmalz kräftig anbraten – am besten portionsweise, damit alle Würfel richtig auf beiden Seiten braten, nicht Saft ziehen und schmoren.

❸ Die Zwiebeln grob würfeln und zum Fleisch geben – in diesem Moment die Hitze herunterschalten, damit die Zwiebeln nicht verbrennen. Sie sollen nunmehr ihren Saft abgeben und für Schmorflüssigkeit im Topf sorgen.

❹ Sobald alles angeschmurgelt wirkt, das Paprikapulver darüber-

streuen, gründlich rühren, damit alles vom Paprikapuder überzogen wird, nicht so lange am Topfboden liegt, daß es anrösten könnte – der Paprika ist hitzeempfindlich, wird bitter, wenn er verbrennt.

❺ Die Tomaten überbrühen, häuten, entkernen, das Fleisch grob würfeln und in den Topf streuen. Schließlich mit Salz und Pfeffer würzen.

❻ Aus den Thymianzweiglein und Lorbeerblättern ein Sträußchen binden. In den Topf legen und nun mit Wein angießen. Zunächst nur soviel, daß alles davon gerade eben nicht bedeckt ist. Mit einem Deckel verschlossen auf mildem Feuer leise mindestens etwa zwei, ruhig sogar drei Stunden schmoren.

❼ Die Zwiebeln sollten jetzt richtig verkocht und zerschmolzen sein und den Schmorsud cremig

gebunden haben. Jetzt die Salatpaprika würfeln und zusammen mit der Crème fraîche einrühren.

❽ Das Zwiebelfleisch noch einmal abschmecken – die Sauce nach Belieben mit Rosenpaprika nachschärfen.

❾ Zum Servieren reichlich gehackte Kräuter einrühren.

Tip: Zum Zwiebelfleisch passen Kartoffeln, Nudeln oder hausgemachte Spätzle.

Griechisches Knoblauchhuhn

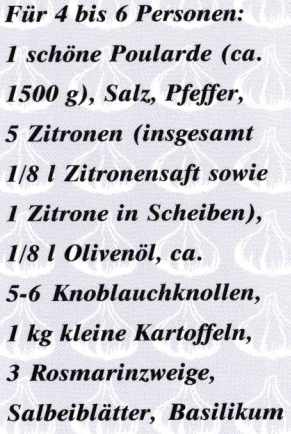

Für 4 bis 6 Personen:
1 schöne Poularde (ca. 1500 g), Salz, Pfeffer, 5 Zitronen (insgesamt 1/8 l Zitronensaft sowie 1 Zitrone in Scheiben), 1/8 l Olivenöl, ca. 5-6 Knoblauchknollen, 1 kg kleine Kartoffeln, 3 Rosmarinzweige, Salbeiblätter, Basilikum

❶ Die Poularde in Portionsstücke schneiden: dafür zunächst längs des Rückgrats und des Brustbeins aufschneiden. Jeweils die Schenkel abtrennen, sie im Gelenk in Ober- und Unterschenkel teilen. Die Flügel abschneiden und das Bruststück zurechtstutzen. Die Stücke jedoch zuvor rundum mit Salz und Pfeffer einreiben. Alle Teile mit der Haut nach oben auf einem tiefen Backblech verteilen.

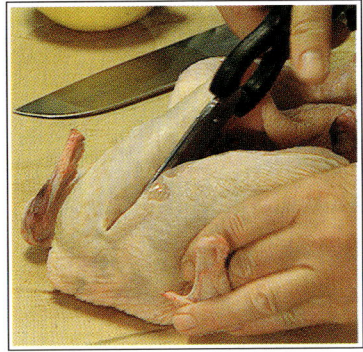

❷ Zitronensaft mit der gleichen Menge Olivenöl in einen Schüttel- oder Mixbecher füllen. Salz zufügen. Beides durch kräftiges Schütteln mischen, bis die beiden Flüssigkeiten emulgieren, d. h., sich zu einer cremigen Sauce verbinden.

❸ Die Poulardenkeule mit dieser Marinade übergießen.

❹ Die kleinen Kartoffeln gründlich unter fließendem Wasser sauber bürsten und um das Huhn auf dem Blech verteilen.

❺ Die Rosmarinzweige und Salbeiblätter dazwischenlegen. Die Knoblauchzehen – und verwenden Sie nur große, denn die kleinen würden verbrennen – oder auch Knoblauchknollen ungeschält quer halbieren, mit der Schnittfläche nach unten um das Huhn verteilen.

❻ Die restliche Marinade gleichmäßig über alle Zutaten träufeln. Die restliche Zitrone in Scheiben schneiden und die Fleischstücke damit abdecken.

❼ Das Blech in den 220 Grad heißen Backofen schieben und das Huhn etwa eine Dreiviertelstunde braten.

❽ Vor dem Servieren feingeschnittenes Basilikum darüberstreuen.

Tip: Das Blech direkt aus dem Ofen auf den Tisch stellen. Die Gäste drücken sich nach Belieben den weichen Knoblauch aus seiner Schale und essen ihn zum Fleisch und zu den Kartoffeln.

Die feinere Variante: Bereits in der Küche den Knoblauch aus der Schale drücken und mit dem Bratenjus aufmixen. Getrennt in einer Sauciere dazu servieren.

Provenzalische Lammschulter mit Schalotten und Champignons

Für 6 bis 8 Personen:
2 kleine Lammschultern
(je ca. 800 – 1000 g),
4 EL Olivenöl, Salz,
Pfeffer, 500 g Schalotten, 500 g frische
Champignons,
1 Thymiansträußchen,
1 getrocknete Chilischote, 1/4 l kräftiger Rotwein, Petersilie

❶ Die Lammschultern in Portionsstücke schneiden – vor allem das Schulterblatt wirkt immer sehr groß, aber das liegt an dem großen flachen Knochen in der Mitte. Die Fleischstücke in einem Schmortopf im heißen Olivenöl kräftig rundum anbraten – auch hier empfiehlt es sich, portionsweise zu arbeiten, damit die Fleischstücke keinen Saft ziehen. Salzen und pfeffern.

❷ Inzwischen die Schalotten schälen, die Pilze putzen – nur, wenn sie sehr unterschiedlich sein sollten, größere Exemplare halbieren und sogar vierteln. Die Schalotten möglichst unzerteilt lassen.

❸ Sobald die Fleischstücke angebräunt sind, die Schalotten zufügen und behutsam bräunen. Erst zum Schluß die Pilze zufügen, die

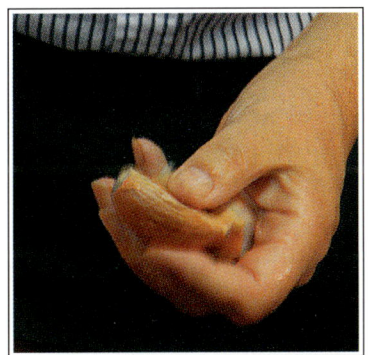

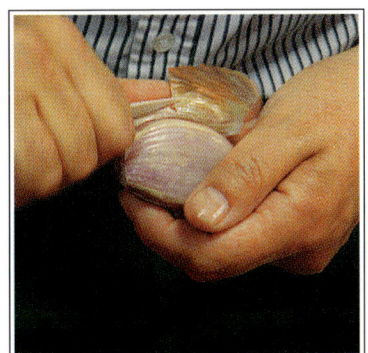

dann sehr rasch Saft abgeben. Thymian und Chili zufügen, mit Rotwein auffüllen.

❹ Den Deckel auflegen, die Temperatur herunterschalten. Das Fleisch nunmehr auf dem Herd auf sehr mildem Feuer oder im Backofen bei ca. 150 Grad einenhalb Stunden sanft gar schmoren lassen.

❺ Vor dem Servieren die Fleischstücke in einer flachen Schüssel anrichten – wer keine Knochen mag, kann jetzt das Fleisch auch in großen Stücken auslösen. Die Zwiebeln und Pilze mit einer Schaumkelle herausfischen und um das Fleisch in die Schüssel füllen.

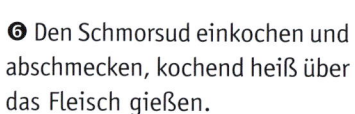

❻ Den Schmorsud einkochen und abschmecken, kochend heiß über das Fleisch gießen.

Tip: Dazu schmecken Ölkartöffelchen – möglichst kleine Kartoffeln werden gründlich gebürstet. In einem großen, flachen Topf in heißem Olivenöl anbraten. Schließlich salzen, eine Schöpfkelle Wasser zufügen. Und unter fest aufliegendem Deckel 20 Minuten garen.

Maghrebinisches Zwiebelkompott

❶ Die Zwiebeln auf dem Gurkenhobel in feine Ringe schneiden. In dem Öl bei milder Hitze unter häufigem Rühren weich und glasig werden lassen.

❷ Erst dann die Rosinen, den Saft von 2 Zitronen, den Zucker, etwas Salz und sehr viel frisch gemahlenen Pfeffer, die Zimtstange sowie die Chilischoten zufügen.

❸ Den Topf zudecken, die Zwiebeln so lange bei guter Hitze schmoren, bis sie fast zerfallen sind. Dabei soll die Hitze so stark sein, daß der Zucker gerade eben ganz leicht zu karamelisieren beginnt. Der Deckel darf nicht ganz dicht schließen, damit etwas Dampf entweichen kann und die Zwiebeln nicht richtiggehend kochen; eventuell den Deckel ein bißchen schräg auflegen.

❹ Zum Schluß mit Salz, Pfeffer und Zitronensaft abschmecken. Zimtstange und Chilischoten herausfischen und – sie haben ihren Dienst getan – wegwerfen.

Für 2 Schraubgläser à 500 g Inhalt:
1 kg Zwiebeln, 6 EL Olivenöl, 200 g Rosinen, 2-3 Zitronen, 3 EL Zucker, Salz, frisch gemahlener Pfeffer, eine Zimtstange, 1-3 Chilischoten

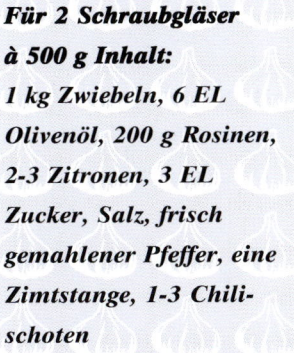

Tip: Das Zwiebelkompott in sauber ausgespülte Schraubgläser füllen und fest verschließen – wenn Öl darüber steht, hält sich das Kompott im Kühlschrank 3 Wochen. Will man es länger aufbewahren: in Weckgläser füllen und kurz sterilisieren. **Paßt ausgezeichnet zu** gekochtem Lamm und gebratenem Huhn!

Indonesische Würzsauce

Für 1 Schraubglas à 400 g:

5 große Zwiebeln, 3 EL Öl, 10 rote Chilischoten, 5 Knoblauchzehen, 1 walnußgroßes Stück Ingwer, 50 g Cashewnüsse, 1 EL brauner Zucker, 1 EL Sojasauce, 1 Tasse Kokossahne (Dose oder aus Pulver angerührt), Salz

❶ Die Zwiebeln fein würfeln oder in Ringe hobeln und in heißem Öl andünsten, wobei sie ruhig ein wenig bräunen dürfen – der Röstgeschmack ist hier ausdrücklich erwünscht.

❷ Die Chilis entkernen und zusammen mit den geschälten Knoblauchzehen zufügen, ebenso die Nüsse. Fünf Minuten unter Rühren dünsten.

❸ Erst dann alles gleichmäßig mit Zucker bestreuen und sanft karamelisieren lassen. Schließlich die Sojasauce und die Kokossahne zufügen und salzen.

❹ Zugedeckt auf mildem Feuer eine halbe Stunde schmurgeln lassen, bis die Zwiebeln ganz weich sind.

❺ Schließlich alles mit dem Pürierstab oder im Mixer fein zerkleinern. Es soll eine streichfähige Paste entstehen – falls sie zu dick sein sollte, mit einem Schuß Kokossahne verdünnen.

Tip: Die indonesische Würzsauce paßt zu jeder Art von Fleischfondue, zu gebratenem Fleisch aller Art, aber auch zu gekochtem Gemüse, das damit einen exotischen Geschmack bekommt. Wem die Stückchen der Chilihaut unangenehm sind, der kann die Paste durch ein Sieb streichen – sie wird dann wunderbar zart und glatt!

Knoblauchpaste

❶ Den Knoblauch schälen, in Olivenöl sanft andünsten. Mit etwas Brühe benetzen, salzen und pfeffern und schließlich zugedeckt 20 Minuten weich köcheln.

❷ Im Mixer zum glatten Püree zerkleinern. Noch einmal mit Salz und Pfeffer sowie mit Zitronensaft abschmecken.

Tip: Ein Löffel davon gibt Suppen und Saucen aromatischen Knoblauchduft. Man kann damit Fleisch und Gemüse würzen. Für hartgesottene Knoblauchfans ist die Knoblauchpaste auch ein beliebter Brotaufstrich.

Für ein Schraubglas von ca. 250 g Inhalt:
5-6 Knoblauchknollen (= 250 g geschälte Knoblauchzehen), 3 EL Olivenöl, ca. 2-3 EL Fleisch- oder Hühnerbrühe, Salz, Pfeffer, Zitronensaft zum Abschmecken

ZUSATZREZEPTE

Pfälzer Zwiebelkuchen

❶ Für den Teig das Mehl in eine Schüssel häufen, in die Mitte eine Vertiefung drücken. Die Hefe mit dem Zucker und etwas lauwarmem Wasser verquirlen, bis sie völlig aufgelöst ist.

❷ Diese Mischung in die Mehlkuhle gießen, mit etwas Mehl vom Rand vermischen und nun mit einem Tuch zugedeckt eine halbe Stunde an einem warmen Ort stehen lassen, damit dieser Vorteig gehen kann.

❸ Danach haben sich Blasen gebildet, der Vorteig sieht aus, als ob er brodelt. Nun langsam das restliche Wasser zufügen – aber nicht alles auf einmal, weil die genaue Menge von der Mehlbeschaffenheit abhängt. Dabei mit dem Handrührer oder mit der Küchenmaschine rühren, bis der

Zwei Backbleche, 8 bis 10 Personen:
Brotteig: 500 g Mehl, 1/2 Würfel Hefe, 1 TL Zucker, ca. 1/4 l lauwarmes Wasser, 1 TL Salz
Belag: 500 g Zwiebeln, 150 g durchwachsener Speck in dünnen Scheiben, 50 g Butter, Salz, Pfeffer, 300 g Crème fraîche, 3 Eier, Muskat, Kümmel

Teig sich vom Schüsselrand löst. In der Schüssel zu einer Kugel formen, mit Mehl bestäuben und zugedeckt gehen lassen: entweder bei Zimmertemperatur eine knappe Stunde, oder im Kühlschrank über Nacht.

❹ Für den Belag die Zwiebeln in dünne Ringe hobeln und ein Drittel des Specks (also etwa 50 g) in Würfelchen schneiden.

❺ In einer großen Pfanne die Butter erhitzen und den Speck darin anbraten. Die Zwiebeln zufügen, salzen, pfeffern und die Zwiebeln so lange sanft dünsten, bis sie weich sind, ohne dabei anzubraten.

❻ Den Teig dünn ausrollen, zwei eingefettete oder mit Backpapier belegte Bleche damit auskleiden.

❼ Die Crème fraîche mit den Eiern verquirlen, salzen, pfeffern, mit Muskat würzen und auf dem Teigboden verstreichen. Die Zwiebeln darauf verteilen.

❽ Den restlichen Speck in Streifen schneiden und lose auf der Oberfläche verstreuen. Zum Schluß mit Kümmel würzen.

❾ Den Zwiebelkuchen im 220 Grad heißen Ofen in etwa 35 Minuten knusprig backen.

Röstzwiebeln

Sie gehören einfach auf ein blutig gebratenes Rindersteak. Knusprig müssen sie sein und würzig – dann sind sie einfach unwiderstehlich.

Damit sie gelingen, bedarf es eines Tricks:

❶ Pro Person eine Zwiebel schälen und auf dem Gurkenhobel in feine Ringe schneiden. Sie kurz in Milch tauchen (das ist ein Teil des Tricks!) und in Mehl wenden (das ist der zweite Teil!). Alles überschüssige Mehl abschütteln, die Zwiebelringe dürfen nur hauchzart von einem Mehlfilm überzogen sein.

❷ Sie salzen und pfeffern, dann in heißem Fett schwimmend golden backen. Am besten schmeckt Butterschmalz, weil es sich mit den Zwiebeln zu einem herrlichen Duft verbindet.

❸ Die Zwiebeln auf Küchenpapier abtropfen lassen. Sie dürfen jetzt nicht mehr feucht werden, weil sie dann ihre Knusprigkeit verlieren.

Französische Zwiebelsuppe

Sie ist ein wenig in Vergessenheit geraten, dabei war sie einmal hochbegehrt, zum Beispiel, um die Lebensgeister wieder zu wecken nach einer feuchtfröhlichen Party.

❶ Die Zwiebeln in feine Ringe hobeln und in der heißen Butter andünsten. Mit Salz und Pfeffer würzen.

❷ Die Brühe angießen. Die Zwiebeln nunmehr eine halbe Stunde zugedeckt weich köcheln, erst dann den Wein angießen. Täte man dies bereits zu Beginn, würden die Zwiebeln nicht weich, sondern behielten Biß – und das ist genau, was Zwiebeln in der Zwiebelsuppe nicht dürfen!

❸ Die Suppe nunmehr einige Minuten köcheln und noch einmal mit Pfeffer abschmecken.

❹ In Suppentassen füllen. Die Baguettescheiben toasten. Auf jede einen Löffel Greyerzer häufen, sie vorsichtig auf die Suppenoberfläche setzen und unter dem Grill backen, bis der Käse zerläuft.

❺ Vor dem Servieren, das jetzt unverzüglich geschehen muß,

Für 4 Personen:
500 g Zwiebeln, 3 EL
Butter, Salz, Pfeffer,
3/4 l Fleischbrühe,
1 Glas trockener Weiß-
wein, 4 Baguette-
scheiben, je 4 EL frisch
geriebener Greyerzer,
etwas Paprikapulver

weil sonst das Brot aufweicht, mit einem Hauch Paprika bestäuben.

Tip: Achtung beim Essen – die Suppe unter der Brotscheibe ist glühend heiß!

Sizilianische Schmorzwiebeln

❶ Die geschälten Zwiebeln dicht nebeneinander in eine feuerfeste Bratenform oder auf ein passendes Backblech setzen. Mit dem Olivenöl gleichmäßig übergießen.

❷ Die Form in den 180 Grad heißen Ofen stellen. Nach etwa einer halben Stunde die Pinienkerne

und die tropfnassen Rosinen darüberstreuen. Großzügig pfeffern!

❸ Für etwa weitere zwei Stunden in den Ofen schieben.

❹ Jedoch bereits nach 30 Minuten die Hitze auf 150 Grad herunterschalten. Dazu krumiges Weißbrot oder Fladenbrot essen.

Für 8 bis 10 Personen:
12 möglichst gleich
große Zwiebeln, ca. 1/8 l
aromatisches Olivenöl
(extra!), 3 EL Pinien-
kerne, 2-3 EL in Marsa-
la eingeweichte Rosinen,
Pfeffer aus der Mühle

Spanische gefüllte Gemüsezwiebeln

❶ Die geschälten Zwiebeln etwa zehn Minuten in Salzwasser vorkochen. Mit diesem Sud das Brötchen übergießen und einweichen.

❷ Den Zwiebeln oben quer eine Kappe wegschneiden, mit einem scharfkantigen Löffel soviel Inneres herausschaben, daß rundherum nur noch eine intakte Zwiebelschicht als Hülle stehen bleibt.

❸ Das ausgelöste Zwiebelfleisch fein hacken und im heißen Öl weich dünsten, ohne bräunen zu lassen. Die feingehackte Petersilie untermischen.

❹ Dann mit dem Eigelb, dem ausgedrückten Brötchen und dem Hackfleisch zu einem geschmeidigen Teig verarbeiten. Salzen, pfeffern, mit Paprika und Chilipulver kräftig würzen.

❺ Diese Füllung in die ausgehöhlten Zwiebeln verteilen. Schön aufhäufen und etwas festdrücken.

❻ Die Zwiebeln nebeneinander in eine flache Bratenreine setzen. Mit Olivenöl beträufeln. Und für etwa eine Stunde in den auf 200 Grad vorgeheizten Ofen schieben. Für die letzte halbe Stunde die Temperatur auf 160 Grad herunterschalten.

❼ Direkt aus dem Ofen in der Bratenform servieren. Dazu schmecken Kartoffelpüree und ein grüner Salat.

Arabisches Zwiebelkompott

❶ Die Zwiebeln schälen, nach Größe halbieren oder vierteln. Mit den Rosinen und dem Zucker in einen möglichst genau passenden Topf füllen.

❷ Mit Wasser knapp bedecken. Im offenen Topf auf milder Hitze etwa 45 Minuten leise köcheln, bis alle Flüssigkeit verdampft ist.

❸ Abkühlen lassen. Das Olivenöl, Tomatenmark, Essig und die Gewürznelken unterrühren.

❹ Gut gekühlt als Beilage zu gekochtem Fleisch, zu Steaks oder Koteletts oder zum Fleischfondue reichen. Das Zwiebelkompott hält sich im Kühlschrank in einem Schraubglas eine Woche.

Chinesisches Zwiebelgemüse

❶ Die Zwiebeln schälen, vom Stielende her achteln, möglichst so, daß die Zwiebelschichten am Wurzelende noch zusammenhalten.

❷ Frühlingszwiebeln in halbzentimeter schmale Ringe schneiden, das Grün beiseite legen. Ingwer und Knoblauch schälen und sehr fein schneiden.

❸ In einer großen Pfanne das Öl (beide Sorten) rauchend heiß werden lassen. Ingwer, Knoblauch und die Zwiebelachtel zufügen.

❹ Unter raschem Rühren etwa zwei Minuten braten, erst dann das Weiße der Frühlingszwiebeln zufügen. Durchschwenken, dann das Grün in die Pfanne streuen.

❺ Mit Sherry, Salz und Zucker würzen. Erneut gut durchschwenken und sofort servieren.

Für 4 Personen:
4 gleich große
Haushaltszwiebeln,
2-3 Frühlingszwiebeln,
1 Stück Ingwerwurzel
von ca. 2 cm, 2 Knob-
lauchzehen, 2 EL ge-
schmacksneutrales Öl,
1 EL Sesamöl, 2 EL
Sherry, 2 EL Sojasauce,
Salz, 1 Prise Zucker

Tip: Ein ganzes Essen wird daraus, wenn man zwei Schweineschnitzel ganz fein schnetzelt, mit einem Eßlöffel Stärke einreibt und zunächst in zwei Eßlöffeln Öl, vermischt mit zwei Eßlöffeln Sesamöl, rasch unter Rühren anbrät. Dann auf einem Teller beiseite stellen, bis das Zwiebelgemüse fertig ist und alles in der Pfanne noch einmal durchmischen. Dazu schneeweißen Reis servieren – und, wer mag, original chinesisch mit Stäbchen essen.

Kümmel, Macis & Muskat

In diesem getrockneten Blüten-mantel sitzt die Muskatnuß

Die Muskatnuß

Muskat – eine Steinfrucht

Was Herzhaftes bekömmlich macht

Kümmel (botanisch *Carum Carvi*) ist ein besonders charakteristisches Gewürz, das sich mit nichts verwechseln läßt.

Die Pflanze ist in Mitteleuropa heimisch und wächst allerorten als Wiesenkümmel wild. Gewerbsmäßig angebaut wird Kümmel in Holland, in Oberösterreich (Waldviertel), in Böhmen – früher gab es sogar in Deutschland 700 ha Kümmelanbaufläche.

Die kleinen, dunkelbraunen, mondsichelartig gebogenen Samenkörnchen lassen sich nur alle zwei Jahre von der zweijährigen Pflanze ernten – deren Blätter übrigens nach nichts schmecken und nicht als Grünkraut zu verwenden sind.

Nicht verwechseln sollte man Kümmel mit Kreuzkümmel, auch römischer Kümmel oder Cumin genannt. Er ist zwar verwandt, aber im Geschmack absolut anders als unser Wiesenkümmel. Dieser ist im mediterranen Raum unbekannt. Ist in Rezepten aus dieser Gegend von Kümmel die Rede, ist deshalb stets der Kreuzkümmel mit seinem exotischen und völlig andersartigen Geschmack gemeint – und umgekehrt.

Und da entstehen interessante Mißverständnisse: Klassisches Gewürz zum Munster Käse, der Elsässer Spezialität, ist Kümmel. Seit das Elsaß mehr von Paris aus bestimmt, weniger Deutsch gesprochen wird und die Lieferungen an die Supermärkte natürlich ebenfalls französisch beschriftet sind, findet man zunehmend im Gewürzregal statt Carvi *Cumin* (klingt ja auch unserem Kümmel viel ähnlicher). Und plötzlich entstehen völlig neue Geschmacksrichtungen.

Es ist wirklich den Versuch wert: einmal auszuprobieren, wie unterschiedlich diese Geschmäcker sind; unglaublich, wo beide Gewürze so ähnlich aussehen.

Wozu Kümmel immer paßt

Als typisch deutsch empfinden auch andere Völker den Kümmelgeschmack, denn bei uns spielt er ja eine große Rolle: vor allem schwer verdauliche Gemüse, wie Kohl, aber auch Wurzeln wie Möhren, Pastinaken, Sellerie, rote Bete lieben kräftigen Kümmelduft. Eintöpfe mit Gemüse und fettem Fleisch, klassisches Kümmelgericht: Irish Stew mit Hammelfleisch und Weißkraut. Auf den Zwiebelkuchen gehört Kümmel ebenso wie in deftige Kartoffelsuppen.

Kümmel gegen böse Geister

Ins Brot hat man Kümmel nicht nur wegen des guten Geschmacks getan, sondern auch, um Dämonen zu vertreiben. Kindern, die nicht schlafen konnten, hat man ein Schälchen Kümmelsamen unters Bett gestellt, deren starker Duft die bösen Geister abhalten sollte.

Und, letzte Frage, was hat Kümmel mit dem Korn zu tun? Beim zweiten Brennen wird der Alkohol mit Kümmel gewürzt, damit er ein schönes Aroma bekommt!

Macis und Muskat

Macis ist der getrocknete Blütenmantel, der die Muskatnuß, eine Steinfrucht, umschließt. Das sieht bildschön und sehr exotisch aus. Meist verwendet man Macis bereits gemahlen oder läßt es stückchenweise in Brühen und Saucen mitkochen. Im Prinzip kann man überall da Macis verwenden, wo auch Muskat paßt. Macis allerdings ist intensiver, übrigens deshalb auch teurer.

Wahrscheinlich gilt er deshalb als feiner ...

Muskat und Macis gehören vor allem in helle, gebundene Suppen und Saucen, passen vorzüglich zu Blumenkohl, zu Spinat, zu Kartoffelgerichten, zum Beispiel ist Muskat absolut unverzichtbar im Kartoffelpüree. Und es ist Martinas Lieblingsgewürz!!!

Ein bißchen Geschichte

Der Muskatbaum ist stattlich, er wird mehr als zehn Meter hoch; er stammt von den Molukken, Inseln, die heute zu Indonesien gehören. Die Inseln Banda und Ambon waren früher vehement umkämpfte Gebiete, weil die Gewürze, die dort besonders reich gediehen, so kostbar waren.

Muskat ist schon lange vor unserer Zeitrechnung im Fernen Osten ein begehrtes Rauschmittel gewesen – er soll in großen Mengen wie Haschisch wirken. Arabische Händler, die die kostbaren Nüsse über die Gewürzstraßen Arabiens und dann über das Mittelmeer bis nach Europa brachten, sind damit reich geworden. Im Mittelalter zum Beispiel kosteten zwei Pfund Macis in Europa soviel wie eine Kuh. Wie jedes rare und kostbare Gut, waren Muskat und Macis Anlaß für Kriege, für Streitereien, für die Erschließung neuer Handelswege. So war eigentlich

Muskatnüsse haben eine feste Schale

Gegen Schimmel geben gute Gewürzfirmen Kalk auf die Nuß; dann bleibt sie frisch

Macis in Pulverform

Macis sind die getrockneten Blütenstände

Man kocht Macis am Stück mit oder zerstößt es im Mörser zu Pulver

die Suche nach den Gewürzinseln in Hinterindien der Grund, warum sich Kolumbus auf den Weg nach Indien machte und dabei Amerika entdeckte – zugleich die staunende Welt die bis dahin verteufelte Ansicht bestätigt fand, daß die Erde eine Kugel ist.

Erst im 16. Jahrhundert gelang es den Portugiesen als erfahrenem Seefahrervolk, den Fernen Osten zu erreichen und in der Folge das Gewürzmonopol der Araber zu brechen. Man kann sich vorstellen, daß all dies nicht besonders friedlich abgegangen ist ... Jedenfalls wurde damals Portugal zum Haupthandelsplatz für Muskat und Macis.

Weil sich das kleine Land jedoch mit dieser Anstrengung doch ziemlich übernommen hatte, mußte es die Vorherrschaft auf den Weltmeeren den Holländern und Engländern überlassen. Die Gewürzinseln wurden um 1600 von den Holländern besetzt.

Sie machten die Einwohner, die Molukken, mit harscher Hand zu Sklaven und wurden selber zu den reichen „Pfeffersäcken", als die sie dann in der Folge galten. Um die Preise hoch zu halten, vernichteten sie immer wieder große Mengen an Muskatnüssen, sie verbrannten sie entweder in ihren Lagerhäusern oder schütteten sie ins Meer.

Es war bei Todesstrafe verboten, Muskatpflanzen außer Landes zu bringen. Die Nüsse wurden mit Kalk eingerieben, nicht nur, um Schädlinge zu vernichten, sondern mehr noch, um ihre Keimfähigkeit zu vernichten. Erst 1772, also nach 170 Jahren, konnte das holländische Muskatmonopol gebrochen werden, als es dem französischen Statthalter von Mauritius gelang, Muskatbäume auf seiner Insel anzupflanzen. Weil dort die Bedingungen dafür jedoch nicht ideal waren, probierte man den Anbau auf Cayenne.

Und so geriet der Muskatbaum von Hinterindien nach Westindien, also in die Karibik, wo man auch heute noch Muskat erfolgreich produziert. Die beste Qualität allerdings kommt immer noch von den Molukken!

DIE REZEPTE

Kümmelbraten

❶ Bereits am Vortag, spätestens am Morgen den Braten würzen und marinieren lassen: Dafür den Kümmel – und das ist das Besondere daran – mit einem großen Messer fein hacken, so gibt er am besten seinen Geschmack preis.

❷ Mit reichlich frisch gemahlenem Pfeffer, Salz, Majoran, Papri-

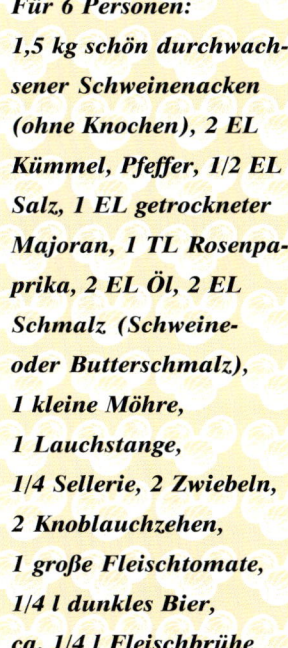

Für 6 Personen:
1,5 kg schön durchwachsener Schweinenacken (ohne Knochen), 2 EL Kümmel, Pfeffer, 1/2 EL Salz, 1 EL getrockneter Majoran, 1 TL Rosenpaprika, 2 EL Öl, 2 EL Schmalz (Schweine- oder Butterschmalz), 1 kleine Möhre, 1 Lauchstange, 1/4 Sellerie, 2 Zwiebeln, 2 Knoblauchzehen, 1 große Fleischtomate, 1/4 l dunkles Bier, ca. 1/4 l Fleischbrühe

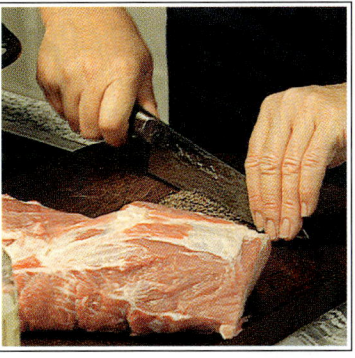

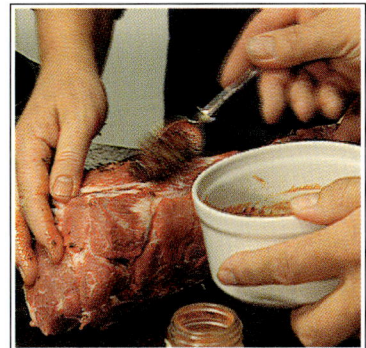

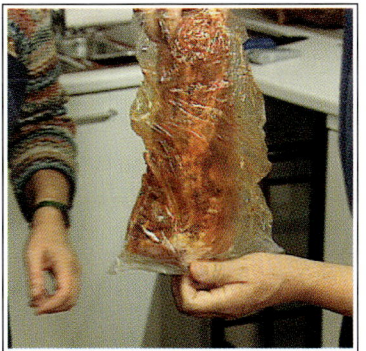

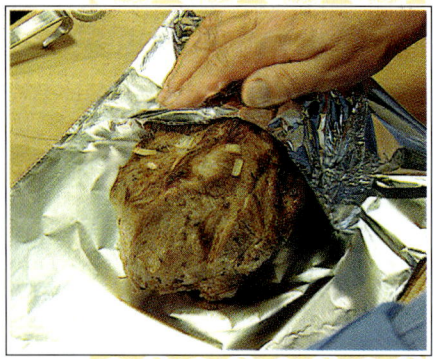

ka und Öl mischen – das Fleisch damit überall gut einreiben und in eine Plastiktüte gepackt im Kühlschrank durchziehen lassen. Mindestens 4 Stunden, besser noch über Nacht.

❸ In einem Bräter das Schmalz erhitzen, das Fleisch hineinsetzen und darin langsam und geduldig rundum anbraten. Möhre, Lauch und Sellerie würfeln und rund um das Fleisch in den Bräter streuen, auch die grob gehackten Zwiebeln, den durch die Presse gedrückten Knoblauch und die Tomate.

❹ Den Bräter in den auf 250 Grad vorgeheizten Backofen (Ober- und Unterhitze) stellen und den Kümmelbraten zunächst 20 bis 30 Minuten lang kräftig anbraten. Dabei einmal wenden.

❺ Die Hitze dann auf 120 Grad herunterschalten, den Braten eine weitere Stunde in der jetzt nachlassenden Hitze sanft braten – ihn dabei ab und zu umdrehen.

❻ Schließlich aus dem Bräter heben und für einen Moment beiseite stellen. In ein großes Stück Alufolie packen und zurück in den Ofen auf den Rost betten. Die Temperatur auf 100 °C herunterschalten, den Braten jetzt nachziehen lassen, bis alles weitere erledigt und die Sauce fertig ist.

❼ Den Bratensatz mit etwas Bier ablöschen und damit loskratzen. Die Brühe und das restliche Bier zufügen, auf mittlerem Feuer eine Viertelstunde einköcheln.

❽ Die Sauce mit dem Mixstab oder im Mixer pürieren, falls zuviel Flüssigkeit verdampft ist, mit einem weiteren Schuß Brühe verdünnen. Mit einer Prise Zucker abschmecken.

❾ Den Braten in Scheiben aufschneiden und auf einer vorgewärmten Platte anrichten. Nur mit einem kleinen Teil der Sauce überziehen – den Rest der Sauce in einer Sauciere getrennt dazu servieren.

Zum Kümmelbraten paßt wunderbar ...

Bairisch Kraut

Für 6 Personen:
1 schöner Weißkohlkopf
(ca. 1,5 kg), 100 g
durchwachsener Bauch-
speck, 2 EL Butter,
2 Zwiebeln, 1 Knob-
lauchzehe, 1 TL Zucker,
2 EL Apfelessig, 1 EL
Kümmel, Pfeffer aus der
Mühle, etwas Macis,
1 TL Salz, 1 Glas
Weißwein, 3-4 EL Sahne

❶ Die äußeren, festen Blätter des Kohlkopfs entfernen, den Kopf schließlich vierteln, den Strunk keilförmig herausschneiden und die Blätter quer in fingerbreite Streifen schneiden.

❷ Den Speck fein würfeln – die Schwarte ganz lassen, sie wird mitgekocht, damit sie ihren gu-

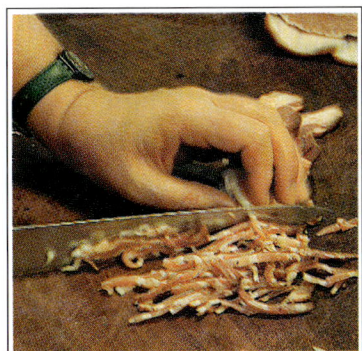

Spitzkohl

221

ten Geschmack abgibt. Die Speck-würfel in der Butter andünsten.

❸ Die Zwiebeln fein würfeln und zum Speck geben, ganz zart an-gehen lassen, nicht rösten! Den Knoblauch durch die Presse hin-zufügen. Mit Zucker bestreuen und kurz karamelisieren lassen. Sofort mit Essig ablöschen.

❹ Kümmel fein hacken, zusam-men mit dem Pfeffer zufügen, sparsam salzen – der Speck bringt bereits Salz in das Gericht.

❺ Schließlich den Wein angie-ßen, das Kraut zugedeckt etwa 20 Minuten – kann aber auch bis zu einer Stunde dauern, da es kein junger Kohl ist – sanft dünsten: Es soll nicht zu weich werden, sondern noch Biß haben (zartes junges Kraut ist natürlich schnel-ler gar!).

❻ Ein bißchen Sahne unterrüh-ren, die Speckschwarte ruhig mit-servieren – es gibt Liebhaber, die sich darüber freuen!

Und so wird das Sonntagsessen komplett …

Böhmische Knödel

Für 6 bis 8 Personen:
400 g griffiges Mehl,
1 Ei, 1/2 TL Salz,
1 Päckchen Backpulver,
1/3 l Milch, 150 g
altbackene Semmel

Damit sie duftig und locker werden, braucht man sogenanntes **griffi-ges** oder sogar **doppelt griffiges** Mehl. Es ist ein besonders hochwer-tiges Mehl mit besserer, eben griffiger Struktur.

Man braucht es auch für Strudelteige, die dann einfach elastischer werden. Fragen Sie Ihren Kaufmann danach, selbst wenn er es im Augenblick nicht vorrätig hat, kann er es besorgen – jede Mühle stellt solches Mehl her!

❶ Mehl in eine Schüssel sieben, Ei, Salz, Backpulver und zunächst die Hälfte der Milch zufügen, mit einem Rührlöffel zu einem festen Teig verarbeiten.

❹ Man kann die böhmischen Knödel auf zweierlei Weise garen: entweder dämpfen – dafür auf einem eingeölten Rost über Wasserdampf betten und zugedeckt etwa 20 Minuten garen, bis die Knödel sich auf Fingerdruck elastisch anfühlen.

Oder: einfach in leise siedendes Wasser legen und zugedeckt sanft gar ziehen lassen. Sie werden auch so ganz duftig – man darf sie nur nicht zu lange im Wasser liegen lassen!

❷ Soviel Milch angießen, bis der Teig weich, aber nicht klebrig ist.

❸ Die Semmeln zentimetergroß würfeln und unter den Teig arbeiten. Je nach Topfgröße und Topfformat ein oder auch zwei kleinere Laibe aus diesem Teig formen.

Also: sofort herausheben, wenn sie gar sind.

❺ Die böhmischen Knödel werden zum Servieren in zweifingerdicke Scheiben geschnitten und auf einer Platte dachziegelartig angerichtet.

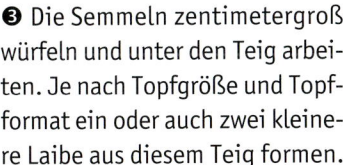

KÜMMEL, MACIS & MUSKAT

Für 4 Personen:
1 kg Kürbisfleisch,
1 große Zwiebel, 2 EL
Butter, 2-3 Knoblauch-
zehen, Salz, Pfeffer,
1 TL Muskatblüte
(Macis), 1-2 Chilischo-
ten, 100 g Sahne oder
Crème fraîche

Außerdem:
300 g Spiralnudeln,
2 Bund Schnittlauch,
300 g Schweinemett oder
Nürnberger Bratwürst-
chen, Butterflöckchen,
100 g frisch geriebener
Bergkäse

Kürbisgemüse mit Mettklößchen

Leider ist dies ein bei uns eher selten verwendetes Gemüse – dabei schmeckt es so herrlich, macht wenig Arbeit – wenn man mal vom Zerkleinern absieht, wofür man durchaus Kräfte braucht – und ist ebenso bekömmlich wie leicht zuzubereiten. Die stattlichen Kürbisse sieht man immer wieder und erfreulicherweise auch immer häufiger auf unseren Märkten. Man kann jede Sorte für unser Rezept verwenden: die leuchtend orangefarbenen mit dem gelben Fleisch, die ockerfarbenen mit dem blassen Fleisch – jede Sorte hat ihren eige-

nen Reiz. Und der Händler besteht auch nicht darauf, einen ganzen Kürbis zu ver-kaufen, sondern schneidet die gewünschte Portion gerne für Sie ab. Wir haben in der Sendung einen deko-rativen Turbankürbis ver-wendet.

❶ Das Kürbisfleisch grob raffeln. Die Zwiebeln fein würfeln und in der heißen Butter andünsten.

❷ Den Kürbis zufügen und gründlich in der heißen Butter umwenden, erst dann den Knoblauch durch die Presse hinzudrücken. Kürbis mit Salz, Pfeffer und Macis würzen.

➌ Die Chilischoten unzerteilt zufügen. Das Gemüse nunmehr zugedeckt auf mildem Feuer etwa zehn Minuten leise dünsten.

➍ Die Nudeln in reichlich Salzwasser bißfest kochen, abgießen und sofort zusammen mit der Crème fraîche und dem in feine Röllchen geschnittenen Schnittlauch unter das Kürbisgemüse mischen.

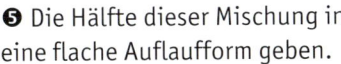

➎ Die Hälfte dieser Mischung in eine flache Auflaufform geben.

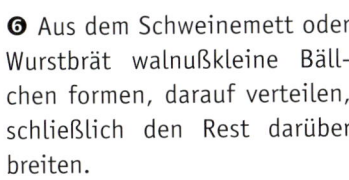

➏ Aus dem Schweinemett oder Wurstbrät walnußkleine Bällchen formen, darauf verteilen, schließlich den Rest darüber breiten.

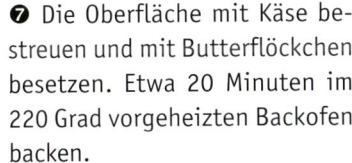

➐ Die Oberfläche mit Käse bestreuen und mit Butterflöckchen besetzen. Etwa 20 Minuten im 220 Grad vorgeheizten Backofen backen.

➑ Dazu paßt dunkles Bier oder ein Rotwein.

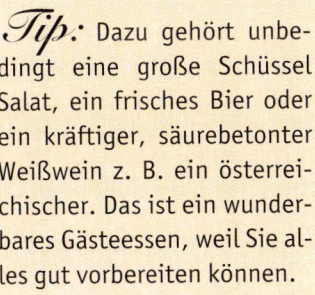

Tip: Dazu gehört unbedingt eine große Schüssel Salat, ein frisches Bier oder ein kräftiger, säurebetonter Weißwein z. B. ein österreichischer. Das ist ein wunderbares Gästeessen, weil Sie alles gut vorbereiten können.

Grünkernsuppe
mit Muskatklößchen

Für 6 Personen:
150 g Grünkern, 1 große
Zwiebel, 2 EL Butter,
1,8 l kräftige Fleisch-
brühe, Salz, Pfeffer aus
der Mühle, 1 TL Küm-
mel, 3 Eigelb, 150 g süße
Sahne, 1 Bund Schnitt-
lauch oder Petersilie
Muskatklößchen:
100 g Rindermark,
1 große Zwiebel, 1 EL
Butter, 1 Bund Peter-
silie, 1 Ei, 1 Eigelb,
ca. 100 g Semmelbrösel,
Salz, Pfeffer, Muskat,
abgeriebene Zitronen-
schale

❶ Den Grünkern möglichst über Nacht einweichen (das spart Kochzeit und schont die wertvollen Inhaltsstoffe des Grünkern).

❷ Anderntags die feingehackte Zwiebel in der heißen Butter weich dünsten, den Grünkern zufügen und mit Brühe auffüllen. Salzen und pfeffern, den Kümmel zufügen. Etwa zwanzig Minuten köcheln, bis die Körner ganz weich sind. Einen Teil der Körner im Mixer pürieren, um die Suppe damit zu binden oder einfach mit dem Pürierstab die Suppe kurz aufmixen. Dabei sollen eine Menge Körner noch intakt bleiben!

❸ Die Eigelb mit der Sahne verquirlen und in die heiße Suppe rühren, so lange erhitzen, bis sie die Suppe binden, jedoch auf keinen Fall ins Kochen geraten lassen, weil sie sonst ausflocken!

❹ Für die *Muskatklößchen* das Mark zunächst gründlich wässern, damit es schön weiß wird. Schließlich durch ein Sieb streichen, um Knochensplitter und Häutchen aufzufangen.

❺ Mit einem Schneebesen schaumig rühren. Die sehr fein gehackte, in heißer Butter weichgedünstete Zwiebel sowie die feingehackte Petersilie, die Eier und schließlich soviel Semmelbrösel untermischen, bis ein formbarer Klößchenteig entsteht. Mit Salz, Pfeffer, reichlich Muskat und etwas abgeriebener Zitronenschale kräftig abschmecken. Eine Stunde lang kalt stellen und quellen lassen.

❻ Mit einem Teelöffel Klößchen abstechen, sie zwischen den angefeuchteten Handflächen zu kirschgroßen Kugeln formen, in Salzwasser fünf bis acht Minuten sanft gar ziehen lassen.

❼ Die Klößchen in die Suppe legen, Schnittlauchröllchen oder gehackte Petersilie darüberstreuen und in tiefen Tellern oder Suppentassen servieren.

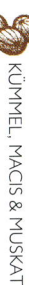

Goldene Spinatecken
mit Muskat und Macis

❶ Den Spinat oder die Mangold-blätter sorgfältig verlesen und putzen, Stiele abknipsen. Die Blätter mehrmals gründlich wa-schen und schließlich in Salzwas-ser zusammenfallen lassen. Eis-kalt blanchieren und sehr gut ausdrücken. Dann mit einem scharfen Messer gut hacken.

❷ Den Käse klein würfeln und mit dem Spinat mischen, dabei mit Salz, Pfeffer und reichlich Muskat und Macis würzen. Die Toast-scheiben in der Milch tränken, die mit den Eiern gut verquirlt und

mit Salz und Pfeffer gewürzt wur-de.

❸ Jeweils zwei Eßlöffel der Spi-nat-Käsemischung auf einer Brot-scheibe verteilen, rundum einen kleinen Rand lassen. Mit einer zweiten Brotscheibe abdecken, dabei rundum gut aneinan-derdrücken, damit die Scheiben aneinanderhaften.

❹ In heißer Butter langsam auf beiden Seiten goldbraun braten. In Dreiecke schneiden und als Häppchen zum Aperitif servieren.

Für 6 Personen:
500 g Spinat oder
Mangoldblätter, Salz,
250 g gewürfelter Käse
(zum Beispiel Mozza-
rella, man kann auch
Bergkäse nehmen),
12 Toastbrotscheiben,
ca. 1/4 l Milch, 2 Eier,
Pfeffer, Macis und
Muskat, 1 Schuß Soja-
sauce, Butter zum
Braten

Exotische Apfelcremesuppe
mit Curry und Macis

❶ Die Äpfel vierteln, schälen, vom Kerngehäuse befreien, in Stücke schneiden.

❷ Mit den feingehackten Schalotten und der durch die Presse gedrück-ten Knoblauchzehe sowie der fein gewürfelten Ingwerwurzel in der heißen Butter gründlich anschwitzen. Mit dem Currypulver und Macis bestäuben und unter Rühren so lange andünsten, bis alles von einer leuchtend gelben Schicht überzogen ist.

❸ Die Hühnerbrühe angießen. Zugedeckt auf milder Hitze etwa 15 Mi-nuten köcheln, bis die Äpfel völlig zerfallen sind.

Für 4 Personen:
4 Äpfel (z. B. Graven-
steiner), 2 Schalotten,
1 Knoblauchzehe,
1 Stück Ingwerwurzel
von 2 cm Stärke, 2 EL
Butter oder Margarine,
2-3 EL Currypulver,
1 TL Macis, Cayenne-
pfeffer, 1 l Hühnerbrühe,
Salz, Pfeffer, Muskatnuß
und Zitronensaft,
1 grüne Chilischote oder
Schnittlauchröllchen
zum Anrichten

❹ Die Suppe durch ein Sieb streichen oder mit dem Mixer fein pürieren. Mit Salz, Pfeffer, Muskat und einigen Tropfen Zitronensaft abschmekken – fertig ist das Gericht.

❺ Zum Servieren einige feingeschnittene Chilistreifen obenauf verteilen. Wem das zu feurig ist, der kann auch Schnittlauch in Röllchen darüberstreuen.

Zungensalat mit Stangensellerie und Äpfeln

Für 4 Personen:
1 Grapefruit, 4 Stengel Sellerie samt Grün, 2 säuerliche aromatische Äpfel (z. B. Gravensteiner), Zitronensaft, 200 g in feine Scheiben geschnittene Rinderzunge (Aufschnitt), 1 El scharfer Senf, 3 EL Weißweinessig, Salz, Pfeffer, 1 TL Kümmel, 3 EL aromatisches Olivenöl

❶ Die Grapefruit wie einen Apfel mit dem Messer schälen, dabei gleichzeitig die weiße Haut entfernen, die das Fruchtfleisch umhüllt. Die Fruchtfilets aus den einzelnen Kammern auslösen. Über einer Schüssel arbeiten, die den heruntertropfenden Saft auffängt. Geleerte Fruchthülle gut ausdrücken, bevor man sie wegwirft.

❷ Die Selleriestangen fädeln, schräg in schmale Streifen schneiden. Das schöne Grün in Stücke zupfen. Die Äpfel schälen, vierteln und in Scheibchen hobeln. Mit Zitronensaft beträufeln, damit sie sich nicht verfärben.

❸ Die Zungenscheiben in Streifen schneiden. Senf, Essig, Salz, Pfeffer und feingehackter Kümmel mit dem aufgefangenen Grapefruitsaft verrühren, erst dann das Öl unterschlagen.

❹ Mit einem Schneebesen arbeiten, bis die Marinade cremig geworden ist. Alle Salatzutaten in einer Schüssel mischen und mit der Marinade anmachen.

Muskatwürziges Selleriepüree

Für 4 bis 6 Personen:
je 500 g mehligkochende Kartoffeln und Sellerie (geputzt gewogen), Salz, 1/8 l süße Sahne, 1-2 EL Sojasauce, Pfeffer, reichlich Muskat

❶ Die Kartoffel- und Selleriestücke salzen und miteinander im Siebeinsatz des Dampfdrucktopfes garen – auf keinen Fall in Wasser kochen, weil sonst das Püree zu feucht wird. Etwas ausdampfen lassen und schließlich mit der Sahne und der Sojasauce im Mixer oder mit dem Pürierstab glatt pürieren. Mit Pfeffer und Muskat abschmecken.

❷ Wer keinen Mixer hat, passiert alles durch die Gemüsemühle oder nimmt die Kartoffelpresse. In diesem Fall muß man das Püree noch kräftig mit dem Schneebesen aufschlagen.

Ungarisches Kürbisgemüse

❶ Die Zwiebel und Knoblauchzehen schälen und fein würfeln. Im heißen Schmalz in einem ausreichend großen Topf andünsten.

❷ Das Kürbisfleisch auf der Gemüsereibe nicht zu fein raffeln. Zu den Zwiebeln geben und einige Minuten mitdünsten. Das Paprikapulver darüberstäuben, sorgfältig untermischen, so daß das gesamte Gemüse davon rötlich eingefärbt ist.

❸ Mit Zucker, Salz und Pfeffer würzen. Außerdem Kümmel und Macis zufügen und schließlich

mit Essig ablöschen. Die Brühe angießen. Das Gemüse jetzt zugedeckt auf kleinem Feuer 20 bis 30 Minuten dünsten, bis es weich ist, aber noch Biß hat.

❹ Gehackten Dill unterrühren und nach Belieben mit Rosenpaprika nachschärfen.

Tip: Das Kürbisgemüse schmeckt zu allem Kurzgebratenem: Schnitzel, Steaks, Koteletts oder Würsten.

Für 4 Personen:
1 große Zwiebel,
2-3 Knoblauchzehen,
2 EL Schweineschmalz,
ca. 1 kg Kürbisfleisch,
1-2 EL milder Delikateßpaprika, 1 TL
Zucker, Salz, Pfeffer,
1 EL Kümmel, 1 TL
Macis, 3 EL Essig,
ca. 1/4 l Fleisch- oder
Geflügelbrühe, Dill,
Rosenpaprika (scharf)

Muskatparfait

❶ Die Eigelb in einer Rührschüssel dick und cremig schlagen, dabei löffelweise den Zucker zufügen. Mit Macis und Muskat würzen. Die Sahne mit dem Vanillezucker steif schlagen. Unter die Eiermasse ziehen.

❷ Die Parfaitmasse in eine mit Klarsichtfolie ausgelegte kleine Kastenform füllen. Im Gefrierer

mindestens zwei Stunden fest werden lassen.

❸ Zum Servieren das Parfait aus der Form stürzen, in fingerdicke Scheiben schneiden und auf Desserttellern anrichten.

❹ Mit Orangenfilets umkränzen, mit etwas Kakaopulver bestäuben – eventuell eine Schablone be-

Für 6 Personen:
5 Eigelb, 5 EL Zucker,
Macis und frisch
geriebene Muskatnuß,
300 g Sahne, Vanillezucker
Außerdem:
3 Orangen, Minzeblättchen zum Dekorieren,
Kakaopulver zum
Bestäuben

nutzen, um ein hübsches Muster zu erzielen. Mit Minzeblättern schmücken.

Wichtig: Hierfür muß man frische Eier verwenden, damit man sicher

sein kann, nicht mit Salmonellen infiziert zu werden.

Wer nicht genau Bescheid weiß, woher seine Eier stammen und wann sie gelegt wurden, muß das Eigelb im Wasserbad heiß schla-

gen – d. h. so lange unter ständigem Schlagen mit dem Schneebesen erhitzen, bis die Masse heiß ist –, dann wieder abkühlen lassen, bevor die Schlagsahne untergehoben wird.

Muskatplätzchen

Ein wunderbares Teegebäck, natürlich auch zu Weihnachten bestens geeignet!

❶ Die Kuvertüre vorsichtig im Wasserbad schmelzen. Auf einem mit Backpapier ausgelegten Blech dünn verteilen und fest werden lassen. Dann mit einem großen Messer in kleine Stückchen hacken. Mit den ebenfalls gehackten Walnüssen und Mandeln mischen.

❷ Das Mehl auf die Arbeitsfläche häufen, die kalte Butter in Würfel schneiden und darauf verteilen. Den Zucker, die Gewürze, die Eier und das Backpulver dazugeben.

❸ Mit den Händen zu einem geschmeidigen Teig verarbeiten, dabei zum Schluß die gehackten Nüsse sowie die Schokoladenstückchen untermischen.

❹ Diesen Teig zu einer Kugel formen, in einer Schüssel mit Folie

vor dem Austrocknen geschützt über Nacht kühl stellen.

❺ Am anderen Tag den Teig in vier Portionen teilen, jede Portion zu einer Rolle formen, etwa mit dem Durchmesser eines Fünfmarkstücks. Diese Rollen noch einmal, diesmal nur für eine Stunde, kalt stellen.

❻ Von den Rollen halbzentimeterdicke Scheiben schneiden, sie nebeneinander auf ein mit Backpapier ausgelegtes Blech betten und bei etwa 170 Grad etwa eine Viertelstunde backen.

❼ Die Muskatplätzchen sind gar, wenn sie sich leicht vom Blech lösen.

Tip: Die Plätzchen bleiben wochenlang zart, wenn man sie nach Auskühlen in gut schließenden Blechdosen aufbewahrt.

Quittenschaum mit Maciskrokant

Ein verkanntes Obst, ein bißchen in Vergessenheit geraten: Quitten. Sie wirken ein bißchen störrisch, weil man in sie nicht hineinbeißen kann wie in einen Apfel, sie im Gegenteil nur in gekochtem Zustand überhaupt genießbar sind – aber dann schmecken sie mit ihrer herben Fruchtigkeit unübertrefflich!

❶ Den Flaum, der die Quitten überzieht, abbürsten; die Früchte vierteln, das Kerngehäuse und den Blütenansatz herausschneiden, das Fruchtfleisch würfeln, mit dem Saft der Zitronen, Zucker und Wein zugedeckt eine halbe Stunde weich kochen.

❷ Noch heiß zuerst durch Gemüsemühle beziehungsweise durch ein Sieb, anschließend zusätzlich durch ein feines Haarsieb streichen – sonst bleiben noch zu viele harte Kernchen drin, die beim genießerischen Essen stören.

❸ Die Sahne steif schlagen, dabei mit Vanillezucker parfümieren. Unter das abgekühlte Quittenmus heben.

❹ Die Nüsse mit kochendem Wasser überbrühen, einige Minuten ziehen lassen, schließlich abgießen und kalt abschrecken. Mit einem Küchentuch trockenrubbeln, dabei möglichst viel der bräunlichen, dünnen Haut, die die Nußkerne umschließt, entfernen.

❺ Die Nüsse grob zerkleinern. In einer beschichteten Pfanne den Honig mit dem Zucker aufkochen, mit Macis würzen, dann die Nußkerne zufügen und so lange darin wenden, bis sie rundum von diesem Sirup überzogen sind.

❻ Auf einer Marmorfläche oder einem großen Teller abkühlen lassen.

❼ Den Granatapfel vom Blüten- bis zum Stielansatz mit einem spitzen Messer einritzen, dann läßt sich die harte, fast ledrige Schale aufbrechen. Darunter sind rosa Fruchtfleischkerne verborgen, die jeweils in kleinen Päckchen von einer weißen, dünnen Haut umschlossen sind. Das glasigrosa Fruchtfleisch ist überaus saftig, deshalb die Perlen vorsichtig auslösen, damit sie nicht verletzt werden.

Für 4 bis 6 Personen:
750 g Quitten, 1 Zitrone,
150 g Zucker, 1/4 l
Weißwein, 1/4 l süße
Sahne, 2 EL Vanille-
zucker, 100 g Walnuß-
kerne, 2 EL Honig,
1 EL Zucker, Macis,
1 Granatapfel

Achtung: Der Saft hinterläßt auf Stoffen unschöne Flecken.

❽ Zum Servieren je einen Klacks Quittenschaum auf Desserttellern anrichten. Die Granatapfelperlen und die überglänzten Nußkerne dekorativ darüber verteilen.

Zimt, Nelken & Sternanis

Zimt in den verschiedenen Formen

Zu Zimtpulver gemahlen

Gewürze, die den Winter schöner machen

Wir kennen Zimt vor allem aus verschiedensten Nachspeisen und natürlich aus der Weihnachtsbäckerei. Von Nelken („Näglein") singt das unsterbliche Schlaflied (...mit Näglein bedeckt, schlupf' unter die Deck'), und Sternanis schließlich ist beliebt als Bastelmaterial und gehört in die exotischen Küchen Asiens. Nichts für den Alltag, meinen Sie?

Durchaus können alle diese Gewürze eine ganz andere Rolle spielen. Zimt wird beispielsweise in der indischen oder malaischen Küche viel häufiger in herzhaften Gerichten verwendet als in Desserts, auf die man dort ja im allgemeinen weniger Wert legt als in Europa. Deshalb zeigen wir, wie man damit einen würzigen und uns überaus vertrauten Senf würzt.

Was ist Zimt?

Es ist nichts weiter als ein Stück Rinde; und zwar die getrocknete, dünn abgelöste, innere Rinde der Zweige des sogenannten Zimtbaums. Der Zimtbaum – es ist tatsächlich ein Baum, der bis zu zehn Meter hoch werden kann –

gehört in die Familie der Lorbeergewächse. Man unterscheidet zwei Arten: der echte Zimtbaum (*Cinnamomum verum*) und der chinesische Zimtbaum (*Cinnamomum aromaticum*).

Letzterer ist trotz des klingenden lateinischen Namens weniger aromatisch, sein Duft ist derber, die Rinde, die sich von ihm gewinnen läßt, gröber und gibt weniger intensives Aroma als der echte Zimt. Vor allem, wenn der Zimt bereits gemahlen ist, kann der Kunde nicht erkennen, von welcher Sorte das Gewürz stammt – deshalb sollte man Zimtpulver immer nur von erstklassigen Gewürzfirmen kaufen und mißtrauisch sein, wenn er vergleichsweise billig ist.

Bei den Zimtstangen kann man mühelos erkennen, ob es sich um die derberen, dickeren, unregelmäßig geformten Stangen handelt, die vom chinesischen Zimtstrauch stammen – sie werden dann auch als sogenannter Cassia-Zimt angeboten, oder ob es sich um die ebenmäßigen, dicht gerollten, gleichmäßig geformten und seidig schimmernden Zimtstangen handelt, die man vom echten Zimtbaum ernten kann. Dieser sogenannte ech-

Zimtstangen vom chinesischen Zimtstrauch

te Zimt wird meist als Ceylon-Zimt bezeichnet; denn vor allem dort wird er angebaut und gewonnen. In altmodischen Rezepten liest man auch oft Caneel – das kommt vom lateinischen canella, was nichts weiter als Röhrchen oder Stöckchen bedeutet.

Zimt war immer ein kostbares Gewürz. Und es ist auch heute noch nicht unkompliziert, ihn zu gewinnen. Denn es ist nur eine dünne Schicht zwischen verschiedenen anderen Schichten, die mühsam herausgeschält werden muß und in der jener begehrte Würzstoff steckt. Im Mittelalter verwendete man Zimt auch als Medikament. Er sollte bei Angina pectoris Erleichterung bringen und auch bei Lebererkrankungen helfen. Sogar heute noch findet Zimt Verwendung in Medikamenten gegen Magenleiden.

Immer schon mischte man in Europa gern Zimt mit Zucker – die Bitterkeit des Zimts bekam durch den Zucker den willkommenen Widerpart. In den asiatischen Küchen hingegen nahm man Zimt als Gewürz vor allem in Currys – auch übrigens seiner aseptischen Wirkung wegen.

Nelken – Duft und Würze!

Es sind die Blütenknospen des Nelkenbaums, ein stattlicher, meist mehr als zehn Meter hoher Baum aus Indonesien mit ledrigen, dicken Blättern. Die Blütenknospen enthalten das duftende Nelkenöl in besonders hoher Konzentration, ein ätherisches Öl, das nicht nur würzende, auch heilende Wirkung hat.

So empfiehlt man Nelken als Schmerzmittel, z. B. bei Zahnschmerzen; sie sollen auch bei Verdauungsschwierigkeiten helfen.

Manche Zahncreme ist oft mit Nelkenextrakt gewürzt, weil sie dann lindernd bei Zahnfleischbluten wirkt. In Indonesien packt man Nelken in Zigaretten, was den Raucher beruhigen soll. Natürlich haben Nelken mit den Blumen gleichen Namens überhaupt nichts zu tun!

Ganze Nelken werden mitgekocht, um Marinaden, Suppen und Brühen zu würzen. Es gehört für uns in den Rotkohl, in viele Wildrezepte, man spickt damit

Zimtstangen vom echten Zimtbaum

Bratäpfel, legt auch gern ein Säckchen davon in den Wäscheschrank – wo sie angeblich Ungeziefer vertreiben. Gemahlen kann man Nelken überall verwenden, wo ein Hauch Exotik angesagt ist: Es gehört in Blutwürste, ist wichtiger Bestandteil im Pastetengewürz, paßt in Hackfleischteige, zu vielen Gemüsegerichten, in Süßspeisen, Kompotts, Marmeladen, vor allem aus herbstlichen Früchten, wie Zwetschgen, Äpfel, auch Kürbis.

Nelken

Mantel stecken die Würz- und Aromastoffe. Sie erinnern stark an Anis, wie der Name bereits andeutet, haben aber botanisch ganz und gar nichts damit zu tun. Auch diese Früchte gedeihen auf einem riesigen, über zehn Meter hohen Baum.

Man bezeichnet Sternanis auch manchmal als Badian, ein arabischer Name, der wohl andeutet, daß das Gewürz aus seiner südostasiatischen Heimat über Arabien zu uns nach Mitteleuropa gelangt ist. Sternanis ist ein wichtiges Gewürz in der chinesischen Küche, zum Beispiel als Bestandteil des Fünf-Gewürz-Pulvers, das man häufig für Hühnerfleisch braucht. Wir verwenden es gern in Marinaden für Wild oder Geflügel, in Beizen für Fisch, in Suppen und Brühen, die exotisch duften sollen – natürlich gehört Sternanis in die vietnamesische Suppe Pho, die wir heute zubereiten.

Sternanis – geheimnisvoll und fremd!

„Der Jahreskonsum beläuft sich in Deutschland auf etwa 200 bis 220 Gramm" schreibt das Appetit- lexikon von 1894. Seither ist der Verbrauch durchaus gestiegen. Trotzdem wird der Kunde oft eher im Bastelgeschäft fündig, wenn er Sternanis kaufen will, als im Supermarkt.

Denn es handelt sich um ein bei uns nicht sehr gebräuchliches Gewürz. Aber es ist bildschön, die zu einem sehr ebenmäßigen Stern geformten harten Fruchtblätter enthalten kleine Würzkörner, die aussehen wie glänzend lackierte Apfelkerne. Nicht nur in ihnen, auch in dem sie schützenden holzigen

Sternanis

DIE REZEPTE

Hausmachersenf

Für 6 Gläser à 250 g:
3/4 l Apfelessig,
1/4 l Apfelsaft, 1 große
Zwiebel, 4-5 Nelken,
2 Sternanis, 2 Zimtstan-
gen, 100 g gelbe Senf-
körner, 300 g brauner
Zucker, 200 g weißes
Senfmehl, 100 g grünes
(dunkles) Senfmehl,
1 knapper EL Salz

Er ist klassisch zu den berühmten Münchner Weißwürsten, paßt aber auch wunderbar zu groben Schweinswürsten jeglicher Art, zum Kaßler und zum traditionellen Schweinebraten, wenn er am nächsten Tag kalt, dünn in Scheiben geschnitten, serviert wird. Natürlich ist der Hausmachersenf, in ein hübsches Glas abgefüllt, ein originelles, liebevolles Weihnachtsgeschenk.

❶ Essig und Saft aufkochen, gehackte Zwiebel und Gewürze hinzufügen. Etwa eine halbe Stunde leise köcheln. Den Sud dann durch ein Sieb filtern. Zucker in einem Topf auf mittlerem Feuer schmelzen, bis ein haselnußbrauner Karamel entstanden ist. Mit dem Sud ablöschen, die Senfkörner hinzufügen.

❷ Zugedeckt auf mildem Feuer etwa 20 Minuten sanft köcheln, bis die Senfkörner aufgequollen und ganz weich sind. Erst jetzt das Senfmehl einrühren. Alles noch etwa fünf Minuten köcheln, dabei salzen.

❸ Der fertige Senf ist jetzt noch ziemlich flüssig – er dickt erst beim Nachreifen zur gewohnten Konsistenz ein. Die Masse in peinlich saubere Gläser füllen. Die Gläser verschließen und auf den Kopf stellen, damit die verbliebene Luft durch Aufsteigen sterilisiert wird. Den Senf unbedingt noch zwei Wochen reifen lassen, bevor man ihn verzehrt.

Vietnamesische Suppe Pho

Die Nationalsuppe der vietnamesischen Küche, auch Hanoisuppe oder 24-Stunden-Suppe genannt; letzteres, weil die Brühe lange ziehen muß, bis sich alle Aromen entsprechend vermählt haben, und weil sie schließlich abkühlen muß, damit das Fett an der Oberfläche erstarrt und abgenommen werden kann. Die kräftige, duftende, absolut fettfreie Brühe wird schließlich erst bei Tisch in die Suppenschalen gefüllt, in denen sich bereits gebrühte Reisnudeln, hauchdünne Scheiben von rohem Rinderfilet und in feine Ringe geschnittene Frühlingszwiebeln befinden. Durch die Hitze der kochendheißen Brühe garen die Fleischscheiben innerhalb von Sekunden. Jeder Gast würzt sich seine Portion mit einigen Tropfen Zitronen- oder Limonensaft sowie mit Nuoc-Mam-Dip, wie im Tip am Schluß des Rezepts beschrieben.

Übrigens: Eine hübsche Idee für ein gemütliches Essen mit Freunden: Alle Zutaten für die Suppeneinlage stehen auf Platten und in Schüsseln auf dem Tisch bereit. Die kräftige Brühe wird auf einem Rechaud, zum Beispiel im Fonduetopf, heiß gehalten, und die Gäste nehmen sich ganz nach Belieben selbst.

❶ Mit den Markknochen einen ausreichend großen Suppentopf auslegen. Darauf die Ochsenschwanzstücke und darauf wiederum das Suppenfleisch betten.

❷ Den Ingwer in Scheiben schneiden, die ungeschälte Zwiebel grob hacken, die Möhre und die Lauchstange zerkleinern. All dieses Gemüse in den Topf streu-

❸ Ohne Deckel langsam zum Kochen bringen, erst wenn der zunächst an der Oberfläche erscheinende Schaum wieder verschwunden ist, den Deckel auflegen, die Suppe nunmehr mindestens vier Stunden, ruhig auch länger, leise ziehen lassen.

❹ Schließlich die Brühe durch ein Sieb filtern, Knochen, Gewürze und ausgekochtes Gemüse wegwerfen. Das Fleisch vom Knochen lösen und von allen Häuten und Sehnen befreien und kalt stellen; am nächsten Tag läßt sich daraus mit viel Kräutern und Frühlingszwiebeln noch ein wunderbarer Salat mischen (siehe Rezept im Anschluß).

Zitronengras gibt es in Asien-Läden

❺ Die Brühe kalt stellen; am nächsten Tag läßt sie sich kinderleicht entfetten, weil das Fett als feste Schicht an der Oberfläche erstarrt ist und sich ganz leicht abheben läßt.

en, außerdem die Gewürze dazwischen verteilen. Mit vier Litern Wasser auffüllen. Mit Fischsauce würzen.

❻ Zum Servieren die Reisnudeln mit kochendem Wasser überbrühen und eine halbe Stunde quellen lassen. Die Reisenudeln werden dann mit einer Schere ein bißchen kleiner geschnitten, damit man nicht so lange Fäden hat. Abgetropft in Suppenschalen verteilen oder auf einer Platte anrichten. Damit sie nicht zusammenkleben, kann man sie mit einigen Tropfen Sesamöl besprenkeln und darin wenden.

Außerdem:

Salatblätter, Sojakeime,

einige Minze-, Basili-

kum- und Koriander-

zweige, Salatgurken-

scheiben

Nuoc-Mam-Dip:

5 EL Nuoc Mam,

5 EL Zitronensaft, 5 EL

Wasser, 1/2 TL Zucker,

1-2 Chilischoten,

2 Knoblauchzehen,

1 Frühlingszwiebel,

Korianderblätter

❼ Das Rinderfilet quer zur Faser in dünne Scheiben, die Frühlingszwiebeln in feine Ringe schneiden und auf den Nudeln oder auf einer Platte anrichten. Erst am Tisch die Portionsschälchen mit kochendheißer Brühe auffüllen, dadurch gart das Rinderfilet.

❽ Salatblätter, Kräuter, Sojakeime und in Streifen geschnittene Gurke rund um die Nudeln anordnen.

❾ Für den Nuoc-Mam-Dip alle Zutaten fein zerkleinern und miteinander verrühren.

Tip: Für ein geselliges vietnamesisches Fondue die Brühe auf einem Rechaud in der Tischmitte am Kochen halten. Jeder Gast bedient sich von den bereitstehenden Zutaten: tut sich Nudeln, von den Kräutern, Fleischscheiben Salatblättern, etc., soviel er mag, in sein Schälchen und füllt mit der kochendheißen Brühe auf. Natürlich wird stilecht mit Stäbchen gegessen – die Brühe wird aus den Schälchen wie aus einer Tasse getrunken.

Wildschweinpfeffer

❶ Man kann jegliches Wild dafür verwenden: Hasenkeulen, die Schultern vom Reh oder vom jungen Wildschwein, natürlich auch Damhirsch oder Hirsch.

❷ Essig, Wasser, Wein und Gewürze aufkochen, etwa zehn Minuten köcheln und wieder abkühlen lassen.

❸ Die Fleischstücke, falls es der Topf erlaubt, ganz lassen oder jeweils in große Portionsstücke

schneiden. Die Teile waschen, Fettpartien und alle losen Lappen entfernen; wenn nötig, Einschußlöcher säubern. In einen ausreichend großen Schmortopf oder Bräter betten.

❹ Möhren, Zwiebeln, Knoblauch und Lauch putzen und grob würfeln und rund um die Fleischstücke in den Topf füllen.

❺ Die Petersilienblätter von den Stengeln zupfen und zugedeckt beiseite stellen. (Die Stengel mit Küchenzwirn zu einem Sträußchen zusammenbinden, dann kann man sie später leicht mit einem Griff entfernen.) Die abgekühlte Beize über die Fleischstücke gießen. Sie in dieser Beize zwei, drei Stunden bei Zimmertemperatur marinieren lassen, ab und zu die Stücke wenden, damit auch wirklich alle von der Beize erreicht werden.

Für 8 Personen:
1/8 l Essig, 1/8 l Wasser,
1/8 l Rotwein, Salz, 1 TL
Zucker, 1 TL Wacholderbeeren, 1 TL schwarze Pfefferkörner,
1 Zimtstange, 3 Stück
Sternanis, 3 Lorbeerblätter, 4 Nelken,
1 Chilischote, 2 Frischlingsschultern von
insgesamt ca. 2 kg oder
etwa soviel Wildfleisch
mit Knochen, 2 Möhren,
2 Zwiebeln, 1/2 Lauchstange, 2 Tomaten,
1 großes Bund Petersilie,
3 Knoblauchzehen,
ca. 1/4 l Fleischbrühe,
1 EL Speisestärke, 200 g
saurer Rahm (mindestens 30 % Fett) oder
Crème fraîche

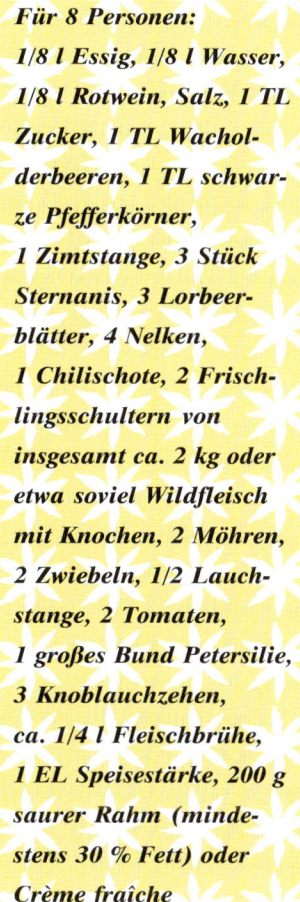

Viertelstunde köcheln. Die Stärke mit etwas Sauce und Rahm verquirlen und in die aufkochende Sauce rühren. Die restliche Sahne hinzufügen.

Tip: Wenn Klümpchen entstanden sind, können Sie die Sauce mit einem Mixstab aufschlagen.

❻ Wer dem Fleisch lieber länger das Würzbad gönnen möchte, packt die Fleischstücke und die vorbereiteten Gemüse und die Petersilienstiele am besten in eine große, stabile Plastiktüte, beziehungsweise in einen Gefrierbeutel, den abgekühlten Sud hineingießen. Den Beutel verschließen, jetzt tauchen die Fleischstücke garantiert überall in der Flüssigkeit ein.

❼ Den Beizsud mitsamt den Fleischstücken langsam, ohne Deckel, zum Kochen bringen, erst dann den Deckel auflegen und das Fleisch etwa eineinhalb Stunden ganz leise köcheln lassen. Tomaten hinzufügen.

❽ Jetzt die Fleischstücke herausnehmen, von den Knochen lösen und in große Würfel schneiden. Für die Sauce den Sud durch ein Sieb passieren, dabei auch die Gemüse durchstreichen, damit die Sauce Bindung bekommt. Wieder aufsetzen und etwa eine

Einige Minuten durchkochen, bevor die Fleischwürfel wieder eingelegt werden. Würzig abschmecken, mit den Petersilienblättern bestreuen und in einer großen Terrine zu Tisch bringen.

Tip: Dazu passen als Beilage Salzkartoffeln, frisch hausgemachte Eiernudeln oder Semmelknödel. Als Getränk ein kräftiger, der Würze des Gerichts entsprechender Rotwein, vorzugsweise Bordeaux oder Rioja.

Und noch ein *Tip:* Die Sauce bekommt eine schönere Farbe, mehr Konsistenz und Aroma, wenn man zu Beginn des Ankochens 1/8 l frisches Schweineblut zugießt. Man muß es beim Metzger extra bestellen, damit er es mit Essig abrührt und aufhebt.

Crème brulée

Für 6 Personen:
1/4 l süße Sahne, 1/4 l
Milch, 100 g Zucker,
4 ganze Sternanis,
4 Eigelb, 2 ganze Eier

Eines der beliebtesten Desserts, im Moment ganz groß in Mode: Kaum ein feines Restaurant, das nicht auch diese herrliche Creme auf seiner Dessertkarte anbietet. Normalerweise wird die Sahnemilch, mit der die Creme angesetzt wird, mit Vanille gewürzt. Wir nehmen reichlich Sternanis – das gibt ihr einen verführerischen, exotischen Duft. Ansonsten ist das Dessert kinderleicht gemacht – aber das weiß kaum einer, denn es gehört ein Trick dazu. Und den verraten wir Ihnen hier:

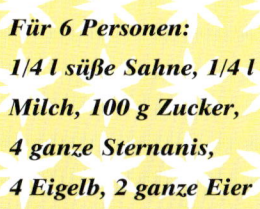

❶ Sahne und Milch und den Sternanis aufkochen – neben dem Feuer etwa eine Viertelstunde ziehen lassen, dann den Zucker hinzugeben. Eigelb mit den ganzen Eiern verquirlen. Die Eier müssen sich vollkommen auflösen, es sollte aber kein Schaum entstehen – denn der hinterläßt in der Creme häßliche Bläschen.

❷ Übrigens: Das Eigelb macht die Creme sanft, die Eiweiß sorgen für die Bindung. Dann in die abgekühlte Milch geben (damit nichts gerinnt). Alles gut miteinander vermischen, aber keine Bläschen schlagen.

❸ Die Eiermilch etwa 20 Minuten ruhen lassen, damit sich auch wirklich sämtliche Schaumbläschen wieder gelegt haben.

❹ Die Masse dann durch ein feines Haarsieb streichen: Das ist wichtig, damit alle Hagelstränge aufgefangen werden. Portionsförmchen oder eine große, flache, feuerfeste Form verwenden – sie kann rund wie eine Pieform sein oder oval wie eine Auflaufform. Die Masse hineingießen, sie sollte sie gut zweifingerhoch ausfüllen.

❺ Die Form auf ein tiefes Backblech in den auf 150 Grad vorgeheizten Backofen ganz nach unten stellen. Das Blech bis an den Rand mit heißem Wasser füllen, aber natürlich nur bis unter den Rand der feuerfesten Form.

❻ Die Creme bei mäßiger Hitze etwa 45 Minuten sanft garen. Sie darf dabei auf keinen Fall zu heiß werden, weil sonst die gefürchteten Bläschen entstehen.

❼ Die Creme langsam auskühlen lassen und am besten über Nacht oder für einen ganzen Tag kalt stellen. Vor dem Servieren wird ihr eine Karamelkruste verpaßt: die Oberfläche gleichmäßig hauchdünn mit Zucker bestreuen – die Form dann eine bis zwei Minuten unter den heißen Grill stellen.

Der versprochene *Trick:* Profis haben dafür einen kleinen Lötbrenner, der mit einer Gasflasche betrieben wird: einfach vor dem Servieren die dünn gezuckerte Oberfläche abflämmen, bis der Zucker schmilzt. Man kann das Gerät in jedem Handwerksgeschäft kaufen. Ganz wichtig ist dabei, daß die Zuckerschicht nicht zu dick ist, sonst dauert es zu lange, bis sie schmilzt. Die Creme darf sich dabei nicht erwärmen – das ist das Schöne an dem Dessert: die warme Karamelschicht über der gut gekühlten Creme ...

So ein Lötgerät darf natürlich nur in einem gut gelüfteten Raum oder am besten draußen benutzt werden.

ZUSATZREZEPTE

Thailändisches Hirschcurry

❶ Das Fleisch in zweizentimeterbreite Würfel schneiden, mit der Stärke überpudern und damit gut durchmassieren – das gibt dem Fleisch beim Garen einen Schutzfilm, unter dem es saftig bleibt.

❷ Möhren schaben und in schmale Stifte schneiden oder hobeln, die Lauchstange putzen und in Ringe schneiden, von den Selleriestengeln möglicherweise vorhandene Fäden abziehen, sie dann in Scheibchen schneiden. Zwiebel und Knoblauchzehen fein hacken.

❸ Alle Gemüse zusammen im heißen Öl andünsten. Das Fleisch hinzufügen und so lange rühren,

bis die Würfel ihre rote Farbe verloren haben. Die Currypaste hinzufügen und unter Rühren mitbraten. Wenn sie zu verbrennen droht, die feste Kokosmilch mit gut 1/4 l Wasser oder die Kokossahne hinzugeben.

❹ Mit Zucker und Fischsauce würzen. Zitronenblätter in hauchfeine Streifen schneiden, Chilis entkernen und schräg in Streifen schneiden, Basilikumblätter abzupfen. Alle diese Gewürze an das

Ragout geben. Leise köcheln lassen, bis sich alles zu einer dicklichen Sauce verbunden hat. Das Koriandergrün erst unmittelbar vor dem Servieren darüberstreuen.

Tip: Natürlich kann man zusätzlich mit Gemüse anreichern. Feststrukturiertes Gemüse – Bambus, Mini-Maiskölbchen, Stiele von Broccoli, Blumenkohlröschen, Zuckerschoten – bereits zu Beginn, beim Anbraten hinzufügen. Zarteres Gemüse – Spinatblätter, Lauchringe, Frühlingszwiebeln – erst gegen Ende unterrühren.

Beilage: Reis. Als Getränk ein frischer, fruchtiger Rotwein, der kühl serviert wird – zum Beispiel ein kräftig ausgefallener Trollinger aus Württemberg, Beaujolais, Barbera aus dem Piemont oder Valpolicella aus dem Veneto.

Anmerkung: Rote Curry-Paste kann man in Asien-Läden und guten Exotenabteilungen von Supermärkten und Kaufhäusern (wo es auch Zitronenblätter, Thai-Basilikum und Koriandergrün gibt) bekommen – meist in Plastikbechern oder -tüten abgepackt.

Man kann sie auch selbst herstellen: 10 bis 20 getrocknete rote

Für 4 Personen:

400 g ausgelöstes, von Fett und Sehnen befreites Hirschfleisch, 1 TL Speisestärke, 2 Möhren, 1/2 Lauchstange, 2 Stengel Bleichsellerie, 1 Zwiebel, 2 Knoblauchzehen, 1 EL Erdnußöl, 1-2 EL rote Currypaste (siehe Anmerkung), ca. 40 g feste Kokosmilch oder 1/4 l Kokossahne, 1 TL Zucker, 2 EL Fischsauce, 3-4 Zitronenblätter, 2-3 frische Chilischoten, Thai-Basilikum, Koriandergrün

Chilischoten entkernen und in heißem Wasser einweichen. 1 EL Koriandersamen, 1 TL Kreuzkümmel, 10 Pfefferkörner, 2 Nelken, 1 Sternanis, 3 cm Zimtstange, 1 Stück Muskatblüte und 1/4 Muskatnuß in einer Pfanne anrösten, bis die Gewürze duften. Mit den Chilis sowie 6 Schalotten, 10 Knoblauchzehen, je 3 cm Ingwer- und Galgantwurzel, 2 Stengel Zitronengras, Schale von 1/2 Kaffirzitrone, 1 TL Garnelen- (oder Anchovis-)paste, 1 TL Zucker und 1/2 TL Salz im Mixer zur glatten Paste mixen.

Damwildfilet mit Kastanienfarce im Blätterteig

Hierfür braucht man das schiere, ausgelöste Fleisch. Man kann auch andere Partien als das Rückenfilet nehmen, aber dieses bleibt am zartesten: ein Gericht, das zwar in der Küche etwas Arbeit macht, auf dem Teller jedoch einen großen Eindruck. Und es ist geeignet auch für solche Gäste, die nicht so ohne weiteres für Wild zu begeistern sind. Lassen Sie sich das Rückenfilet von Ihrem Händler auslösen, und nehmen Sie die Knochen mit für einen kleinen Fond, den Sie zusammen mit Würzgemüsen und Gewürzen und einem guten Schuß Rotwein kochen.

❶ Die Kastanien kreuzweise einschneiden und im sehr heißen Ofen rösten, bis sie aufplatzen (Regler danach auf 180 Grad stellen). Schälen, in Salzwasser weichkochen, durch ein Sieb passieren.

❷ Das Püree mit Pfeffer, fein zerstoßenem Piment und Konfitüre würzen. Die Platten des TK-Blätterteigs antauen lassen und auf bemehlter Fläche messerrückendünn ausrollen.

❸ Die Wirsingblätter vom Strunk lösen, in Salzwasser zwei Minuten blanchieren, eiskalt abschrecken. Das sorgfältig parierte Fleisch in heißer Butter rundum anbraten, dabei salzen, pfeffern und mit Piment würzen.

❹ Die inzwischen vollkommen aufgetauten Teigblätter mit den abgetropften und sorgfältig abgetrockneten Wirsingblättern belegen. Darauf die Kastanienfarce verstreichen. In die Mitte das Damfilet setzen.
Den Teig darüber zusammenschlagen und gut verschließen. Mit der Nahtstelle nach unten auf ein Blech setzen. Das Paket mit verquirltem Ei einpinseln. Im 180 Grad heißen Ofen 20 Minuten backen.

Für 6 Personen:
500 g frische Eßkastanien, Salz, Pfeffer, 1/2 TL Pimentkörner, 2 EL Heidelbeerkonfitüre, 1 Paket tiefgekühlter Blätterteig, 1 kleiner Wirsingkohl, ca. 900 g ausgelöstes Damwildfilet, 2-3 EL Butter, 1 Ei

❺ Zum Servieren aufschneiden und mit etwas Bratensaft beträufeln.

Beilage: Selleriepüree, bereitet aus 400 g geschältem Knollensellerie und 400 g geschälten, mehlig kochenden Kartoffeln. Beides zusammen weich kochen, gegebenenfalls abgießen – hat man einen Schnellkochtopf, geht dies in 12 Minuten im Dampf. Durch eine Presse drücken, salzen, pfeffern, muskatieren und mit dem Schneebesen locker aufschlagen – dabei 1/8 l süße Sahne und 20 g Butter einziehen. Eventuell mit etwas Kreuzkümmel würzen – paßt gut zu allem Wild! Dazu trinkt man einen kräftigen, vollreifen Rotwein, zum Beispiel Barolo oder Barbaresco.

Bayerisches, saures Kartoffelgemüse

❶ Im heißen Butterschmalz die feingewürfelte Zwiebel andünsten, mit Mehl bestäuben und mittelbraun anschwitzen.

❷ Mit Brühe ablöschen, die Gewürze hinzufügen und 20 Minuten leise köcheln.

❸ Den Würzsud nach Belieben durch ein Sieb filtern, um die Gewürze aufzufangen. Die feingehackte Petersilie und gewürfelten Kartoffeln einrühren.

❹ Das Kartoffelgemüse mit Salz, Pfeffer und Essig kräftig und säuerlich abschmecken. Fleischwurst (in Bayern sagt man Leoni) am Stück oder in Scheiben darin erwärmen.

Für 4 Personen:
2 EL Butterschmalz,
1 Zwiebel, 1 gehäufter
EL Mehl, 3/4 l Brühe,
3 Wacholderbeeren,
2 Nelken, 1 Lorbeerblatt,
5 Pfefferkörner, 1 Bund
Petersilie, 750 g frisch
gekochte Kartoffeln,
Salz, Pfeffer, Essig zum
Abschmecken

Zimteis

❶ Die Milch mit den Zimtstangen in einer Kasserolle aufkochen. Den Topf vom Feuer ziehen, die Zimtstangen mindestens 30 Minuten ziehen lassen. Die Eigelb in einer Schüssel mit dem Zucker weißlich und schaumig rühren.

❷ Die Zimtmilch nochmal aufkochen und unter stetem Rühren zu den Eiern gießen. Wenn die Milch heiß genug war, genügt die Hitze, um die Eigelb zum Binden zu bringen. Sonst die ganze Masse in den Topf füllen und auf sehr schwachem Feuer unter stetem Rühren langsam dicklich werden,

aber auf keinen Fall kochen lassen. Die Creme ist richtig, wenn sie einen Rührlöffel überzieht und nicht flüssig daran heruntertropft.

❸ Die Masse in eine Eismaschine füllen oder im Gefrierfach fest werden lassen.

Anmerkung:
Je mehr Eigelb Sie verwenden, desto geschmeidiger wird das Eis. Sie können die Milch zur Hälfte durch Sahne ersetzen, dann wird es cremiger und sahniger.

Für 6 Personen:
1/2 l Milch, 2 Zimt-
stangen, 5 Eigelb,
200 g Zucker

Erdbeersahneeis

❶ Die Erdbeeren mit Küchenpapier sauber wischen. Die Blütenkelche entfernen. Die Erdbeeren mit Mixer pürieren oder durch ein Sieb streichen. Den Zucker im langsam erhitzten Wasser unter stetem Rühren auflösen. Sternanis hinzufügen. Sobald das Wasser einmal aufgekocht hat, den Topf vom Feuer ziehen. Den Sirup abkühlen lassen, erst dann die Gewürze herausfischen.

❷ Den gewürzten Zuckersirup gut gekühlt mit dem Erdbeerpüree vermischen. Die Sahne sehr steif schlagen und vorsichtig unter die Erdbeermasse heben.

> **Für 6 Personen:**
> **600 g reife Erdbeeren,**
> **100 g Zucker, 0,1 l**
> **Wasser, 2 Sternanis,**
> **1/4 l Schlagsahne**

❸ In eine Eisschale füllen und im Gefrierfach etwa 2 Stunden lang fest werden lassen.

Biskuit-Charlotte mit Pfirsichcreme

> **Für eine runde Form**
> **von gut 1,2 l Inhalt:**
> **4 Eier, 125 g Zucker,**
> **Mark von 1 Vanille-**
> **schote, 100 g Mehl,**
> **20 g Speisestärke, 1 TL**
> **Backpulver, 1 Glas**
> **Pfirsichkonfitüre**
> **(350-400 g), 2-4 cl**
> **Pfirsichlikör, 1/2 l**
> **Milch, 75 g geschälte,**
> **gemahlene Mandeln,**
> **1 Zimtstange, 1 Stern-**
> **anis, 4 EL Zucker,**
> **5 Blatt Gelatine,**
> **5-6 frische Pfirsiche,**
> **1/4 l Sahne**

❶ Eier trennen. Eiweiß zu festem Schnee schlagen, Eigelb mit Zucker und Vanillemark schaumig rühren.

❷ Eischnee auf die Eicreme geben. Mehl, Speisestärke und Backpulver mischen, über den Eischnee sieben und alles vorsichtig, aber gründlich mit dem Teigschaber mischen.

❸ Ein Backblech mit Backpapier auslegen. Den Biskuitteig gleichmäßig daraufstreichen, auf der mittleren Schiene des auf 220 Grad vorgeheizten Backofens in 8 bis 10 Minuten hellbraun backen. Den fertigen Biskuit auf ein angefeuchtetes Tuch stürzen und das Backpapier abziehen.

❹ Die Konfitüre erwärmen, mit dem Likör verrühren und auf den Biskuit streichen. Aufrollen und abkühlen lassen.

❺ Diese Roulade in etwa 20 dünne Scheiben schneiden, mit 15 bis 16 Scheiben die halbkugelige Form auslegen. Die restlichen Scheiben beiseite legen. Milch und Mandeln in einem Topf aufkochen, die Zimtstange und den Sternanis hinzufügen, bei kleiner Hitze etwa 20 Minuten köcheln lassen. Durch ein feines Sieb gießen, dabei die Mandeln mit einem Löffel gut ausdrücken.

❻ Milch wieder in den Topf schütten, mit Zucker nach Geschmack süßen.

❼ Die Gelatine in reichlich kaltem Wasser einweichen. Pfirsiche überbrühen, häuten und entkernen. Zwei Pfirsiche in Spalten, die übrigen Früchte in kleine Würfel schneiden, dabei den Saft auffangen. Pfirsichstücke und Pfirsichsaft zur Mandelmilch geben, alles erwärmen und die ausgedrückte Gelatine darin auflösen. Kalt stellen. Sahne steif schlagen.

Nelken-Savarin mit Beerensalat

❶ Die Hälfte der Milch mit Hefe und Zucker verrühren. Mehl in eine Schüssel geben, eine Mulde eindrücken und die Hefemilch hineingießen.

❷ Schüssel mit einem Tuch abdecken und den Vorteig etwa 15 Minuten an einem warmen Ort zugedeckt gehen lassen. Mit den Knethaken des elektrischen Handrührgeräts nach und nach Eier, Salz, Nelkenpulver, Butter und Zucker unterkneten.

❸ Zuletzt restliche Milch unterrühren und den Teig so lange kneten, bis er glatt und geschmeidig ist. Zugedeckt gehen lassen, bis der Teig sein Volumen etwa verdoppelt hat.

❹ Die Kranzform mit Butter ausfetten und mit Haselnüssen ausstreuen. Den Teig noch einmal kurz durchkneten, zu einem Kranz formen und in die vorbereitete Form geben. Nochmals gehen lassen, bis er knapp den Formrand erreicht hat. (Wenn der Teig zu langsam geht, wird der Savarin zu luftig und zerbricht nach dem Tränken.)

❺ Den Savarin auf der unteren Schiene in den auf 200 Grad vorgeheizten Ofen geben und etwa 35 Minuten backen. Falls nötig die Oberfläche mit Alufolie abdecken. Nach 30 Minuten Garprobe machen: An einem in den Kuchen gesteckten Stäbchen darf kein Teig mehr kleben!

❻ Den fertigen Savarin in der Form kurz abkühlen lassen, dann auf einen Teller stürzen. Die Zitrone waschen und abtrocknen. Von der Schale hauchdünne Streifen abschneiden, fein hacken und beiseite stellen.

❼ Die Zitrone und die Orangen auspressen (es sollte insgesamt gut 1/4 l Saft sein). Den Saft nach Geschmack mit 1 bis 2 EL Zucker süßen. Den noch warmen Savarin damit tränken.

❽ Die Beeren putzen, waschen, gut abtropfen lassen. Mit der gehackten Zitronenschale und dem

Für eine Kranzform (Ringform) von 1 Liter Inhalt:
Für den Teig:
100 ml lauwarme Milch, 15 g Hefe, 1 Prise Zucker, 250 g Mehl, 3 Eier, 1 Prise Salz, 1 Messerspitze gemahlenes Nelkenpulver, 75 g weiche Butter, 4 EL Zucker
Außerdem:
1 EL Butter für die Form, 1 EL gemahlene Haselnüsse, 1 unbehandelte Zitrone, 3-4 Orangen (je nach Größe), 1-2 EL Zucker, 400-500 g gemischte Beeren (Brombeeren, Himbeeren, Johannisbeeren), Puderzucker

Puderzucker vermischen, eine halbe Stunde ziehen lassen. Kurz vor dem Servieren den Beerensalat in den Savarin füllen und jetzt unverzüglich zu Tisch bringen. Dazu paßt halbsteif geschlagene Sahne!

Stichwortverzeichnis

Rezeptverzeichnis

7. GEFLÜGEL

8. FISCH

9. FLEISCH